国家社会科学基金重大招标项目成果
"高校创新创业教育研究"丛书

丛书主编 黄兆信

美国高校创业教育
与专业教育整合研究

尹向毅◎著

Research on the Integration of
Entrepreneurship Education and
Professional Education in
American Higher Education Institutions

上海交通大学出版社
SHANGHAI JIAO TONG UNIVERSITY PRESS

内容提要

本书以社会学的场域理论为分析视角,采用文献研究法、历史研究法、比较研究法和案例研究法,深入分析了美国高校创业教育与专业教育整合的背景与历史脉络、整合的内容与目标、具体的实施与模式等,并总结了相关特征和若干启示。

本书适合比较教育学、创新创业教育方向的学者、教师阅读,也可供对创新创业感兴趣的读者学习参考。

图书在版编目(CIP)数据

美国高校创业教育与专业教育整合研究 / 尹向毅著
. —上海: 上海交通大学出版社,2023.1
ISBN 978 - 7 - 313 - 24091 - 0

Ⅰ.①美… Ⅱ.①尹… Ⅲ.①高等学校-创造教育-
研究-美国 Ⅳ.①G649.712

中国版本图书馆 CIP 数据核字(2022)第 201204 号

美国高校创业教育与专业教育整合研究
MEIGUO GAOXIAO CHUANGYE JIAOYU YU ZHUANYE JIAOYU ZHENGHE YANJIU

著 者:尹向毅			
出版发行:上海交通大学出版社	地 址:上海市番禺路 951 号		
邮政编码:200030	电 话:021 - 64071208		
印 制:上海万卷印刷股份有限公司	经 销:全国新华书店		
开 本:710 mm×1000 mm 1/16	印 张:18.5		
字 数:321 千字			
版 次:2023 年 1 月第 1 版	印 次:2023 年 1 月第 1 次印刷		
书 号:ISBN 978 - 7 - 313 - 24091 - 0			
定 价:78.00 元			

序

受邀为黄兆信教授团队的"高校创新创业教育研究"丛书作序,我十分高兴。这套丛书的出版对推进中国高校创新创业教育理论探索和实践尝试具有关键价值。黄教授是创新创业教育领域的长江学者特聘教授,专攻创新创业教育的实践探索和理论研究,率先提出岗位创业教育新理念,曾因此荣获教育部人文社会科学优秀成果奖一等奖,并负责牵头起草制定了我国高校创新创业教育质量评价标准。回应全球发展的百年未有之大变局和新冠肺炎疫情对人类社会发展的系统性、复杂性影响,黄教授团队再出佳作,在此表示祝贺。

2002年,我在一篇文章中针对高校毕业生就业难的问题,提出了高等学校要加强对大学生进行创业教育。我当时认为,应该在学校里就向学生进行创业教育。所谓创业教育,就是教育学生不是消极地等待单位招聘就业,而是在没有就业机会的情况下勇于自己创业。后来,随着国际和国内整体形势的变化以及教育社会化程度的加深,我又提出要学校不仅要对学生进行生涯教育,指导学生设计职业生涯,同时还要加强创业教育。在这里面,有一个关键点就是,学校应与社会各界联手,为学生创业创造一个良好的氛围。这样做的目的就是,为学生创造条件和环境,帮助他们创业。

2019年,我在《创新创业教育研究:国际视角》一书中讨论了全球创新创业教育的发展,从国际比较视角分析了创新创业教育为回应和引领社会发展所作的贡献及可改善的空间。我当时就提出,教育的深化改革需要尽早开始培养学生的创新思维和创业能力,高校是创新创业的基地。创新创业教育的升级转型

1

中,我们不仅要提高对创新创业的认识,以提高人才培养的质量为核心,以创新人才培养机制为重点;还要把理论研究和实际应用结合起来,推动创新和创业相结合。我们在关注创新创业实践发展的同时,还应当重视基础理论研究。

2020年,我国高校毕业生总数已近900万人,学生就业变成了时下民生的热点和急需解决的重点问题。与此同时,中国特色社会主义的建设及"脱贫攻坚"工作的开展,也激发我们对教育功能的思考。毫无疑问,疫情将对大学生就业创业产生持续性的影响,我们需要一段时间来适应新的发展形势。创新创业教育注重人才培养质量,关注社会问题的多样性、复杂性和变化性,直接回应了当前我国高等教育内涵式发展中对质量和效率的追求。然而我们也应该注意到,由于长期以来在我国教育领域中存在的唯分数、唯升学等观念障碍和行为弊病,创新创业教育的先进理念和模式虽然早就被黄教授等学者提出来并得到广泛认同,但在学校"培养具有创新创业意识和能力的人才"中却成效不彰。令我们感到振奋的是,2020年10月中共中央、国务院发布了《深化新时代教育评价改革总体方案》。这一方案的出台不仅是贯彻落实习近平总书记关于教育的重要论述和全国教育大会精神、深化教育综合改革以及释放教育系统深层活力的重大举措,也对新时代做好学校的创新创业教育具有十分重要的指导、牵引和规范作用。

我之所以这样讲,是因为这一总体方案对各级各类学校、教育教学工作,对学生、教师的评价都提出了不同要求。比如坚持把立德树人成效作为根本评价标准,不得向学校下达升学指标,要坚决改变以往简单以考分排名评价老师、以考试成绩评价学生、以升学率评价学校的导向和做法。这样做,显然有利于创新创业教育能真正融入国民教育体系中,融入各级各类学校的人才培养体系中,融入课程体系和教师平时的教学工作实践中。在当前我国大力推进教育改革的今天,创新创业教育一定会在我国的学校教育中结出硕果,对此,我是满怀信心的。

黄兆信教授所开展的创新创业教育研究始终站在时代最前沿,不断探索解决社会发展问题的办法。这套丛书在岗位创业教育理念的基础上进一步深化,形成了系统性的成果,主题还扩展至创新创业教育的社会性与教育性,并尝试以质量评价引导高校创新创业教育的内涵式发展。这一系列研究既放眼全球发展新形势和创新创业教育国际实践,又立足于中国社会的实际和特色,立论基础扎实,调查全面,分析深入。他们所做的工作,不仅有利于创新创业教育研究的进一步深化,而且有助于我国学校创新创业活动的开展。

2020 年 11 月 30 日

目　录

第 1 章　创业教育的兴起与发展

以数字化制造、机器人、人工智能、生物技术、能源技术等技术群爆发为标志的新一轮科技革命正在深刻改变着当今世界的政治、经济、社会和教育等各个方面。通过实施创业教育与专业教育的整合,培养适应新科技革命的创新创业型人才成为高校必须承担的使命与职责。

1.1　创业教育成为世界各国高校的共同选择

创业教育成为世界各国高校的共同选择源自两个方面。第一,新的科学技术革命将深刻改变当今世界。自 20 世纪 70 年代以来,全球逐渐步入知识经济和信息社会时代。经济全球化和科学技术的飞速发展正在令世界发生着深刻变革。21 世纪以来,人工智能、大数据、云计算、量子信息技术、虚拟现实、革命性的生物技术等一系列颠覆性的科学技术将引起当今世界的政治、经济、社会、文化等各个方面的深刻变革。由于新科学技术革命的发展,整个社会变化的速度越来越快,社会各领域也变得越来越智能化和自动化。第二,全球劳动力市场正发生深刻变革。国际劳工组织发布的报告称,2014 年有超过 2 亿人失业,其中,年轻人失业率高达 13%,是其他成年人失业率的 3 倍,并且在未来五年将继续呈增长趋势。[1] 世界经济论坛于 2016 年发布报告称,到 2020 年,新的科学技术将会造成 710 万工作岗位消失,首当其冲的就是传统意义上的白领工作,如普通的办公室管理工作等。[2] 因此,在劳动力的素质要求方面,最深刻的变化是,机械性、程序性的工作,甚至是一般意义上的专业工作都将被人工智能以及各种自

---

[1] International Labour Organization. World employment and social outlook: trends 2015[R]. Geneva: ILO, 2015.

[2] World Economic Forum. The future of jobs[R]. Geneva: World Economic Forum, 2016: 11-13.

动化的机器人所替代。这种变化对劳动者的创新能力、创业能力、想象力、沟通能力、合作能力、灵活适应变化的能力等方面提出了更高的要求。而创新创业教育正是培养这些能力的重要手段。由此,创业教育成为世界各国高校的共同选择。

美国是创业教育的发源地。20 世纪 40 年代,哈佛大学首开创业课程,20 世纪 80 年代,创业教育在高校快速发展。① 到 2014 年,93% 以上的美国高校已经设置了完整的创业辅修学位,几乎所有的美国高校都提供某种形式的创业教育。② 欧洲的创业教育开始于 20 世纪 80 年代,兴起于 90 年代。进入 21 世纪以来,欧盟以及欧洲各国政府大力推动创业教育的开展。③ 2006 年,创新创业能力成为欧盟终身学习的八大关键能力之一,标志着欧洲创业教育的终身化和全民化。④ 我国高校的创业教育始于 20 世纪末,在 21 世纪的第二个十年,呈现出飞速发展的态势。尤其在 2012 年,教育部规定,所有本科高校必须开设创业教育课程,这标志着我国高校创业教育走向了普及化的发展阶段。总之,大力鼓励创新和创业,开展创业教育正成为各国高校应对新的科学技术革命和劳动力市场变化所带来的挑战的共同选择。

1.1.1　中国高校创业教育

目前,我国正处于社会经济转型的关键时期。"大众创业、万众创新"成为我国社会经济转型发展的重大战略举措。高等院校汇聚了一流的人才、最前沿的知识与技术,在推动我国经济转型升级,实现创新驱动发展战略,促进大众创业和万众创新方面起着引领和示范作用。而培养具有创新创业能力的人才是我国高等院校发挥引领作用的关键。

新时期以来,我国政府出台了大量促进高校创业教育和鼓励大学生创业的政策和措施。我国高校也开设了大量的创业教育课程,开展了大量的创业实践活动。但是,我国高校的创业教育往往与专业教育相分离,并没有真正融入整个人才培养体系中。因此,推动创业教育与专业教育的整合,培养具备创新和创业能力的大学毕业生,正成为我国创业教育,乃至世界各国创业教育发展的关键。

① Kuratko, D. F. The emergence of entrepreneurship education: development, trends, and challenges [J]. Entrepreneurship Theory and Practice, 2005, 29(5): 577 - 598.
② George Washington University. The national survey of entrepreneurship education an overview of 2012—2014 survey data[R]. Center for Entrepreneurial Excellence, 2014: 13.
③ Wach, K. Europeanisation of entrepreneurship education in Europe[J]. Horizons of Education, 2014, 13(26): 11 - 31.
④ Europe Union. European Union framework of key competencies for life long learning[R]. 2006: 57.

我国高校创业教育主要经历了四个发展阶段。第一阶段为 20 世纪末期的高校自主探索期，以高校创业计划竞赛、零星的创业课程和大学生创业支持为表现形式。第二阶段为 21 世纪的前十年，在教育行政部门的引导下，两批试点高校分别开展了多样化的创业教育探索。第三阶段为 2010—2015 年，2010 年和 2012 年教育部分别出台了《关于大力推进高等学校创新创业教育和大学生自主创业工作的意见》和《普通本科学校创业教育教学基本要求》，标志着我国高校创业教育体系的逐步形成以及创业教育的制度化和普及化。[①] 第四个阶段为 2015 年至今，2015 年国务院出台《关于深化高等学校创新创业教育改革的实施意见》（以下简称《意见》），标志着我国高校创业教育进入了深化发展期。具体表现为创新创业教育成为国家实施创新驱动发展战略的重要组成部分，成为我国高等教育综合改革的重要举措。《意见》指出，虽然我国高校的创业教育取得了积极进展，但也存在一些突出问题，其中"与专业教育结合不紧，与实践脱节；教师开展创新创业教育的意识和能力欠缺，教学方式方法单一，针对性、实效性不强"等成为亟待解决的问题。[②] 随着我国高校创业教育的深入发展，创业教育与专业教育的深度整合成为现阶段我国高校创业教育的核心问题，也成为我国高校综合改革的突破口之一。

创业教育与专业教育的整合有着深远的意义和影响。首先，两者的整合可以涵盖所有在校大学生，从而培养出适应新科学技术革命的具有创新创业精神和能力的大学毕业生。创业教育不仅仅是培养创办企业的创业人才，更是培养具有开拓精神、创新能力、创业能力，并能够在一切场合应用这些能力的现代公民。其次，两者的整合是解决创业教育边缘化和孤立化的根本措施。学科、专业学习是大学的根本。创业教育如果不与专业教育进行整合，就会处于大学教育的边缘，失去这一范围最广的育人载体。再次，两者的整合也是改革传统人才培养方式的重要举措。传统的人才培养方式存在局限于孤立的学科之内，育人方式单一，理论有余而实践不足等弊端。创业教育与专业教育的整合可以促进专业教育的转型升级，使专业教育的培养目标、培养方式、培养环境等各个方面产生根本变化，以突出大学生的创新能力、创业能力和实践能力的培养。最后，创业教育与专业教育的整合是高校综合改革的重要举措。两者的整合涉及高校发

---

① 教育部高等教育司.推进高等学校创新创业教育有关情况[EB/OL].(2010 - 04 - 22)[2017 - 09 - 30].http://old.moe.gov.cn/publicfiles/business/htmlfiles/moe/s3916/201007/91535.html.

② 国务院办公厅.国务院办公厅关于深化高等学校创新创业教育改革的实施意见[EB/OL].(2015 - 05 - 13)[2017 - 09 - 30].http://old.moe.gov.cn/publicfiles/business/htmlfiles/moe/moe_1778/201505/187212.html.

展战略调整、文化变革、课程体系的重构、教与学方式的变革、教师专业发展方式变革、大学与社会关系的重构等各个领域,能够从根本上变革高校,使高校具备创新创业能力,以适应和引领社会经济的发展。

1.1.2 美国高校创业教育

美国是创业教育的发源地。美国高校创业教育与专业教育的整合,起步较早,已经积累了大量丰富的经验。美国高校创业教育与专业教育的整合最早可以追溯到 20 世纪 80 年代,起初与创业教育进行整合的是工程类专业。到了 20 世纪 90 年代末期,农学院、工程学院以及其他专业学院,乃至文理学院等都提供区别于商学院的整合型创业教育课程。①

美国高校创业教育与专业教育的大规模整合主要是由基金会推动的。如 2003 年,考夫曼基金会(Kauffman Foundation)在美国多所高校发起全校型创业教育计划;2005 年,科恩基金会(Kern Foundation)致力于在美国多所高校推行创业教育与工程教育的整合。但众多基金会的推动只是美国高校创业教育与专业教育整合的外部驱动力。而各个专业学生对创业教育的急迫需求则是美国高校创业教育与专业教育整合的内部驱动力。美国创业教育研究专家杰罗姆·卡茨(Jerome Katz)认为,创业教育与专业教育的整合已经成为美国高校创业教育发展的第三次浪潮。②

美国高校创业教育与专业教育整合的实践不仅积累了可供借鉴的丰富经验,而且已经有大量的学者针对该领域开展了专门研究。美国高校创业教育与专业教育整合的研究几乎涵盖了所有学科,衍生出诸如工程创业、生命科学创业、医疗领域创业、艺术创业、社会创业等诸多专门的创业教育和研究领域。仅以艺术创业教育为例,就包括了音乐、舞蹈、喜剧、设计等诸多艺术学科领域,还成立了专门的艺术创业教育协会(The Society for Arts Entrepreneurship Education)。该领域具有研究性质的专业期刊就有 3 种,分别为《艺动》《艺术创业教育》和《艺术创业研究》。③ 其他领域的创业教育也都至少成立了专门的创

---

① Katz, J. A. The chronology and intellectual trajectory of American entrepreneurship education: 1876—1999 [J]. Journal of Business Venturing, 2003, 18(2): 283 - 300.

② Katz, J. A. Foreword: the third wave of entrepreneurship education and the importance of fun in learning[C]//Fayolle, A. (ed.) Handbook of Research in Entrepreneurship Education, Volume 1, A General Perspective. Northampton: Edward Elgar, 2007: xi - xv.

③ Society for arts entrepreneurship education. resourses[EB/OL]. (2017 - 06 - 02)[2017 - 10 - 01] https://societyaee.org/resources/.

业教育协会或论坛,有专门的期刊或者在已有期刊中开辟出了专门的板块,用来刊出该领域的创业(教育)研究成果。这些都证明,美国高校创业教育与专业教育的整合已经十分深入,而且此领域的研究已经达到了相当的广度和深度。

1.2 创业教育的研究意义

我国当下正处于经济社会转型的关键期,未来要走创新、协调、绿色、开放与共享的发展道路。决定我国经济社会能否成功转型的因素有很多,其中,最关键的因素之一是我国高校能否培养出大批具有创业精神和创业能力的毕业生。在当今社会,科学技术变革速度日益加快,新的经济方式层出不穷,全球的劳动力市场正经历着深刻复杂的变化。不是每个人都必须成为创办企业的创业者,但具备创业精神、创业思维和创业技能正成为当今社会生存和发展所必须具备的素质。高校创业教育与专业教育整合是培养具备创业精神和创业能力的毕业生的最有效的手段。深入探索高校创业教育与专业教育的整合机制对实现此目的具有深远的意义。

高校创业教育与专业教育的整合并不是将创业教育和专业教育简单相加。这一问题从本质来讲是在新的形势下,如何变革高等教育体系以适应日益变化的社会经济发展状况。因此,研究该问题的理论意义,一是加深对高等教育改革的认识,深入剖析大学为什么变革、怎么变革这一高等教育研究领域的重要问题。深入探讨高校创业教育与专业教育的整合机制也是对创业教育研究领域的深化和发展。二是丰富和深化对创业教育的研究,加深对不同地域、不同高校、不同学科背景下创业教育与专业教育整合的认识。此处比较中美高校创业教育与专业教育整合机制的异同,可为我国创业教育发展和高等教育改革提供经验借鉴。

1.3 核心概念界定

1.3.1 创业

"创业"目前尚未有统一的定义,主要是因为不同时期,不同领域的学者均对之有不同的认识。现代意义上对创业的理解来源于奈特(Knight)、熊彼特(Schumpeter)和哈耶克(Hayek)等提出的新经济理论。尤其是熊彼特提出的新经济发展理论,认为创业者能够实现生产要素的新组合,这包括引入新的产品和生产方式,开辟新的市场,获取新的原材料,利用新的组织等。[①]

随着学者们对创业的认识日益专门化和学科化,创业学逐渐成为一门新的学科。20 世纪 80 年代,威廉姆·加特纳(William Gartner)提出,新企业的创立应包括创造新价值的企业家、企业家创立的组织、新企业所处的环境以及创立企业的过程等四个紧密联系的要素,而不能仅仅只关注创立企业的企业家。[②]

到了 20 世纪 90 年代,威廉姆·加特纳认为,创业不仅仅是创立企业,从本质上来讲,创业是创业性的个人创立新的组织,并为社会创造价值,其目的可以是营利的,也可说是非营利的。[③]

2000 年,斯科特·舍恩(Scott Shane)等学者首次提出了创业学的概念框架,认为创业就是发现创业机会、评估创业机会和利用创业机会的过程,并且这个过程可以发生在新组织的创立过程中,也可以发生在既有组织的内部。[④] 此后,其他学者从新的视角提出了不同的看法。比如,2001 年,克里斯蒂安·布鲁耶特(Christian Bruyat)等学者基于建构主义的视角,认为创业是非常复杂和异质的动态现象,创业者与其创立的组织相互影响,并在一个动态的环境中随着时间而变化。[⑤]

从历史的角度纵向看,创业的概念从经济学的视角逐步过渡到专门的创业学视角。从把创业视为一个创造价值的线性过程,到抓住创业中机会的重要作用,再到将其看作一个复杂的动态过程,人们对创业的认识越来越接近创业现象的本质。

本书中创业的概念是指,在不确定和动态的环境中,个人或组织识别机会、利用机会或者创造机会为社会创造价值的过程。所创造的价值包括了经济价值和其他非经济价值,如社会价值、文化价值和环境价值等。因此,创业不单单是以盈利为目的而创立企业的过程,而是利用机会创造价值的过程。创业既可以是创立新的组织,也可以是发生在既有组织中的内创业或者岗位创业;创业可以发生在多种情境中,如家庭、公民社会、政府部门、企业等;创业创造经济价值、社会价值、文化价值和环境价值等多种价值。以抓住机会并创造价值为核心的创

---

① Schumpeter, J. The theory of economic development: an inquiry into profits, capital, credit, interest, and the business cycle[M]. Cambridge: Harvard University Press, 1961: 66.

② Gartner, W. B. A conceptual framework for describing the phenomenon of new venture creation[J]. Academy of Management Review, 1985, 10(4): 696-706.

③ Gartner, W. B. What are we talking about when we talk about entrepreneurship? [J] Journal of Business Venturing, 1990, 5(1): 15-28.

④ Shane, S., & Venkataraman, S. The promise of entrepreneurship as a field of research[J]. Academy of Management Review, 2000, 25(1): 217-226.

⑤ Bruyat, C., & Julien, P. A. Defining the field of research in entrepreneurship[J]. Journal of Business Venturing, 2001, 16(2): 165-180.

业观更有利于创业教育与专业教育的整合。

1.3.2　创业教育

与创业一样,创业教育也尚未有统一的定义,并且其含义在不同国家和地区还略有差别。比如,欧盟认为创业教育(entrepreneurship education)是培养能把想法落实为行动的人,这包括使其具备创意、创新和承担风险的能力,以及为实现目标而制订计划和管理项目的能力。[①] 美国创业教育联盟认为创业教育不仅是培养经商能力,还培养人们的创新思维、责任心和事业心。该联盟还认为创业教育培养四种核心能力,即识别机会的能力、产生新创意和获取必要资源以追求机会的能力、创建和运营新企业的能力、创造性与批判性思维能力。[②] 英国大学生创业教育委员会认为存在两种创业教育,一种创业教育(entrepreneurship education)以创立、运营与管理企业为核心,另一种创业教育(enterprise education)以培养进取心和创业型人格为核心,而英国的创业教育属于后一种。[③]

历史上,美国的创业教育以创建企业为核心,欧盟和英国的创业教育以培养人的进取心、行动力以及事业心为核心。但从以上新近的分析来看,各国在保持自身特色的基础上逐渐呈现出融合趋势,越来越强调以培养人为中心。因此,创业教育最重要的不仅仅是培养创立企业或者新组织的创业者,也是培养具备创业型人格的人。

本书中的创业教育是指一切有利于增加或培养学习者诸如创业动机、创业知识、创业思维、创业精神和创业能力的教育活动,促使学习者最终能够形成抓住机会并创造价值的创业型人格。以培养创业型人格为核心的创业教育观更有利于创业教育与专业教育的整合。

1.3.3　专业教育

专业教育有广义和狭义之分。广义的专业教育指"培养各级各类专业人才的教育"。[④] 狭义的专业教育指"一些西方国家对专业范围属工科、农科、医药、

---

① European Commission. Implementing the community lisbon programme[EB/OL].(2006 - 10 - 18)[2017 - 10 - 13].http://aei.pitt.edu/42889/1/com2006_0033.pdf.

② Consortium for Entrepreneurship Education. Entrepreneurship everywhere: the case for entrepreneurship education[EB/OL].(2008 - 06 - 01)[2017 - 10 - 13].http://www.entre-ed.org/_entre/whitepaperfinal.pdf.

③ National Council for Graduate Entrepreneurship. NCGE entrepreneur and enterprise definitions[EB/OL].(2009 - 05 - 08)[2017 - 10 - 14].http://www.allangibb.com/pdf/IEEP%20DEFINITIONS.pdf.

④ 夏征农,陈至立.辞海[M].6 版.上海:上海辞书出版社,2010:2525.

师范、财经、政法、管理及其他应用性、技术性类,旨在培养学生从事有关专业实际工作的高等教育,与学术性高等教育相对"。[①]

学者给专业教育所下的定义也有广义和狭义之分。陈向明(2006)提出,广义的专业教育是按照专业划分,为大学生提供的教育,根据一定历史时期学科发展和行业分工的要求,将学业分成一定门类,对学生实施的教育。[②] 黄福涛(2016)比较了美国、英国、日本和中国给专业教育所下的定义,提出广义的专业教育和通识教育相对,是指以培养从事某种专门职业为目的的教育;狭义的专业教育主要提供与学生将来从事特定或具体职业或行业直接相关的教学内容,如培养律师、医生、大学教授、各种商务管理专家等的应用型教育。[③]

本书中的专业教育是广义的专业教育,指高等学校为了培养从事某种专门职业的人而进行的教育,是为培养专门人才服务的。此种含义的专业教育当然包含了狭义的专业教育,有利于更大范围、更深程度地推进创业教育与专业教育的整合。

1.3.4 整合

高校创业教育与专业教育的关系是用"整合"还是用"融合",取决于创业教育与专业教育结合的紧密程度。"整合"的英文是"integration",是指把两个或多个部分统一为一个整体。"融合"的英语是"infusion",是指两个或多个部分融为一体,相互间的关系更加紧密。因此,"融合"比"整合"的程度更深。但是,本书选择高校创业教育与专业教育的"整合",包含了创业教育与专业教育从松散联合到深度融合的连续过程,即既包括创业教育与专业教育的松散联合,也包含创业教育与专业教育的紧密整合与深度融合等。

1.4 创业教育分析视角

1.4.1 场域理论

1.4.1.1 布尔迪厄[④]场域理论的物理学起源

场域理论是社会学研究领域非常重要的理论之一。场域概念最初起源于

---

① 顾明远.教育大辞典:第 3 卷[M].上海:上海教育出版社,1991:6.
② 陈向明.从北大元培计划看通识教育与专业教育的关系[J].北京大学教育评论.2006,4(3):71-85.
③ 黄福涛.高等学校专业教育:历史与比较的视角[J].清华大学教育研究.2016,37(2):6-14.
④ 早年亦译作布迪厄。

18世纪的流体力学,用来描述流体运动过程中所占据的空间位置,在科学研究的过程中被逐步应用到没有流体出现的重力场、电场、磁场等之中。以经典的电磁场理论为例,场域理论具有以下几个特征：① 旨在解释场域中某些要素的变化,但其解释不涉及场域中其他要素的变化,相反,它通过解释场域中要素所占据位置的特征来解释这种变化；② 这些要素的变化涉及场域与这些要素既有状态的互动；③ 这些要素具有使其易受场效应影响的特殊属性；④ 没有任何要素的场域只是具备了创造力量的潜力,却没有任何既有力量；⑤ 场域自身是被组织和分化的。① 在 20 世纪后半叶,物理学领域的场域理论逐渐被社会学家应用到对社会的解释中。其中,最著名的是法国社会学家皮埃尔·布尔迪厄(Pierre Bourdieu),他俨然成为场域理论的代言人。

1.4.1.2 布尔迪厄场域理论的主要内容

布尔迪厄场域理论中以关系为核心的视角。布尔迪厄的社会学研究方法论区别于以结构主义和实证主义为代表的客观主义研究方法,也区别于以现象学和常人方法论为代表的主观主义研究方法。他认为,"客观主义和主观主义,机械论和目的论,结构必然性和个人能动性,这些对立都是虚幻的,每一组对立中的双方都彼此强化"②,因而他选择了方法论上的关系主义,要求从关系的视角看待和研究一切社会现象。实际上,布尔迪厄继承了卡尔·马克思关于人是社会关系的综合、实践的观点,阶级与资本的观点等社会学思想。但布尔迪厄的社会学思想在继承前人思想的同时,更多表现为一种新的创造。比如,布尔迪厄认为"社会"这一观念在本质上是空泛无用的,并代之以场域和社会空间等观念。而场域和社会空间本质上是关系的集合,或者是关系的关系。③ 因此,布尔迪厄场域理论包括"场域""习性""资本"和实践等一系列密切联系的概念,用来分析和研究本质上由关系构成的社会和人。

1) 场域

场域的概念来源于物理的场,"是诸种客观力量被调整定型的一个体系(其方式很像磁场),是某种被赋予了特定引力的关系构型,这种引力被强加在所有进入该场域的客体和行动者身上"④。场域对场域中的每个参与者具有吸引力

① Martin. J. L. What is field theory? [J]. American Journal of Sociology. 2003, 109(1): 1-49.
② [法] 皮埃尔·布迪厄.[美] 华康德.实践与反思：反思社会学导引[M].李猛、李康、译.北京：中央编译出版社, 1998: 10.
③ [法] 皮埃尔·布迪厄.[美] 华康德.实践与反思：反思社会学导引[M].李猛、李康、译.北京：中央编译出版社.1998: 17.
④ [法] 皮埃尔·布迪厄.[美] 华康德.实践与反思：反思社会学导引[M].李猛、李康、译.北京：中央编译出版社.1998: 17.

和制约作用，场域中的位置对场域中的参与者至关重要，他们为了获得最有利的位置而相互竞争。因此，他在接受美国社会学家华康德（Wacquant）的访谈时讲道，"一个场域可以被定义为在各种位置之间存在的客观关系的一个网络或一个构型"。场域中的位置被不同的行动者或组织机构占据，而占据者所依赖的是不同数量和类型的权力或资本，占有这些权力或资本"意味着把持了在这一场域中利害攸关的专门利润的得益权"，场域中的不同位置代表了可以获得这些权益的分配结构，继而场域中的位置得到客观的界定，表现为支配与屈从关系、结构上的对应关系等。① 但这并不意味着场域中的位置是恒定的，为了获得场域中的最佳位置和尽可能多地垄断权益，参与者彼此相互竞争和冲突，但有时也会发生合作。

场域的自主化与分融。随着社会的发展，尤其是社会分工的发展，社会逐渐分化成许多具有自主性的场域，每个场域逐渐形成了自身的价值和逻辑，不同场域的价值和逻辑不能相互替代。布尔迪厄剖析了许多独立自主的场域，如艺术场域、科学场域、教育场域、政治场域等。一个场域的自主性程度取决于它能够生产独立价值或者取得成就的程度。每个场域会采取不同的策略，有着不同的游戏规则。他认为，艺术场域的形成是通过否定或拒绝物质利益的经济法则而构成的，而经济场域的形成则是通过构建一种"生意就是生意"的世界而实现的。所有这些场域与更广大的社会结构之间存在全面的对应关系，两者都存在统治者和被统治者，都存在争夺控制权和排斥他人的斗争，都存在维系自身持续存在的再生产机制等。② 场域的自主化是社会分工和分化的结果，但场域的自主性是相对的，而不是绝对的。因为场域的分化是不可能完全实现的，从关系的视角来看，诸多场域相互交织在一起，并且，场域在分化的同时产生了逆向分化，即场域内部自动或被动地发生了分裂，在这个过程中其他场域渗透进来，或者融入其他场域中去。拉希（Lash）发展了布尔迪厄的场域理论，认为社会发展经历了三个阶段：传统社会的无分化阶段，现代社会的分化阶段即场域自主化阶段，后现代社会场域的逆向分化和融合阶段。③

2）习性

习性（habitus）也被国内的学者译为惯习，最初来源于亚里士多德的"hexis"

---

① ［法］皮埃尔·布迪厄.［美］华康德.实践与反思：反思社会学导引［M］.李猛，李康，译.北京：中央编译出版社，1998：133-134.
② ［法］皮埃尔·布迪厄.［美］华康德.实践与反思：反思社会学导引［M］.李猛，李康，译.北京：中央编译出版社，1998：133-134.
③ 转引自李全生.布迪厄场域理论简析［J］.烟台大学学报（哲学社会科学版），2002.15（2）：146-150.

（用来描述人们相对稳定的性情），区别于习惯。布尔迪厄认为，"惯习不是习惯，而是深刻地存在于性情倾向系统中的，作为一种技艺存在的生成性能力"①。在他的著作《实践感》一书中，他对习性下了明确的定义，习性是"持久的、可置换的（transposable）倾向性所构成的系统，是结构化的结构（structured structures），此结构同时发挥着再生产结构的功能（structuring structures），也就是说，习性作为以下的原则发挥着作用：习性产生、组织实践活动以及表象，客观地适应其本身的意图，同时可以不预先有意识地朝向确定的目的，或者掌握一系列达到目标所必需的程序"。②

　　从这一复杂的定义可以看出，习性的概念具有多重含义。第一，习性区别于一般的习惯，是更加深刻的感知、思维和行动图式系统。也表现为身体的图式，是较为稳定的一套性情倾向系统。第二，被动和主动的双重特征。习性的被动性，或者说其客观性的一面体现在习性是社会结构（或者说是场域）的内化。与此同时，习性的主动性，或者说是其主观性的一面体现在习性通过内在外化的方式生产实践以及再生产社会结构。这两个过程是同时发生的。第三，场域和习性双向互动关系和本体论上的对应关系。一方面，场域形塑习性，习性成为某个场域固有必然属性体现在身体上的产物。另一方面，习性赋予场域以意义和价值，让场域变为值得参与者投入其中的世界。因此某个特定的场域一般对应某些特定的习性，彼此相互适应。第四，习性更多是在无意识或者潜意识的情境下自动发挥功能的。习性的运行不需要特别的理性的计算。而当场域和习性的相互适应发生严重干扰或脱节时，危机就发生了，当危机发生时，代表策略计算的理性选择才会发生。③

　　3）资本

　　一个人或者一个群体的习性取决于他们在场域中所占据的位置，而不同的位置往往代表了行动者所占据资本的类型和数量，追逐、获取和再生产这些各种各样的资本就构成了场域的主要活动。布尔迪厄对资本的定义从本质上讲和卡尔·马克思一样，认为资本是聚集的劳动（以物质的形式，或者是身体化的形式），但布尔迪厄扩大了资本的应用范畴，从经济意义上扩大到了文化和社会领域。因此，布尔迪厄的资本概念主要包含了三个根本的类别：经济资本，表现为

①　[法]皮埃尔·布迪厄.[美]华康德.实践与反思：反思社会学导引[M].李猛、李康，译.北京：中央编译出版社，1998：165.
②　Bourdieu, P. The logic of practice[M]. California, Stanford: Stanford University Press, 1990: 51.
③　朱国华.权力的文化逻辑：布迪厄的社会学诗学[M].上海：上海人民出版社，2016：103 – 104.

可以直接和立即转换为金钱的资本,其制度化的结果为财产权的形式;文化资本,在一定条件下可以转换为经济资本,其制度化的结果为教育资历和文凭的形式;社会资本由社会责任和社会联系构成,在特定的情况下可以转换为经济资本,其制度化的结果为贵族头衔等。[①] 此外,通过我们的各种感知范畴,上述三种资本各自运行的特定逻辑被认可,或者以"误识"的形式被布尔迪厄称之为符号资本或者象征资本。以下具体分析和探讨布尔迪厄提出的文化资本和社会资本。

(1) 文化资本。文化资本表现为三种形式:第一种是身体化的文化资本,表现为身体和心理的"性情";第二种是客观的文化资本,表现为一系列可见的文化商品,如书籍、艺术品、钢琴等;第三种是制度化的文化资本,是文化资本独有的一种形式,多表现为文凭资历。[②] 布尔迪厄文化资本理论的提出建立在儿童学术成绩的成功与失败是由天赋倾向决定的传统观点和对人力资本理论的批判的基础上,这两个观点都忽视了文化资本在家庭中的传递及其社会中不平等分布的现实。文化资本的身体化形式是以耳濡目染的方式获得的,需要较长时间的积累和消化,就像运动员增长肌肉一样,不可能一蹴而就,是循序渐进地成为一个人不可分割的一部分的,最终表现为由教养和品位等组成的习性。由于它传递和积累的社会条件很难辨识,文化资本的身体化形式更容易以一种符号资本的方式运作,即不认为是一种资本而认为是一种天赋能力。客观的文化资本比身体化的文化资本更容易识别。但是占有文化商品是一回事,消费文化商品又是另一回事,需要求助于身体化的文化资本。制度化的文化资本具体表现为学历文凭,学历文凭是文化能力的证明,它给予拥有者一种传统的、较为恒定的、有法律保障的价值,被布尔迪厄称为社会炼金术,它拥有一种制度化和集体化的魔力,可以在劳动力市场上转化为经济资本,但是其价值依赖于文凭的稀缺性。当文凭过于泛滥就会出现贬值的状况。

(2) 社会资本。布尔迪厄认为社会资本是实际和潜在的社会资源的总和。这种社会资源与占有某种持久性的社会网络相关,而在此社会网络中,持续地相互认识和认可活动多少已经化为制度化的关系——或者说,获取了一个团体中的成员资格——这给每一个成员提供了集体所拥有资本的支持,即团体给予成

---

① Bourdieu, P. The forms of capital[M]//Richardson, J. Handbook of theory and research for the sociology of education. Westport, CT: Greenwood, 1986: 243.
② Bourdieu, P. The forms of capital[M]//Richardson, J. Handbook of theory and research for the sociology of education. Westport, CT: Greenwood, 1986: 243.

员的一种"凭证"。① 因此,一个人社会资本的数量取决于他所处的社会网络的大小以及他是否能够与具有丰富社会资本、经济资本和文化资本占有者建立持久的联系。社会资本的维持依赖于持续的社会交际活动,需要持续性地投入时间和精力,投入直接或间接地经济资本和文化资本,通过持续不断的认可和再认可活动,偶然性的关系转变为持久性的制度化的关系。这种制度化的关系给予社会网络中的成员更大的义务和责任,也带来更丰厚的利益。社会资本能够维持的根本原因是社会资本最终可以为社会网络中的成员带来物质或者符号上的利益。随着社会网络中社会资本的聚集,社会网络往往会发展出制度化的代理人,他们代表整个组织发言和行动,维护整个组织的利益,当组织成员的利益受到侵犯时捍卫他们的利益。但是,组织代理人也会出现对组织资本的侵占和滥用。因此,社会资本的最终效用既取决于社会网络中的资源的数量,也取决于社会网络中成员所处的结构性位置(比如是否是代理人或与代理人的关系等)。

(3) 各种资本之间的转换。经济资本、文化资本和社会资本之间是可以互相转换的。布尔迪厄认为所有的资本都是从经济资本中衍生出来的,经济资本是所有其他资本类型的基础,各自资本类型通过转换以产生特定场域的权利类型。资本之间的转换形式有着各自的特征。② 比如,经济资本转化为社会资本,需要社会网络中的参与者付出特殊劳动,即投入大量的时间,付出特定的呵护、关注和关心等,才可以把赤裸裸的金钱转换为具有情感的社会交往,而这种社会交往往往拒绝精密的计算,因此社会资本从长远看来可以转换为经济资本或者其他形式的回报,但也面临无法兑现的风险。经济资本转化为文化资本更需要投入大量的时间和精力,也更具有隐蔽性,不仅需要占据相当数量有形的文化资本,还需要大量可支配的时间来获取身体化的文化资本或者学历文凭,而文化资本转化为经济资本的过程更加充满不确定性和风险性。比如,学历文凭只是进入劳动力市场的门槛,其真实的价值充满不确定性。总之,各种资本虽然可以相互转换,但是也遵循各自资本再生产的特殊性,即特定场域的特殊性。

1.4.1.3　布尔迪厄教育思想的主要内容

布尔迪厄的教育思想是其场域理论应用在教育领域的反映,也是其场域理论重要的组成部分,解释了社会再生产。布尔迪厄的教育思想集中体现在《再生

---

① Bourdieu, P. The forms of capital[M]//Richardson, J. Handbook of theory and research for the sociology of education. Westport, CT: Greenwood, 1986: 248 - 249.
② Bourdieu, P. The forms of capital[M]//Richardson, J. Handbook of theory and research for the sociology of education. Westport, CT: Greenwood, 1986: 252 - 253.

产：一种教育系统理论的要点》与《国家精英：名牌大学与群体精神》等著作中。

教育的功能。布尔迪厄认为教育行为客观上是一种符号暴力行为，是一种权力专断所施加的文化专断，而这一文化专断的再生产有助于集团或阶级之间关系的再生产即社会的再生产，而整个过程是通过制度化的教育系统不断地再生产持久的和可以转移的态度系统（某种习性）。[①]

大学作为一个教育场域。大学场域是社会经济场域的反映，依据等级分成不同的类别，大学之间和大学内部不同的专业之间都是不平等的（一级代表科学与知识，另一级代表行政与经济），依据性别、社会出身、学业成绩等进行分配，大学学业体系作为一种客观的分类方法实现文化与社会的再生产。在大学场域中，不同的大学（专业、学生等）占据了不同的位置，场域的结构迫使每一个分子采取与自身位置相适应的策略，而精英大学通过某种类似圣职授任的方式再生产社会精英。[②]

大学生获得的习性与文化资本。大学生在进入大学之前具有不同的习性，大学通过整体的环境、课程和教学等可以给予学生新的习性或者只是强化已有的习性，而教育环境潜移默化的功能比课堂上传授的知识更重要，因为习性是通过一种即时、直觉和实践的方式获得的。[③] 大学除了培养一种体现思维、认知、评价和行动的图式系统外，还是文凭授予的垄断机构。文凭作为现代社会的主要文化资本，是经过大学担保和认证的社会委任书和信誉称号，这种学业称号获得了相对永恒的普遍价值，但是其本身只是劳动力市场的入场券。[④] 在布尔迪厄看来，大学作为文化资本的主要生产者再生产了整个社会，重要的不仅是制度化的学历文凭，还有其背后获得的习性，后者更重要。

1.4.1.4 理论适切性分析

利用布尔迪厄的场域理论分析教育现象的著作已经非常之多。该研究选择场域理论作为主要的分析视角主要包括以下几个原因。首先，创业教育与专业教育的整合是一对关系问题，而布尔迪厄的场域理论是一种关系主义方法论的视角，主张从关系的视角看待一切研究问题。其次，布尔迪厄提出的核心概念工具与本研究的核心概念十分吻合。布尔迪厄的核心概念工具包括场域、资本、习性等，而本研究的核心概念如创业教育、专业教育以及整合等与这些概念高度契

---

① 布迪厄.帕斯隆.再生产：一种教育系统理论的要点[M].北京：商务印书馆,2002：12 - 65.
② 布迪厄.国家精英：名牌大学与群体精神[M].北京：商务印书馆,2004：229 - 243.
③ 布迪厄.国家精英：名牌大学与群体精神[M].北京：商务印书馆,2004：132 - 155.
④ 布迪厄.国家精英：名牌大学与群体精神[M].北京：商务印书馆,2004：204 - 216.

合。创业教育本身就是给予学生一定的经济资本和社会资本,使其能够将自己所学的知识转换为经济资本和其他社会效益。创业教育与专业教育整合的核心目的就是在现有的大学场域中培养一种新的习性,而不仅仅是给予学生某种学历文凭,更重要的是培养学生资本转化的能力。再次,布尔迪厄的教育思想及其教育研究对本书研究的开展具有一定的启发和借鉴作用。比如,布尔迪厄对学历文凭功能的深刻分析有助于深刻把握该种文化资本的优势和局限性,其局限性正是创业教育与专业教育整合所要超越的地方。最后,布尔迪厄的场域理论主要针对的是高度分化和自主化的场域,而本书研究更加突出了不同场域的融合,希望通过该研究进一步加深对布尔迪厄场域理论的理解。

1.4.2　国内外研究现状

21 世纪以来,创新创业和创业教育对一个国家经济社会的发展起着日益重要的作用。对创新创业和创业教育的研究也反映了这一发展趋势。笔者于2018 年 7 月 7 日,通过中国知网(CNKI)以"创业教育"为篇名进行跨库检索发现,共有 20 392 篇论文发表,且研究数量在 2000 年以后开始增长,2010 年以后增长速度明显加快。对创业教育研究趋势的分析如图 1.1 所示。

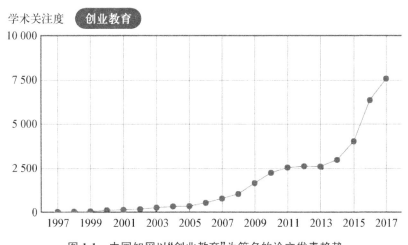

图 1.1　中国知网以"创业教育"为篇名的论文发表趋势

资料来源: 中国知网.学术关注度[EB/OL].(2018-07-07)[2018-07-07].http://trend.cnki.net/TrendSearch/trendshow.htm?searchword=％u521B％u4E1A％u6559％u80B2.

对创业教育的研究从整体上讲数量巨大,相比而言,有关创业教育与专业教育整合的研究却非常有限。笔者于 2018 年 7 月 7 日,通过中国知网(CNKI)又以"创业教育与专业教育"为篇名进行跨库检索发现,共有391篇期刊论文发表,以及博士论文1篇,硕士论文8篇。且研究数量在2009以后开始增长,2014年以后增长速度明显加快,对创业教育与专业教育整合的研究趋势分析如图1.2所示。

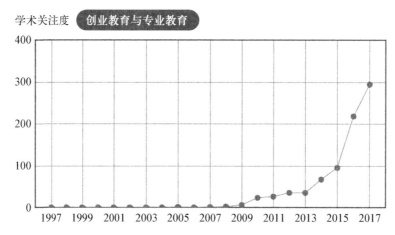

图1.2　中国知网以"创业教育与专业教育"为篇名的论文发表趋势

资料来源:中国知网.学术关注度[EB/OL].(2018 - 07 - 07)[2018 - 07 - 07].http://trend. cnki. net/TrendSearch/trendshow. htm? searchword =％ u521B％ u4E1A％ u6559％ u80B2％ u4E0E％u4E13％u4E1A％u6559％u80B2.

此外,宫福清教授等人通过对我国2000—2014年CSSCI教育学期刊的文献计量分析发现,创业教育的发展如何与专业教育相结合是创业教育研究的前沿话题。[1] 王志强等人通过对我国2000—2016年教育学CSSCI期刊的文献计量分析发现,我国的创业教育研究过多关注创业教育体系建构等显性问题,对创业教育如何与专业教育深度融合的研究还十分欠缺。[2]

从对我国创业教育研究的检索来看,目前为止,虽然研究者对创业教育的研究呈逐年增长的趋势,但是较多关注宏观的创业教育体系,以及英美等发达国家的创业教育经验的介绍。并且,针对高校创业教育与专业教育如何整合的研究仍然十分欠缺,亟待研究者深入探讨这一创业教育的核心主题。

1）创业教育与专业教育整合的调查研究

学者对创业教育与专业教育整合的调查研究是各项研究的基础性工作。所

---

① 宫福清,郭超华,闫守轩.中国创业教育研究的热点领域与主题演进[J].高教发展与评估.2016.32 (4)：14 - 25.
② 王志强.杨庆梅.我国创业教育研究的知识图谱：2000—2016年教育学CSSCI期刊的文献计量学分析[J].教育研究.2017(6)：58 - 64.

罗门(Solomon)等人在 2002 年的调查研究发现,创业教育受到越来越多美国高校大学生的欢迎;为非商科学生提供的跨学科创业教育项目日益增多,为艺术、工程、科学等专业学生开设专门的创业教育课程成为创业教育发展的重要趋势;创业教育的许多课程除了培养传统的创业者,还培养创业组织的管理人员,为创业者服务的会计、律师、咨询师等专业人员,及企业内部创业者等。[①] 2014 年,乔治·华盛顿大学创业卓越中心(The George Washington University Center for Entrepreneurial Excellence)对美国高校本科创业教育进行了一次全国调查,共 206 所本科高校参与。调查发现,很多高校有多个创业教育项目,创业教育项目在传统学系的有 106 个,在创业中心的有 43 个,在小企业或者创业学系的有 8 个,在商学院的有 57 个,有其他部门管理的有 24 个;创业教育项目在传统学系的约占 45%。[②] 从中可以看出,美国高校创业教育项目更可能开设在传统学系,而不是创业学系或商学院。这说明,创业教育与其他各个学科专业的整合成为创业教育的重要发展特色。此外,该中心专门调查了创业教育的发展趋势后发现,社会创业教育、创业体验教育、跨学科创业教育项目、商业建模、精益创业教学方法成为创业教育五大发展趋势。这五大发展趋势中,与创业教育与专业教育整合紧密相关的是社会创业教育、创业体验教育和跨学科创业教育项目。

侯永雄和林闻凯对我国 23 所高校 2 612 名学生进行了抽样调查,结果显示:78.3% 的高校创业课程数量在 3 门以下;仅 27.09% 的学生认为学校提供了与专业相结合的创业课程;创业教育师资主要是学生就业指导人员或经济管理专业的教师,授课内容未能与各学科专业充分整合。[③] 黄林楠和韩增芳对江苏某所高校创新创业教育嵌入专业教育的情况进行了一次问卷调查,共发放问卷 900 份,收回有效问卷 719 份。结果显示,72.8% 的学生认为学校专业教育中没有或者很少涉及创新创业的内容,仅有 1.8% 的学生认为学校在专业教育中嵌入了很多创新创业的内容。[④] 杜辉和朱晓妹在 2016 年对北京 10 所高校的 159 名学生、62 名教师、9 名行政人员进行了问卷调查,共发放问卷 200 份,收回有效问卷 200 份,同时对多名(作者未给出具体人数)学生、教师和行政人员进行了访

---

① Solomon, G. T., Duffy, S., & Tarabishy, A. The state of entrepreneurship education in the United States: a nationwide survey and analysis[J]. International Journal of Entrepreneurship Education, 2002, 1(1): 65 - 86.

② George Washington University. The national survey of entrepreneurship education an overview of 2012—2014 survey data[R]. Center for Entrepreneurial Excellence, 2014: 21.

③ 侯永雄,林闻凯.创业教育与地方本科院校转型的内在耦合性及实现路径[J].高教探索.2015(2): 40 - 44.

④ 黄林楠,韩增芳.对创新创业教育嵌入专业教育的思考[J].教育与职业.2012(14): 87 - 88.

谈。结果显示,70％的同学表示在专业课中增加了创新创业教育相关课程,45％的学生表示在专业实训课环节增加了创新创业相关课程,57％的受访对象表示在专业课程的学习阶段加入了创新创业教育相关内容,但是只有6％的受访学生表示在跨专业课程中增加了创新创业课程。60％的教师表示近年来,尤其是最近三年在专业课教学的同时也讲授了创新创业的相关课程,其中管理类课程的教师占到90％。[①]

通过综合比较中美创业教育与专业教育整合的调查研究,我们可以发现,目前美国高校创业教育与专业教育的整合程度较高,而我国高校创业教育与专业教育的整合才刚刚起步。同时,研究还发现我国北京地区高校的创业教育与专业教育结合较紧密,整合程度较高。另外,美国高校的创业教育与专业教育的整合较多是跨学科教育项目,我国则是以在专业教育中增加创业教育内容为主。

2) 创业教育与专业教育整合的关系与驱动力

(1) 高校创业教育与专业教育整合的关系。布鲁克斯等人(Brooks et al.)提出,专业教育依然是美国大学教育的基础,创业教育需要融入专业教育之中才有可能成为主流。创业教育融入专业教育可以通过增加相关课程的方式,但更重要的是要变革专业教育,使创新和创业成为学生学习经历的必要组成部分,同时还需要相应变革专业教育的认证标准和培养目标。[②] 韦尔什和陶勒(Welsh & Tullar)提出:创业教育与专业教育的整合可以为学生提供实践专业知识的机会和情境,是打破大学专业教育理论和实践相割裂的重要途径。[③] 同样,我国也有不少学者持类似的观点。比如,张项民认为,创业教育是大学生对专业知识的运用和创新的教育,专业教育是创业教育的基础,创业教育是专业教育的运用和深化。[④] 戴栗军等人认为,专业教育体现的是学科化的知识生产模式1,创业教育体现的是跨学科、重应用的知识生产模式2和3,新旧知识模式的相互依存是专业教育与创业教育相互补充的理论基础。[⑤]

(2) 高校创业教育与专业教育整合的驱动力。海因斯(Hynes)在1996年就

---

① 杜辉,朱晓妹.创新创业教育与专业教育的深度融合:基于北京地区高校的数据分析[J].中国高校科技.2017(5):91-94.

② Brooks, R., et al. Entrepreneurship in American higher education[R]. Kauffman Foundation, 2007: 15.

③ Welsh, D. H. B., & Tullar, W. A model of cross campus entrepreneurship and assessment[J]. Entrepreneurship Research Journal, 2014, 4(1): 95-115.

④ 张项民.论创业教育的耦合性与兼容性[J].中州学刊.2008(4):127-129.

⑤ 戴栗军,颜建勇,洪晓畅.知识生产视阈下高校专业教育与创业教育融合路径研究[J].高等工程教育研究.2018(3):147-152.

提出,大学的非商科专业与创业教育的整合是创业教育发展的重要趋势。非商科专业的学生经常有很多创意,但是缺乏必要的商业知识和技能。因此,需要采用跨学科团队学习或者项目学习的整合教育模式提高他们的商业能力。① 卡茨等人(Katz et al.)认为,创业教育与专业教育整合的驱动力包括三个方面:创业教育可以促进各专业学生自我雇佣式(self-employed)就业,在许多职业中自我雇佣式就业的比例越来越高;创业教育可以促进各专业学生独立创业或参与创立企业,创造大量的就业岗位;创业教育可以促进各专业的学生,尤其是与高新技术紧密相关的各专业学生最大限度商业化大学所生产的知识,并最终促进地方和国家的经济发展。② 黄兆信和王志强提出,创业教育与专业教育的整合是培养创新人才,提升大学生创新能力的重要手段,并最终为区域经济发展和技术变革,提升国家竞争力做出贡献。③

3) 创业教育与专业教育整合的障碍、策略与途径

高校创业教育发展的障碍。库拉特科(Kuratko)提出,美国高校创业教育面临的障碍包括以下几个方面:创业学面临是否真正成熟和是否具备完全的学术合法性的挑战,并且存在对目前的状况自满和故步自封的风险;专业的、高质量的学术期刊较少,研究和出版面临困境;各个层次的创业师资短缺;利用信息技术的比例较低;学术研究和商业之间的不一致;创业术语的滥用造成"稀释效应";创业教育的教师处于是采取安全还是冒险的教法的两难处境;创业教育缺乏管理支持。④

施永川等人提出,我国高校创业教育面临传统教育的弊端,创业教育尚未融入高校育人体系,创业教育存在理论研究、课程资源、师资等缺乏以及评价体系不完善,外部支撑环境有待改善等一系列障碍。⑤ 宋丽娜利用博弈理论分析了我国高校创业教育与专业教育整合过程中的困境,包括高校管理部门教育管理理念落后、大学办学自主权不足、教学目标迎合政府指标、教学方法缺乏创新、部分专业教师反对整合等。⑥

① Hynes. B. Entrepreneurship education and training — introducing entrepreneurship into non-business disciplines[J]. Journal of European Industrial Training. 1996, 20(8): 10 - 17.
② Katz. J. A., Roberts. J., Strom. R.. et al. Perspectives on the development of cross campus entrepreneurship education[J]. Entrepreneurship Research Journal. 2014. 4(1): 13 - 44.
③ 黄兆信,王志强.论高校创业教育与专业教育的融合[J].教育研究.2013(12): 59 - 67.
④ Kuratko. D. F. The emergence of entrepreneurship education: development, trends, and challenges [J]. Entrepreneurship Theory & Practice. 2005. 29(5): 577 - 598.
⑤ 施永川,黄兆信,李远熙.大学生创业教育面临的困境与对策[J].教育发展研究.2010(21): 71 - 75.
⑥ 宋丽娜.基于博弈论的创业教育与专业教育融合困境及对策[J].教育评论.2017(10): 79 - 83.

高校创业教育与专业教育整合面临的挑战。罗伯茨等人(Roberts et al.)提出,美国高校创业教育与专业教育的整合面临一系列的挑战。这些挑战包括:大学作为一个科层型组织,变革的速度十分缓慢;大多数大学的激励体系鼓励专业化,而不是跨学科合作;非商业学科的教师较少接受创业教育的相关学习和培训;原有专业的课程计划十分紧凑,很难增加创业教育的内容;学习费用和学习时间的增加会给学生造成新的负担;创业教育与专业教育的融合也有可能弱化或者改变创业原有的含义;教育结果的评估十分困难等。[①] 包水梅等人提出,我国高校创业教育与专业教育的整合面临理念障碍、制度障碍、管理障碍、环境障碍与资源障碍等一系列问题,其中资源障碍包括师资缺乏、课程设置随意、教材短缺、实践基地匮乏等。[②]

美国高校创业教育与专业教育整合的策略。莫里斯等人(Morris et al.)认为,高校创业教育与专业教育整合的策略包括以下 12 个方面:① 培养有较高学术威望的创业教育带头人以及相互协作的创业师资团队;② 全校对"创业"有着清晰的定义和共同的认识,而不是模糊不清的定义;③ 创业教育有清晰的目标,比如培养具有创业思维和创业能力的毕业生;④ 具有合理的创业教育的组织模式和治理结构;⑤ 形成高效的创业教育支持系统,尤其是各专业教师积极参与其中;⑥ 设计良好的创业教育课程;⑦ 设计良好的创业教育课外活动;⑧ 具备充足的包括资金在内的资源保障;⑨ 促进各学科教师积极参与创业教育的激励机制;⑩ 积累创业教育与各学科专业教育整合的各种经验,促进共同学习;⑪ 校内外积极宣传和推广;⑫ 设计良好的评价体系。[③] 布西(Bisoux)提出,商学院与其他学院合作推动创业教育与专业教育整合的策略包括以下几个方面:第一,在合作方式上,选择使命一致的合作教师,成功识别可以促使合作顺利进行的领导者,利用已有的学院或学系之间的合作关系,大力培植跨学科的合作文化等;第二,进行广泛的师生、雇主调查,以确定合作的"市场"有多大;第三,愿意做出妥协和让步;第四,协调课程计划,合理安排课程;第五,帮助学生做出正确的选择;第六,任命真正愿意付出的教师;第七,寻找外部资金支持;第八,保持教师、学生

---

① Roberts, J., Hoy, F., Katz, J. A., et al. The challenges of infusing entrepreneurship within non-business disciplines and measuring outcomes[J]. Entrepreneurship Research Journal, 2014, 4(1): 1-12.

② 包水梅,杨冬,魏海瑞,等.我国高校创新创业教育与专业教育融合的障碍分析[J].教育与考试.2016 (1): 74-78.

③ Morris, M., Kuratko, D. & Pryor, C. Building blocks for the development of university-wide entrepreneurship[J]. Entrepreneurship Research Journal, 2014, 4(1): 45-68.

与学校管理部门等各个层级的沟通交流顺畅。[1]

我国高校创业教育与专业教育整合的策略。张瑶祥和蒋丽君提出，我国高等院校的创业教育与专业教育需要在教育观念、培养方案、课程体系、师资队伍、实践活动、校园文化和评价机制等多个方面进行融合，创业教育绝对不能脱离专业教育孤立地进行。[2] 孙秀丽认为，创业教育与专业教育在高校课程、课堂教学和教育实践等方面存在脱节现象，高校需要构建"专业＋创业"的教育课程体系，以建立知识衔接；创建"仿真＋全真"创业实践平台，以建立操作衔接；创建"校内＋校外"创业实践基地，以建立能力衔接。[3] 此外，创业教育与专业教育的有效衔接需要多方支持，需要学校、社会、政府三方形成良好的联动机制。陈晶晶和何云峰提出，我国高校要将创业教育纳入各个专业的培养目标，修订原有的专业人才培养方案，将创业教育渗透进四年的专业教育过程中，坚持四年"不断线"；打造校内外协同、知识与能力互补的创业教育师资团队，创建全校整体协调、联动管理的创业教育管理机制。[4] 杜辉和朱晓妹在对北京地区 10 所高校调研的基础上建构了"以学生为中心""教师—企业—高校—社会"四位一体的"1＋4"创业教育与专业教育的融合圈，即教师、企业、高校和社会等四位一体，以学生的学习需求为中心；还构筑了三个支撑体系，即与专业核心课程相融合的创新创业教育课程体系、与专业实践教学相衔接的创新创业教育实践体系、专业教育与创新创业教育相融合的支持保障体系。[5]

我国高校创业教育与专业教育整合的其他策略还包括高校创业教育耦合传统的就业教育、素质教育和创新教育，兼容传统的专业教育和理想教育等教育内容，推动高校与社会的对接和融合。[6] 李红等人把系统耦合理论运用于创业教育与专业教育的整合，先把创业知识或实践和专业知识或实践各自进行模块化整合，再把模块化的知识或实践进行耦合，这种耦合效应远大于各子模块简单相加。[7]

高校创业教育与专业教育整合的途径。黄兆信和王志强认为，创业教育具

---

[1]　Bisoux，T. Collaborative efforts[J]. BizEd，2012，2：18-25.
[2]　张瑶祥，蒋丽君.高职创业教育与专业教育融合的路径选择[J].中国高等教育.2011(20)：46-47.
[3]　孙秀丽.试论创业教育与专业教育的有效衔接[J].教育发展研究.2012(7)：58-62.
[4]　陈晶晶，何云峰.创业教育如何与专业教育深度融合[J].中国高等教育.2015(8)：51-53.
[5]　杜辉，朱晓妹.创新创业教育与专业教育的深度融合——基于北京地区高校的数据分析[J].中国高校科技.2017(5)：91-94.
[6]　张项民.论创业教育的耦合性与兼容性[J].中州学刊.2008(4)：127-129.
[7]　李红，高亮亮，纪德鹏.基于系统耦合理论的创业教育与专业教育协调发展研究[J].现代教育科学.2017(6)：5-9.

有开放性、创造性和跨学科性等特征。创业教育需要面向全体学生，将创业教育的理念与方法全面融入专业教育的过程中，培养岗位创业者。创业教育与专业教育的融合既需要重视通识类和专业类创业教育课程体系，也需要提升专业教师对创业教育的内源性支持。[①] 曾尔雷和黄新敏提出，高校创业教育融入专业教育的途径分为三种：新增专业创新创业类课程，以课程教学为载体渗透创业内容和课堂之外的专业创业实践项目。[②] 卢淑静提出，高校创业教育嵌入专业教育应结合各个专业的特点，坚持思维创新和技术创新并举，岗位创业和自主创业并举等原则，具体的途径包括课程渗透、独立设课和增设专业模块方向的专业嵌入、跨专业联合以及社会化合作，同时创业教育嵌入专业教育需要在组织机构、政策制度、资源网络和第三方服务等方面构建创新创业教育的生态系统。[③] 朱晓东等人借鉴了 CDIO 构思、设计、实施和运作的理念和框架，构建了创业教育与专业教育课程体系、师资建设、创业实践平台、文化营造和评估方式等为一体的整合路径。[④]

我国高校创业教育与专业教育整合所要求的教育改革。巩丽霞提出，创新创业教育与专业教育的整合是应用型本科高校教育改革的切入点和方向，涉及广大教师和教育管理者的教育理念的变革，课程设计和教学方法等方面的改革。[⑤] 刘艳等人认为，创业教育与专业教育的深度融合需要大学打破学科壁垒、强化学科交叉、促进研究与应用相结合，建设专业教学和创新创业内容相衔接的新体系，积极与社会建立产学研全面合作联盟，注重培养学生的产品研发、技术转化和创业经营管理等多种能力。[⑥] 张宝生和张思明认为，高校创业教育与专业教育的融合需要将创业教育理念融入原有教学计划的制订过程中，更新教学内容，改革教学方法，调整课程结构，整合校内外资源，促进创业教育在专业教育上的逐步渗透。[⑦]

① 黄兆信，王志强.论高校创业教育与专业教育的融合[J].教育研究，2013(12)：59-67.
② 曾尔雷，黄新敏.创业教育融入专业教育的发展模式及其策略研究[J].中国高教研究，2010(12)：70-72.
③ 卢淑静.创新创业教育嵌入专业教育的原则与机制[J].求索，2015(2)：184-187.
④ 朱晓东，顾榕蓉，吴立保.基于 CDIO 理念的创新创业教育与专业教育融合发展研究[J].江苏高教，2018(2)：77-80.
⑤ 巩丽霞.应用型高校本科教育改革的思考：基于创新创业教育与专业教育相结合的探讨[J].国家教育行政学院学报，2011(9)：43-46.
⑥ 刘艳，闫国栋，孟威，等.创新创业教育与专业教育的深度融合[J].中国大学教学，2014(11)：35-37.
⑦ 张宝生，张思明.高校创业教育与专业教育的融合路径研究[J].黑龙江高教研究，2016(5)：114-117.

4) 创业教育与专业教育整合的课程与教学

高校不同学科、不同专业创业课程的特殊要求。非商科学生的创业教育要设置专门的课程。与商科学生相比，非商科学生的创业教育课程设置需要更全面、科学与完善，他们不仅要熟悉传统管理领域的知识，还要熟悉具体的创业相关的概念和理论。非商科学生的专业知识和技能是创业教育的基础，也是他们的比较优势。如何在创业课程和专业课程之间建立联系是非商科学生创业教育成败的关键。[①] 约翰逊等人(Johnson et al.)提出，不同学科学生对创业教育的需求差异很大。他们把大学学科分为以专业为基础的，如药学、兽医学、会计学、心理学等；以行业为基础的，如市场营销、金融、计算机与咨询等；以发明为基础的，如以科学研究或者设计新产品为主的学科。以专业为基础的学科，其创业课程要侧重创业市场和销售、创业管理和创业财务等；以行业为基础的学科，其创业课程要注重行业中的机会识别和商业战略；以发明为基础的学科，其创业课程要注重知识产权保护和可行性分析。[②]

创业教育与专业教育整合的课程与教学的跨学科特征。创业教育与专业教育的整合必然是跨学科的。创业学从本质上讲是一个跨学科的领域，因而创业教育通过跨学科的教学方法才可以达到最佳的教育效果。跨学科的创业教育至少包含两个维度：一是各学科知识内容上的整合，包括了教的过程和学的过程；二是组织和管理维度，包括培训过程和管理过程，具体是指跨学科教育项目的运转，以及如何处理协调参与其中的众多利益相关者的关系。[③]

5) 创业教育与专业教育整合的师资

对创业教育师资是否应专业化的不同看法。尽管创业教育越来越受欢迎，但是还是有许多大学教师抗拒和抵制创业教育。他们怀疑创业作为一个学术领域的合法地位，怀疑创业研究的质量和严谨性，认为根本不需要由专业的教师来从事创业教育的教学和研究。[④] 也有学者认为创业教育的师资应该是较高学术水平和理论水平的专业化师资，大量没有博士学位的兼职教师作

---

① Brand, M., Wakkee, I., Veen, M. D. Teaching entrepreneurship to non-business students: insights from two dutch universities[A]//Fayolle, A. (ed.) Handbook of research in entrepreneurship education, Volume 2. Contextual perspectives. Northampton: Edward Elgar. 2007: 52 - 83.

② Johnson, D., Craig, J. L., Hildebrand, R. Entrepreneurship education: towards a discipline-based framework[J]. Journal of Management Development, 2006, 25(1): 40 - 54.

③ Janssen, F., et al. Interdisciplinarity in cross-campus entrepreneurship education[A]//G. Page West Ⅲ, Gatewood, E. J. & Shaver, K. G. Handbook of university-wide entrepreneurship education. Northampton: Edward Elgar. 2009: 146 - 165.

④ Finkle, T. A., Deeds, D. Trends in the market for entrepreneurship faculty, 1989—1998[J]. Journal of Business Venturing, 2001, 16(6): 613 - 630.

为创业教育的师资,缺乏深厚的创业学理论修养,对创业教育和研究产生了十分不利的影响。[①]

创业教育师资发展问题。美国高校创业教育的师资整体上依然匮乏。并且,参与创业教育的美国大学教师在申请终身教职时会遇到阻碍,尤其是积极主动把创业教育与专业教育相整合的非商科或者非创业学学科的教师会面临更大的挑战和危机,究其原因,创业教育作为一个研究领域只取得了部分合法性,还远未成熟。与美国一样,创业师资短缺是阻碍我国高校创业教育发展的主要瓶颈之一,因而需要"建立全员参与、与创业课程体系相适应的教师队伍",鼓励不同专业教师参与创业教育。[②]

不同学科背景的教师参与创业教育的动机既存在共同点,又存在差别。共同的动机是参与创业教育的教师并非完全是被迫的,很多是出于自身的兴趣。他们认识到大学对地方经济和社会发展的重要使命,认为创业教育对培养学生的创业精神和创业思维以提高学生的生存竞争力起着重要作用。不同的是,社会科学或者文科背景的教师参与创业教育的动机更多是为了促进社会变革,改善处境不利人群的生活状况。科学技术学科如工程和材料学科背景的教师参与创业教育的动机是为了促进该学科的师生创办更多以技术为基础的高科技公司。这样一方面可以促进区域经济的发展,另一方面可以快速积累个人财富。[③]

6) 创业教育与专业教育整合的评价

创业教育的评价体系很难建立,创业教育与专业教育整合的评价更是如此。目前缺少有效的工具来评价创业教育与专业教育整合的效果。如特定学科的创业教育是否以及如何增加了学生的创业意图和创业倾向性,是否以及如何促进了学生未来的成功。[④] 由于创业教育与专业教育整合大多采用跨学科教育项目的模式,跨学科创业教育项目的评价应该包括学生满意度调查、跨学科维度调查和创业影响力调查等三个方面。[⑤]

---

① Singh, R. P. The shortage of academically trained entrepreneurship faculty: implications, challenges, and opportunities[J]. Journal of Entrepreneurship Education, 2008, 11: 117 - 131

② 朱晓芸,梅伟惠,杨潮.高校创业教育师资队伍建设的困境与策略[J].中国高教研究,2012(9): 82 - 85.

③ Mars, M. The diverse agendas of faculty within an institutionalized model of entrepreneurship education[J]. Journal of Entrepreneurship Education, 2008, 10: 43 - 62.

④ Welsh, D. B., & Tullar, W. A model of cross campus entrepreneurship and assessment[J]. Entrepreneurship Research Journal, 2014, 4(1): 95 - 115.

⑤ Janssen, F., et al. Interdisciplinarity in cross-campus entrepreneurship education[A]//G. Page West Ⅲ, Gatewood, E. J. & Shaver, K. G. Handbook of university-wide entrepreneurship education. Northampton: Edward Elgar, 2009: 146 - 165.

7）创业教育与不同学科专业教育的整合

不同学科创业教育的差异。商业和经济学相关专业的创业教育要以创立新企业和管理小企业为核心，他们可以和科学技术专业的学生相互合作。人文社会科学专业的创业教育可以关注自我管理和社会创业。艺术和设计专业的创业教育应该关注由学生的创意和创新作品所产生的创业机会。科学技术相关专业的创业教育要以利用知识产权，创立衍生公司为核心。①

人文学科与创业教育的整合。在这个环境日益复杂，发展变化速度日益加快，并且未来无法预测的社会，高校人文教育与创业教育的整合是极其必要的，培养具有创业思维的人是人文教育和创业教育整合的关键。同时创业教育和人文教育是相互强化的关系。创业教育为人文教育提供了直接应用其知识的机会和环境，人文教育所培养的能力和素养又在根本上加强了创业教育。② 但我国高校人文社科类专业学生的创业教育整体仍处于边缘化的艰难处境。具体原因包括认识层面观念落后；创业政策或创业教育政策偏理工、轻人文社科，功利性较强；社会方面针对人文社科类专业学生的创业资助较少；学校层面专门针对人文社科类专业学生的创业教育较少，师资、实践基地匮乏。③

艺术学科与创业教育的整合。美国高校创业教育与专业教育的融合经过二十年的发展，已经有了很深的根基。艺术教育与创业教育的整合主要是为培养艺术类创业者或自我雇佣式艺术家（self-employed artists），建立属于创业艺术教育的专门创业课程（尤其是创业模块化课程）、评价方法、教学资源等。④

工程学科与创业教育的整合。美国高校工程教育与创业教育的整合是新时期工程教育范式的变革，其目标是培养创业型工程师。创业型工程师包括具备创业思维和能力的工程师、企业内部创业型工程师和与工程相关的创业者。创业型工程师既要具备传统工程师扎实的工程知识和技术，还应具备顾客意识、商业头脑、关注社会价值和需求。创业教育与工程教育的整合包括正式课程和课外活动的全面整合。⑤ 我国高校工程教育的新范式是工程和产业形态与商业模

① Europe Union. Entrepreneurship in higher education，especially within non-business studies[R/OL][2008 - 03 - 15].http：//www.tecminho.uminho.pt/UserFiles/File/EHE.pdf.
② Higdon．L. J. Liberal education and the entrepreneurial mindset a twenty-first-century approach[J]. Liberal Education，2004，91：2 - 5.
③ 李婷婷.普通高校人文社科类专业学生创业教育研究[D].太原：山西大学，2014.
④ Roberts．J. Infusing entrepreneurship within non-business disciplines[J]. Artivate：A Journal of Entrepreneurship in the Arts，2013．1(2)：53 - 63.
⑤ Kriewall．T. J.，Mekemson．K. Instilling the entrepreneurial mindset into engineering undergraduates[J]. The Journal of Engineering Entrepreneurship，2010，1(1)：5 - 19.

式相融合,以一种新的"工商融合"范式指引我国工程教育的改革创新。[①] 白逸仙提出,创业型工程人才培养需要整合创业过程(E)和传统的工程设计过程(CDIO),并以建构主义的知识观为指导,构建以创业工程设计项目为牵引的三位一体课程学习模式,即以创新创业工程设计项目训练为中心,融合通识教育、专业教育和创业教育。[②]

除了以上的人文学科、艺术学科、工程学科,还有大量其他学科如社会学科、数理学科、生命科学、医学、农学、体育学等都正在探索与创业教育的有效整合发展。

8) 创业教育与专业教育整合的模式

迈耶(Meyer)提出,越来越多的传统学系、跨学科学系、研究院、各种中心,甚至专门的创业学院都在开展创业教育,创业教育绝不是商学院的专利。[③]

美国高校创业教育模式主要包括聚焦模式和全校模式,其中创业教育与专业教育整合的模式主要是指全校模式。美国非商业学科的创业教育最早由工程学院发起,其他科学技术领域紧随其后。但是,由于创业者来自不同的学科,不限于工程、科学与技术专业,因此把创业教育与所有专业教育相结合的全校性创业教育正成为许多大学的选择。聚焦模式是指创业教育完全集中在传统的商学院(管理学院),学生也主要来自商学院(管理学院)。全校模式中,创业教育的目标对象不单是商学院的学生,而是包含了所有学科专业的学生。创业教育与专业教育整合的全校模式又分两种:一种是磁石模式,另一种是辐射模式。磁石模式是指创业教育主要集中在一个学术单位,如传统的商学院,但是学生来自全校各个专业。辐射模式是指创业教育分散在全校的各个学院。但不管是哪种模式,都各有其优缺点。[④]

美国高校创业教育与专业教育整合模式五分法。卡茨等人提出的五种模式包括:集中在一个学科的单学科模式、包含了两个或者更多学科的合作模式、磁石模式(资源集中管理的全校型创业教育)、辐射模式(资源分散的全校型创业教

① 周绪红.中国工程教育人才培养模式改革创新的现状与展望:在 2015 国际工程教育论坛上的专题报告[J].高等工程教育研究.2016(1):1-4.
② 白逸仙.创业教育与专业教育融合研究:创业型工程人才培养模式的建构[M].北京:社会科学文献出版社,2015:144-165.
③ Meyer, G. D. The reinvention of academic entrepreneurship [J]. Journal of Small Business Management, 2011, 49(1): 1-8.
④ Streeter, D. H., et al. University-wide entrepreneurship education: alternative models and current trends[J]. Southern Rural Sociology, 2004, 20(2): 44-71.

育)和混合模式。①

美国高校创业教育与专业教育整合的治理模式。莫里斯等人(Morris et al.)提出的创业教育与专业教育整合的四种治理模式,分别是:统一管理创业教育的校级办公室;独立的创业中心;作为创业教育扩散基地的商学院;分散式管理模式,即通过各个学科不同的中心来进行管理,较少中央控制。②

我国高校创业教育的模式。梅伟惠提出,我国高校创业教育模式历经三个阶段:第一阶段为边缘性的学工部、团委或就业指导中心;第二阶段为多元探索的创业学院模式、融入专业教育的模式和众创空间模式;第三阶段为创业学院模式的最终确立。③胡超和苍庆辉提出,我国高校创业教育经历了十多年的发展到现在,其组织模式大致可以归纳为独立学院模式、学院依附模式和多部门协作模式。④

1.4.3　对相关研究的评述

通过对国内外已有的文献整理分析发现,对高校创业教育整体的研究很多,但是缺乏对创业教育与专业教育整合的深入探讨。我国学者对高校创业教育与专业教育整合的研究刚刚起步,还未涉及创业教育与专业教育整合的课程、教学、师资和评价等具体相关的问题,只是停留在宏观的经验总结和逻辑推理上,对美国高校创业教育与专业教育整合的研究也相对较少,即使是浅层次的案例研究也较为匮乏。国外学者,尤其是美国学者的研究涵盖了高校创业教育与专业教育的相关调查、驱动力、障碍与克服障碍的策略以及创业教育与专业教育整合的课程与教学、师资和评价,以及创业教育与专业教育整合具体的模式等,同时也包括了一些创业教育与专业教育整合的具体案例,但因国情差异,不能照搬。

现有的研究从内容上看存在以下缺陷:第一,没有从历史的视角考查美国高校创业教育与专业教育整合的发展过程和深层原因;第二,未能系统地揭示美国高校创业教育与专业教育的整合过程,虽然每个部分的研究都有所涉及,但不

---

① Katz, J. A., Roberts, J., Strom, R., et al. Perspectives on the development of cross campus entrepreneurship education[J]. Entrepreneurship Research Journal, 2014, 4(1): 13-44.
② Morris, M., Kuratko, D. & Pryor, C. Building blocks for the development of university-wide entrepreneurship[J]. Entrepreneurship Research Journal, 2014, 4(1): 45-68.
③ 梅伟惠.我国高校创业教育组织模式:趋同成因与现实消解[J].教育发展研究,2016(13): 29-34.
④ 胡超.苍庆辉.高校创业教育组织新模式的构建设想:基于中美高校创业教育组织的比较[J].高校教育管理.2016.10(1): 80-85.

成系统;第三,未能充分比较不同整合模式之间的差异性和适用范围。

1.4.4　本书的分析框架

1)研究思路

本书研究包括以下几个方面:第一,美国高校创业教育与专业教育整合的历史脉络和深层原因是什么?第二,如何选用恰当的理论分析美国高校创业教育与专业教育的整合?第三,如何从高校综合改革的角度系统分析美国高校创业教育与专业教育的整合,为了实现有效的整合,课程、教学、师资与评价等如何变革?第四,美国高校创业教育与专业教育整合的模式有哪几种类型?各自的优缺点是什么?第五,美国高校创业教育与专业教育的整合对我国高校的启示是什么?有什么借鉴之处?

具体的研究路线如图1.3所示,主要包括美国高校创业教育与专业教育整合的背景与历史,目标与内容,实施与模式,特征与启示等,分别对应为什么整合,整合什么,怎么整合,有什么特征和启示等问题。

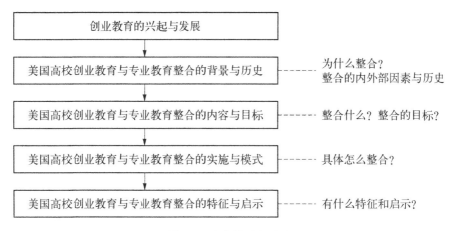

图 1.3　本书的研究思路

2)研究方法

选取恰当科学的研究方法是成功开展研究的关键。本书采取的研究方法如下。

(1)文献研究法。文献研究法是比较教育研究最基础的研究方法,利用该方法首先要收集大量的文献资料,然后鉴定和分析这些文献资料,最终概括归纳出事物的发展趋势、总体特征等。本书主要从中外数据库、美国各级政府部门、支持美国创业教育的各类基金会和协会、美国高校的官方网站等收集和整理各种有关创业教育的法律政策、报告、报道和评论等,然后围绕研究问题进行分析,归纳和总结美国高校创业教育与专业教育的发展路径、实施过程、主要模式和经验教训等。

(2)历史研究法。比较教育是教育史研究的继续,它把教育史研究延伸到现在。[①] 历史研究法是利用已有的历史资料来分析研究对象的产生、发展和演变过程的一种研究方法。比较教育经常利用历史研究方法分析某种教育现象产出和发展背后的深层次原因和发展趋势。本书利用历史研究法分析美国高校创业教育与专业教育的背景以及其兴起、发展和演变的历史,并阐释其背后的深层次原因。

(3)案例研究法。案例研究法是指依据研究问题和研究目的,选取合适的案例,通过对某个或某几个个案材料的收集和整理,以尽可能归纳概括事物一般特征的研究方法。本书主要选取多所美国高校为研究案例,详细分析和比较美国高校创业教育与专业教育整合模式的相似性和差异性,从中概括美国高校创业教育与专业教育整合的若干原则和特征。

(4)比较研究法。比较研究法是比较教育最核心的研究方法。比较研究法主要是通过收集和整理资料,确定比较标准来比较事物的异同,并归纳事物规律的一种研究方法。本书通过对美国高校创业教育与专业教育整合的梳理和分析,参照我国高校创业教育的发展现状,通过对比,为我国高校创业教育的发展和完善提供一些有益的借鉴。

---

① Kandel, I. L. The new era in education[M]. Boston: Houghton Mifflin, 1955: 46.

第2章 美国高校创业教育与专业教育整合的背景及历史脉络

比较教育学科的奠基人萨德勒(Sadler)提出,在研究他国教育制度时,"学校之外的事情比学校内部的事情更重要,因为它们经常制约并说明着校内的事情"。[①] 所谓校外的事情指影响一国教育发展的政治、经济、文化、科技与社会发展状况等,这些构成了影响教育发展的外部因素,也可以称之为教育发展的外部场域。但任何一国的教育本身又是一个相对独立的场域,受到自身历史、教育体制、教育内部人员与教育思想等内部因素的影响。

美国高校创业教育与专业教育的整合也是如此,既受到经济因素(创业型经济与劳动力市场变革)、政治因素(各级政府的创业政策)与社会因素(非营利型组织的创业支持活动)等外部因素的影响,也受到美国高等教育自身变革的影响。这就构成了美国高校创业教育与专业教育整合的外部背景与内部环境。在此基础上,美国高校创业教育与专业教育的整合历经了三个发展阶段:创业教育的萌芽与初步发展阶段,创业教育的学科化及与专业教育整合的兴起阶段,创业教育与专业教育整合的全面发展阶段。每一个发展阶段都和外部社会的发展和高等教育的变革紧密相连。

2.1 外 部 背 景

2.1.1 美国创业型经济的兴起与劳动力市场的变革

创业型经济从本质上区别于传统经济的发展方式,知识创造、创新与创业是创业型经济的根本表现。美国创业型经济的发展起步于20世纪70年代,主要标志是创新型的中小企业在创造就业岗位和创新产品开发等方面发挥着日益重

---

① 王承绪.比较教育学史[M].北京:人民教育出版社,1999:66.

要的作用。社会发展至今,无论是从高科技企业的数量和效益、全社会的创业水平、创新集群的发展水平,还是从研发投入、发明专利的数量与质量、风险资本的支持力度等指标来看,美国一直保持着世界领先地位。美国创业型经济的发展引发其劳动力市场的变革,专业意义上的常规认知与分析能力的重要性日益下降,而适应创业型经济发展的非常规能力的重要性日益上升。在专业教育中,整合创业教育的理论,培养大学生的管理能力、交际与沟通能力、合作能力、创新创业能力等将成为美国高等教育适应创业型经济发展和劳动力市场变革的必由之路。

1)创业型经济的内涵

自 20 世纪 70 年代中期以来,以美国为代表的发达国家的经济发展模式已经逐步转变为创业型经济发展模式。传统的经济发展要素包括劳动力、资本、土地等。随着知识经济的兴起,知识、研发、人力资本等要素的重要性越加突出。与知识经济相比,创业型经济不但重视新的生产要素如知识与新技术的核心作用,而且凸显知识、创新与创业之间的紧密联系。以知识商业化为核心的创新创业活动是创业型经济的标志。

创业型经济的推动力。如图 2.1 所示,创业型经济是政治、经济、技术与社会等多方面要素共同作用形成的。第一,信息与通信技术的广泛应用是创业型经济兴起的内部驱动力。20 世纪 70 年代以来,信息与通信技术革命产生的影响是多方面的:① 引发了信息与网络应用领域的创业浪潮,同时促使全球创新与创业的便利化和平民化;② 赋予小企业额外的竞争力,削弱了传统规模经济的优势;③ 在某种程度上也促使世界格局发生重大变革,随着东欧剧变和苏联解体,全球政治制度发生了深刻变革,市场经济制度在全球兴起;④ 还加速了商品、资本、劳动力与人才等要素在全球的流动。第二,政府的管理方式发生了深刻的变革。20 世纪 80 年代以来,美国等西方国家开始实施新自由主义的经济政策。去管理化和私有化以及各种创新创业政策的出台营造了良好的创业环境,扩大了创业机会。第三,经济的全球化导致全球经济的大分工,发达国家将创新和创业作为维持自身竞争力的核心,同时通过外包、技术转移等也间接促使新兴发展中国家创业的兴起。第四,信息技术革命和经济全球化等因素促使企业进行重组,企业通过裁员和减小规模而聚焦于核心竞争力。企业重组一方面有利于离职人员的创业活动,另一方面为衍生公司和小企业赢得了生存空间,提供了与大企业合作的机会。第五,知识创造及其商业化是创业型经济产生的核心驱动力。创业型经济发展的基础是知识生产。因此,各国都相继加大了对研发领域的投入以及对人力资本的开发,但是创业型经济的发展更离不开知识的商业化和新企业的创立。因此创业型经济的发展需要跨越两个鸿沟,一个是从知识创造到发明创新,另一个是从发明创新到新企业的创立。①

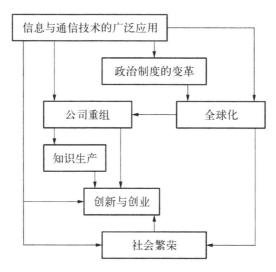

图 2.1　创业型经济的推动力

资料来源:Thurik,A. R.,Stam,E.,Audretsch,D. B. The rise of the entrepreneurial economy and the future of dynamic capitalism[J]. Technovation,2013,33(8-9):302-310.

　　信息技术的广泛使用以及经济全球化最终促使经济与社会的繁荣,进而引起消费者对个性化、创新产品和服务需求的高涨。同时,这些个性化的需求也反过来激发了创新创业活动。因此,无论是宏观的技术的变革、市场经济制度的确立、全球化,还是微观领域的企业重组、知识生产与商业化的加速等,都是推动创业型经济发展的要素,并且它们相互交织,共同发挥作用。

　　通过对创业型经济与管理经济的比较,可以进一步加深对创业型经济内涵的认识。与管理型经济相比,创业型经济最大的特征就是新创公司和中小企业在国民经济中发挥日益重要的作用。在管理型经济中,以标准化生产为核心的大型企业在整个经济结构中占据着统治地位,而小企业与大企业相比在效率上较低,薪酬待遇较差,较少参与创新和研发活动,重要程度很低。而在创业型经

① Thurik,A. R.,Stam,E.,Audretsch,D. B. The rise of the entrepreneurial economy and the future of dynamic capitalism[J]. Technovation,2013,33(8-9):302-310.

济中,新创公司和中小企业是技术革新和创新的核心参与者,是经济高速增长和高质量就业岗位的缔造者。因此,促进创新创业成为发达国家以及诸多发展中国家经济政策的核心。

管理型经济与创业型经济在基础要素、外部环境、公司运营方式、政府政策、资本等方面存在显著不同。经济学家戴维·奥瑞兹(David Audretsch)和罗伊·图里克(Roy Thurik)详细地比较了管理型经济和创业型经济在 15 个方面的差异,具体如表 2.1 所示。

表 2.1　管理型经济模式与创业型经济模式的要素比较

类　别	管理型经济模式	创业型经济模式
基础要素	全球化	当地化
	连续性	持续变革
	就业或高工资	高就业和高工资
外部环境	稳定	变化迅速
	专门化	多样性和选择性
	同质性	异质性
企业运营方式	控制取向	激发取向
	公司内部交易	市场交易
	竞争或合作	竞争与合作互补
	提倡规模化	提倡灵活性
政府政策	控制取向的政策	能动性的政策
	以产出为目标	以投入为目标
	全国性的政策	地区性的政策
	维持现状的政策	创业型政策
资本	低风险的资本	风险性资本

资料来源：Audretsch, D. B., Thurik, R. A model of the entrepreneurial economy[J]. International Journal of Entrepreneurship Education. 2004, 2(2): 143 - 166.

区别于管理型经济,创业型经济的核心驱动力是知识的创新以及商业化,而管理型经济的核心驱动力是相对廉价的劳动力加上资本。知识一般可分为容易编码、传播的系统化的知识和不容易编码的,需要面对面交流沟通才可以掌握的缄默性知识或隐性知识。创业型经济依赖以知识为基础的创新活动。由于创新活动中的知识更多是不容易传播的隐性知识。隐性知识在以创新集群为标志的区域化生产网络中变得更加容易传播,因而创业型经济也更加倾向于地方化。也正是由于知识创新的基础性作用,创业型经济的创新属于颠覆式创新,它要求突破原有的技术路径,通过不断应用新知识、开发新技术实现持续的颠覆式创新。另外,创业型经济通过较高的创业率和开发高附加值的产品同时实现了高工资和高就业率,而传统管理型经济由于创新水平较低则只能实现高就业和高工资中的一项。

创业型经济的企业外部环境充满不确定性、多样性和异质性。创业型经济区别于管理型经济计划性的规模化生产,以高创业率和高企业退出率为标志。创业型经济的运行依靠知识的溢出效应,多样化和异质性的创新观点在大学、研究所、企业、风险投资公司、支持创新创业的社会组织中自由流动,形成有利于创新创业的外部环境。

由于创新观点的发现和应用是创业型经济的根本,因此创业型经济中企业的运营方式发生了根本的变化。比起管理经济中的控制员工,创业型经济中的企业倾向于激发员工参与到知识创造和商业化的过程中。此外,灵活性成为公司组织的原则。公司与公司之间在竞争的同时也倾向于在知识商业化的过程中相互合作,这增加了市场交易的机会。

另外,相应的政府政策也要发生根本的转变。在传统的管理型经济中,政府主要是在全国范围内管控经济,防止大企业滥用市场权力。而在创业型经济中,政府的作用是能动的,主要是制定激发创新创业的各项政策。并且,由于知识创新和商业化在产出上的高度不确定性和属地化倾向,政策的制定更加倾向于区域性的持续投入。在资本支持上,创业型经济依赖于天使投资、风险投资等高风险和高回报的资本投入方式。

总之,创业型经济以知识创新和商业化为根本动力,以高创业率和高附加值产品为标志,最终实现高就业和高工资以及经济的持续增长。

2)美国创业型经济的具体表现

第一,从企业的构成情况来看,美国小企业在数量上已经占据绝对的统治地位,同时也是新就业岗位的主要创造者。在1950年至1970年间,美国的大企业

和政府创造了社会上约 75% 的就业岗位。但是,从 1970 年开始,特别是 1979
年以来,随着美国社会创业率的逐步提高,小企业的就业人数开始逐步增长。[①]
从 2005 年至 2011 年间,新创企业(小企业)创造的就业岗位达到 2 220 万个,而非
新创企业损失的就业岗位达到 2 420 万个,新创立的小企业成为就业机会的主要
提供者。美国小企业的重要性日益提高。如表 2.2 所示,2015 年,小企业(雇佣人
数少于 500 人)的数量占到 99.7%,已经提供了大约一半(47.5%)的就业岗位。[②]

表 2.2　2015 年美国各类企业数量与雇佣人数

公司规模	公司数量(家)	百分比	雇佣的人数	百分比	平均雇佣人数
少于 20 人	5 265 682	89.3%	20 789 279	16.8%	3.9
20~499 人	615 585	10.4%	38 148 868	30.7%	62.0
500 人以上	19 464	0.3%	65 147 800	52.5%	3 347.1
总计	5 900 731	100.0%	124 085 947	100.0%	21.0

资料来源: Dilger, R. Small business administration and job creation[R]. Congressional Research Service, 2018:
2 - 3.

第二,从美国社会的创业状况来看,美国依然是世界上最具创业性的经济
体。依据全球创业指数(Global Entrepreneurship Index),美国社会的创新型人
力资本存量最多,创业者的创业技能水平最高;美国创业者能够创造出独具个性
的产品和服务并进入市场,继而实现新创企业快速的增长,其创业的国际化程度
也最高。除此之外,美国创业者的危机承受能力、过程创新程度、风险资本投入
力度、创业者的机会识别能力、机会型创业占比、全社会的文化支持水平、新技术
吸收能力、产品创新程度、创业社会网络支持水平等方面也表现良好。[③] 美国成
为创业水平最高的国家,一方面是因为美国政府、企业、硬件和软件的基础设施
体系、金融与风险投资体系、研发系统、市场结构与制度、教育系统(尤其是高等
教育系统)等紧密配合,为创业者的创业活动提供了好的环境和条件,建立了较
为健全的创业生态系统;另一方面是因为美国创业者具备充足的创业激情、积极

---

① Drucker, P. F. Our entrepreneurial economy[J]. Harvard Business Review, 1984, 1: 59 - 64.
② Dilger, R. Small business administration and job creation[R]. Congressional Research Service, 2018:
2 - 3.
③ Ács, Z. J., Szerb, L., Lloyd, A. The global entrepreneurship index[R]. Washington, D.C., USA:
The Global Entrepreneurship and Development Institute, 2017: 39 - 43.

的创业态度和充分的创业能力,敢于承担风险,在不确定的情况下创立企业。

第三,美国在研究与开发领域依然保持全球领先地位。从研究与开发费用(R&D)的总量来看,2015 年美国的总研发经费为 4 970 亿美元,占到全球研发经费的 26%,占到其国民生产总值的 2.7%,紧随其后的是中国、日本和德国,分别占到全球总研发经费的 21%、9% 和 6%。并且,从 2015 年的数据来看,美国继续保持了其在基础研究、应用研究和实验开发领域的领先地位。基础研究的投入为 839 亿美元,应用研究的投入为 973 亿美元,实验开发领域的投入为 3 150 亿美元,美国基础研究和应用研究的投入分别是中国的 4 倍和 2 倍。[①]

就专利申请的数量来看,从世界知识产权组织 2018 年发布的《2018 年国际专利合作协议评论》中可以发现,自 1979 年国际专利申请达成协议以来,美国一直是国际专利申请最多的国家(见图 2.2)。2017 年,美国的国际专利申请达到 56 624 件,占到所有国际专利的 23%,中国和日本紧随其后,分别约占所有国际专利的 20%。其中,美国大学的国际专利申请也保持绝对的统治地位,从 1993 年开始,加州大学系统始终是大学申请国际专利最多;2017 年加州大学系统申请国际专利的数量为 482 件,紧随其后的是麻省理工学院(278 件)、哈佛大学(179 件)、得克萨斯大学系统(161 件)、约翰·霍普金斯大学(129 件),其中申请国际专利最多的 10 所大学美国占到 7 所。[②]

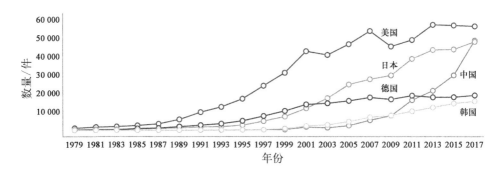

图 2.2 国际专利申请数量比较(1979—2017)

资料来源:World Intellectual Property Organization. Patent cooperation treaty yearly review 2018: The international patent system[R]. Geneva: WIPO, 2018: 24.

---

① National Science Board. Science & engineering indicators 2018, research and development: U. S. trends and international comparisons[R]. Washington, D.C., USA: National Science Board, 2018: 35 - 36.

② World Intellectual Property Organization. Patent cooperation treaty yearly review 2018: the international patent system[R]. Geneva: WIPO, 2018: 24 - 31.

第四，美国大学与研究机构的技术转移水平依然保持领先地位。技术转移是指一个地方产生的知识与技术被应用和实践到另一个地方的过程。一般来说，大学和其他研究机构创造的新知识和新技术转移至企业部门最为常见。但随着开放式创新的出现和发展，技术转移在学术类研究机构、企业以及非营利型社会组织之间的双向和多向流动越来越频繁。衡量技术转移的指标一般包括发明与专利的数量、专利授权收入、衍生公司的数量、合作研发协议的数量等。由于美国大学、联邦政府各个研究机构、社会组织与企业之间的紧密协作，以及支持技术转移的相关法律与政策比较健全，相较于其他国家，美国技术转移取得了显著的成果。

美国大学的技术转移从 20 世纪 80 年代《拜杜法案》出台以来就开始呈现出显著上升的态势。如图 2.3 所示，美国大学科研人员披露的发明数量从 2003 年的 13 718 件上升到 2015 年的 22 507 件；大学科研人员专利[1]申请的数量从 2003 年的 7 203 件增长到 2015 年的 13 389 件；同一时间，大学专利授权的数量从 3 450 件增长到 6 164 件，增长的幅度几乎翻了一番；大学许可企业以及其他营利型机构发明或专利的数量从 2003 年的 3 855 件增长到 2015 年的 7 157 件，累计许可且依然发挥作用的发明或专利数量达 40 402 件。2015 年，165 所美国大学发明或专利许可的收益达到 18 亿美元，而 2001 年这一数据只有 7.54 亿美

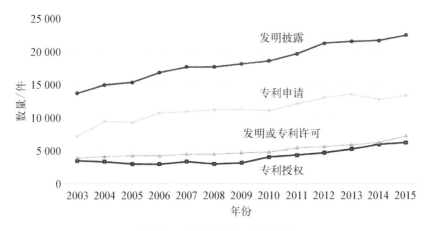

图 2.3　美国大学技术转移状态

资料来源：National Science Board. Science & Engineering Indicators 2018. Invention, Knowledge Transfer, and Innovation[R]. Washington, D.C., USA: National Science Board, 2018: 39.

———————
① 　此处的专利为发明专利(专利包括三类：发明专利、实用新型专利、外观设计专利)。

元。除此之外,2015 年美国大学衍生公司的数量为 950 家,依然运营的大学衍生公司的数量累计达到 4 757 家。① 根据美国大学技术经理人协会(AUTM)的统计,1996 年到 2015 年的 20 年间,美国高校的技术转移活动共创造就业岗位超过 430 万个,对美国经济的贡献达到 5 910 亿美元。②

除了大学的技术转移活动,美国各个联邦政府部门的实验室也是技术转移的主要机构。美国国防部、卫生与公共服务部、能源部、国家航空航天局、农业部、国土安全部、商务部等 11 个联邦政府的实验室在 20 世纪 80 年代《史蒂文森-怀德勒技术与创新法案》出台后开始大规模进行技术转移活动。从表 2.3 可以看出,美国联邦政府实验室每年披露的发明数量平均在 5 000 件左右,专利申请和授权的数量呈上升态势,2014 年分别达到 2 609 项和 1 931 项,而同一年专利或发明许可给企业的数量达到 3 956 项。其中,美国能源部表现最佳,2014 年美国能源部实验室披露的发明数量为 1 588 项,专利申请数为 1 144 项,专利授权数为 693 项。③ 美国联邦政府各实验室和高校的技术转移都对创业型经济的发展发挥了重要的引领作用。

表 2.3　美国联邦政府实验室发明与专利数量　　　　单位: 件

年　　份	2007	2008	2009	2010	2011	2012	2013	2014
发明数量	4 486	4 572	4 452	4 755	5 251	5 350	5 321	5 103
专利申请数量	1 825	1 952	1 957	2 002	2 308	2 361	2 494	2 609
专利授权数量	1 405	1 253	1 319	1 468	1 449	2 228	1 855	1 931

资料来源: National Science Board. Science & engineering indicators 2018. invention. knowledge transfer. and innovation[R]. Washington. D.C.. USA: National Science Board. 2018: 45－46.

无论是基础研究,还是应用研究或实验开发都增加了创新知识和技术的存量,是进一步产品开发的重要基础。美国研发领域的领先地位为其创新发明、知识转移、创新经济发展奠定了基础。专利申请已经是知识商业化的重要成果,是

① National Science Board. Science & engineering indicators 2018, invention. knowledge transfer. and innovation[R]. Washington. D.C.. USA: National Science Board. 2018: 38－39.
② Association of University Technology Managers. Driving the innovation economy academic technology transfer in numbers[EB/OL]. (2017－12－12)[2018－08－18]. http://autmfoundation.com/wp-content/uploads/2017/12/120817-TechTransfLifecyc_pdf.pdf.
③ National Science Board. science & engineering indicators 2018. invention. knowledge transfer. and innovation[R]. Washington. D.C.. USA: National Science Board. 2018: 45－46.

企业开发新产品和服务的重要基础。美国企业通过自身申请专利或者获得大学等研究机构专利的许可，确保了其知识产权的优势地位，从而促使企业在产品研发、设计等高附加值的创新领域保持领先地位。依据全球创业观察（GEM）的数据，2016 年，美国开发创新性产品和服务的新创企业占到 37%，比其他创新型经济体高出 6%，而其他非新创企业参与创新产品开发的比例也占到 15% 左右。[1]美国在研发和技术转移领域的优异表现助推了其经济的创新水平。

第五，美国风险资本行业对创业型经济的支持力度继续保持全球领先地位。风险资本的投入是创业者开发新技术，把创新发明转化为市场接受的产品和服务的关键要素之一。风险资本的类型按照投入时间的先后顺序可分为种子阶段、早期阶段和后期阶段。种子阶段风险资本的主要功能主要是支持产品的概念证明、初步的产品开发和市场分析。早期创业资本阶段的主要功能是支持产品的进一步开发、产品的商业化制造与销售以及公司规模扩张和上市等。后期风险资本主要包括收购性融资、管理层与杠杆收购等。无论是种子阶段的风险资本，还是早期和后期的风险资本，美国都占据了核心的统治地位。在种子阶段的风险资本阶段，2016 年的全球种子资本总金额为 58 亿美元，美国为 33 亿美元，占到全球的 58%，紧随其后的是欧盟和以色列，分别为 9 亿美元和 7 亿美元，中国种子阶段风险资本尚有待追赶。[2]如图 2.4 所示，在早期和后期风险资本阶段，尽管中国从 2013 年占据全球份额的 5%（30 亿美元）飙升到 2016 年的27%（340 亿美元），美国从 2013 年占全球的 69%（400 亿美元）下降到 2016 年的 52%（650 亿美元），美国依然拥有超过一半的早期和后期风险资本。[3]并且，美国风险资本投资最多的领域分别为软件、智能手机、生命科学、电子商务、金融技术、大数据、人工智能、自动驾驶、机器人与无人机等具有创新性和颠覆性的技术领域。

第六，美国创业型经济的表现还在于众多区域创新集群（innovation clusters）的崛起。区别于传统的产业集群，区域创新集群以知识创新和商业化为基础，研发和技术转移起到核心作用，经济的创新程度高。因此，美国的区域创新集群的发展依赖于对高科技领域的人力资本、研发基础设施（研究中

①　Kelley，D. J.，Ali，A.，Brush，C.，etc. Global entrepreneurship monitor united states report 2016[R]. Babson Park，MA：Babson College，2017：26.
②　National Science Board. Science & engineering indicators 2018，invention，knowledge transfer，and innovation[R]. Washington，D.C.，USA：National Science Board，2018：63.
③　National Science Board. Science & engineering indicators 2018，invention，knowledge transfer，and innovation[R]. Washington，D.C.，USA：National Science Board，2018：69.

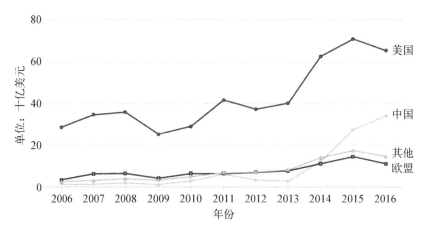

图 2.4　多国早期和后期风险资本比较

资料来源：National Science Board. Science & Engineering Indicators 2018，Invention，Knowledge Transfer，and Innovation[R]. Washington，D.C.，USA：National Science Board，2018：69.

心、科技园等）、知识为基础的创业孵化（创业政策、孵化器与加速器）等多方面的长期投资。美国各个地区依据各自的地理区位、产业基础、大学和研究所、高科技公司等基础条件发展出众多的创新集群，如美国纽约州奥尔巴尼市的纳米技术创新集群，密歇根州的电能储存技术创新集群，阿肯色州的风能创新集群，堪萨斯州的生物技术创新集群，俄亥俄州的柔性电子、光伏和生物医学创新集群等。①

美国创业型经济的表现不仅包括表面上展现出的中小企业在经济中的核心位置和整个社会高涨的创业热情，还表现为研发能力、技术转移和创业资本等与创新创业活动紧密相关的多个领域的全球领先地位，更表现为众多区域创新集群的涌现。美国创业型经济的卓越表现在于其知识创新水平高，更在于其知识商业化的能力强。

3）美国创业型经济发展引发劳动力市场的变革

日新月异的科技变革和技术应用是美国创业型经济的根本特征。创业型经济的发展对劳动力素质提出了新的要求。美国的技术变革以及创业型经济的发展也对其劳动力市场产生了深刻的影响。

首先，从历史上看，新技术的应用造成了高技能工作的减少。新技术的应用从根本上改变了工作的种类和内容，新的技术在产生新型工作的同时也摧毁了

---

① Wessner，C. W. Best practices in state and regional innovation initiatives：competing in the 21st century[M]. Washington，DC：National Academies Press，2013：14.

大量传统工作。自 20 世纪 80 年代以来,美国的劳动力市场由于信息技术在各行各业的广泛使用,形成两极分化的现象:高技能职业和低技能的手工服务型职业的大量增长,中等技能职业的逐步减少。并且,自 1999 年以来,由于计算机技术和自动化技术应用的进一步深化,高技能职业的增长速度也出现了减缓的趋势,技术创新开始逐步取代部分高技能职业。而进入 21 世纪的第二个十年,由于人工智能、机器学习、机器人、大数据等颠覆型技术的出现和应用,即使是传统意义上需要高认知技能的职业也处于危险之中。比如需要计算、演绎推理和传递信息的工作正在被人工智能技术取代,突出人的批判性思维、创造性、社会交际能力等较难被机器取代的各项能力正变得愈加重要,在未来的工作中也会日益占据核心的位置。[①]

其次,技术变革引发美国劳动力市场的工作类型发生了根本的变化。戴维·奥托(David Autor)等把美国的工作先分为常规工作和非常规工作两大类,之后又细分为常规认知型工作、常规动手型工作、非常规分析型工作、非常规人际型工作和非常规动手型工作五个小的类型。[②] 常规工作又可分为常规认知型工作(如记账和数据登记)和常规动手型工作(如流水线生产),是指可以被精确标准化和程序化的工作,因而容易被计算机和自动化的机器所取代。非常规的工作包括非常规抽象工作和非常规动手型工作。非常规抽象工作就是通常意义上需要创新、解决问题、直觉和沟通等能力的高技能工作,又可分为非常规分析型工作(如工程和科学类工作)和非常规人际型工作(如高级管理类工作)。非常规动手型工作是指无法被标准化和程序化的复杂体力工作,如高级厨师、酒店卫生管理等。

如图 2.5 所示,由于技术变革,美国不同类型的工作在劳动力市场所占的份额发生了较大的变化,各自也呈现出不同的发展趋势。常规认知型工作除了在 20 世纪 60—70 年代有所上升外,自 20 世纪 70 年代以来持续下降。2009 年常规认知型工作与 1960 年相比下降了 10.5%,在所有类型的工作中所占比例最小。常规动手型工作在 20 世纪 60—70 年代呈上升趋势,在 1970—1980 年间开始缓慢下降,1980 年以后,出现急速下降的发展趋势。这表明大量的常规型工作已经被计算机等智能技术取代。非常规分析型和非常规人际型工作在 1970

①　Lu，Q. The end of polarization? technological change and employment in the U.S. labor market[EB/OL].(2015 - 01 - 18)[2018 - 08 - 20]. http：//econ．ucr．edu/seminars_colloquia/2014-15/applied_economics/Technology%20and%20Employment_Qian%20Lu.pdf.

②　Autor，D. H.，Levy，F.，& Murnane，R. J. The skill content of recent technological change: an empirical exploratio[J]. The Quarterly Journal of Economics，2003，118(4)：1279 - 1333.

年以后都呈现出快速增长的趋势,尤其是非常规人际型工作在 1980 年超过非常规分析型工作所占的比例。2009 年的非常规人际型工作和非常规分析型工作与 1960 年相比,分别增长了 16.7% 和 13.9%,这表明突出人际型和创造型的非常规类工作增长迅速,与计算机等智能技术呈现出互补而非替代的关系。值得注意的是,非常规动手型工作在 1960—1990 年间呈现出持续下降的发展态势,自 2000 年左右又开始缓慢上升,却在 2006 年左右最终呈现出下降的趋势,这表明随着智能机器人技术的发展,即使是非常规的动手型工作也终将被智能技术所取代。[①]

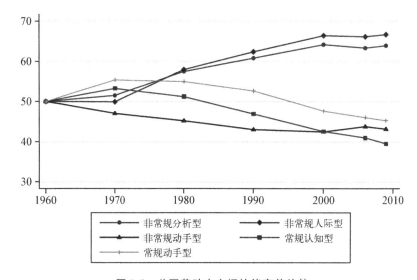

图 2.5　美国劳动力市场技能变革趋势

资料来源: Autor, D. H., Price, B. The changing task composition of the US labor market: an update of autor, levy, and murnane[EB/OL]. (2013 - 06 - 21)[2018 - 08 - 21]. http://economics.mit.edu.files/9578.

随着人工智能、大数据、机器人技术的日益成熟,常规的工作类型,甚至非常规的动手型工作都终将被智能技术取代或部分取代。以复杂认知能力和创新能力为核心的非常规分析型工作,以及以复杂的人类交际为核心的非常规人际型工作将成为未来工作的主流,尤其是非常规的人际型工作。有研究证明,美国几乎一半(47%)工作处于被技术取代的危险之中。洗碗工、法庭书记员、律师助理、电话销售员、股票交易员等工作完全可以被技术所取代,而以社会智商为核

① Autor, D. H., Price, B. The changing task composition of the US labor market: an update of autor, levy, and murnane[EB/OL]. (2013 - 06 - 21)[2018 - 08 - 21]. http://economics.mit.edu.files/9578.

心的活动策划师和公共关系从业者,以及以创造力为核心的时装设计师和生物科学家等职业则很难被技术取代。处于中间位置的需要复杂感知和操作的如外科大夫等职业也较难被技术取代。①

最后,技术变革促使"软技能"在美国劳动力市场中变得日益重要。美国创业型经济的发展促使其劳动力市场发生了根本转变,非常规的分析型技能和交际型技能变得愈发重要。因此,未来学习者和工作者必须具备好奇心、批判性思维、创造性、系统思维、高情商、同情心、团队合作能力、沟通与对话能力、快速复原能力、主动进取的精神等机器不具备和不擅长的"软技能"。快速适应变化的能力和终身学习能力成为未来工作者最重要的能力。

如表 2.4 所示,以高科技经济为标志的美国创业型经济促使"软性技能"在重要性上超过"硬性技能",并且,随着学历层次的提升,软性技能的重要性会愈加突出。大学本科以上学历的美国成年工作者有超过一半认为是否具备以同情心、沟通能力为标志的人际交往能力,以分析事实与作出判断为标志的批判思维能力,以及良好的书面与口头沟通能力等软性能力对于他们能否胜任工作是极其重要的,即使是高中学历以下的从业者也有超过三分之一认为这些软性能力相当重要。另外,管理与领导力也非常重要。美国成年工作者平均有三分之一认为管理与领导能力极其重要,大学本科以上学历者认为管理与领导能力极其重要的比例超过了 35%。相比而言,基本的计算机能力、体力劳动能力、高水平的数学、分析与计算机能力、操作与制造机器设备的能力等传统"硬性"技术能力的重要性正在下降,认为这些能力极其重要的比例平均没有超过三分之一,尤其是认为数学与分析能力、操作设备的能力极其重要的比例甚至没有超过 15%。

表 2.4　美国不同学历在职成年人技能重要性认识

技 能 类 型	平均	研究生	本科	副学士	高中以下
人际交往技能	50%	59%	56%	50%	42%
批判思维	46%	67%	54%	44%	35%
良好的书面与口头沟通能力	45%	64%	51%	42%	35%
管理与领导力	30%	37%	35%	30%	25%

---

① Frey. C. B. The future of employment: how susceptible are jobs to computerisation[J]. Technological Forecasting and Social Change, 2017. 114(C): 254 - 280.

技 能 类 型	平均	研究生	本科	副学士	高中以下
基本的计算机技能	28%	48%	40%	24%	17%
体力劳动能力	20%	5%	13%	22%	28%
高水平的数学、分析与计算机能力	14%	17%	17%	12%	11%
操作与制造机器设备的能力	12%	2%	7%	13%	18%

资料来源：Pew Research Center. The state of American jobs[R]. Washington，DC：Pew Research Center，2016：72.

　　综上所述，美国创业型经济的表现无论是从经济的创新程度，还是创业水平的活跃程度来看都持续保持着全球领先地位。美国创业型经济的本质是以知识创新和商业化为基础，大力推动创新型和颠覆性的技术和产品的开发与应用。技术创新又引发对劳动力素质要求的变革。从某种程度来说，现代社会中稳定的专业性被打破，通过大学专业教育获得稳定的职业这一套制度体系正走向瓦解。未来的劳动者最重要的能力已经不是传统意义上的专业能力，突出人类的创造、创新、沟通能力、情感能力、领导力、开拓能力等机器不擅长的能力正成为未来保持竞争力的核心。如果要真正培养这些能力，必须要对包括高等教育在内的教育体系进行全面深入的改革。而把创业教育与专业教育进行整合，培养具有创新创业精神和能力的大学毕业生是美国高校满足创业型经济发展需求的必然选择。

2.1.2　美国政府出台的创业政策

　　美国经济的繁荣与科技实力的强盛得益于其社会蓬勃发展的创业活动。自从 19 世纪美国工业革命以来，企业家的创新创业已经成为美国文化的一部分。美国社会高效的创业活动所带来的社会经济利益包括很多方面：① 创业活动创造了大量就业岗位，是美国经济高速增长的重要动力；② 创业活动有利于促进美国技术的持续创新和应用，进而提高美国的经济竞争力和科技实力；③ 创业是解决美国贫困问题和区域振兴的重要工具；④ 创业活动是解决美国社会各种问题的重要途径。由于创业活动在美国社会经济发展中发挥着核心的作用，所以不同时期的美国联邦政府和州政府都不断出台各项政策来支持创业活动。

1) 美国政府创业政策的出台背景与构成要素

(1) 美国政府出台创业政策的背景。

美国政府一直是形塑商业环境的重要参与者。19 世纪后期,美国政府商业政策的主要工具包括各种管理规范与制度、反垄断措施、企业的政府所有制(国有制)等。到了 20 世纪 80 年代,美国的经济政策发生了很大的变化,表现为美国航空委员会、联邦贸易委员会和州际商务委员会等诸多管控全国经济发展的管理机构的裁撤或者大规模缩减,同时也出现了政府所有企业的私有化现象。[①]

20 世纪 80 年代是美国创业政策开始密集出台的时期。美国经济政策发生转变的根本原因是自 20 世纪 80 年代起,美国的经济发展方式发生了根本的变化。在经济全球化和技术创新加速的背景下,由过去依赖资本和劳动力转变为依赖知识和创新。知识经济或者创业型经济的兴起深刻改变了美国经济社会的结构和政府的政策。经济发展方式从资本和劳动力密集转换为知识与创新密集,知识与创新成为核心的经济发展要素。市场的结构也从以往的规模效应和垄断市场转换为追求持续的创业活动。市场绩效的决定因素从价格优势转变为创新优势。政府的经济管理政策的原则也从管控与限制企业转换为赋权与赋能(enable)企业。[②] 因此,美国政府创业政策的基础是知识经济的兴起。创业政策不仅降低企业创立的门槛,出台有利于企业创立的税收与金融政策以及大量创业资金的支持,更包含了促进知识商业化、支持企业研发以及促使企业与大学合作、科技园、创新集聚区等一系列知识转化和创新的政策。

(2) 美国政府创业政策的构成要素。

创业政策与支持中小企业发展的政策不同,创业政策侧重于涉及整个创业系统的塑造,包括创业文化与环境的营造,创业者的意识、动机与能力培训,对包括创业预备期、创业初期和创业后期等创业全过程的支持。21 世纪初期,创业学专家安德斯·伦德斯特罗姆(Anders Lundström)和洛伊丝·史蒂文森(Lois Stevenson)对美国、英国、瑞典、荷兰等 13 个国家和地区的创业政策进行了分析,美国的创业政策排在英国之后,位居第二。[③] 他们利用的创业政策分析框架包括提高国民创业意识与营造良好创业文化的创业推广活动;创业教育体系;通

① Gilbert, B. A., Audretsch, D. B., Mcdougall, P. P. The emergence of entrepreneurship policy[J]. Small Business Economics, 2004, 22(3/4): 313 - 323.
② Gilbert, B. A., Audretsch, D. B., Mcdougall, P. P. The emergence of entrepreneurship policy[J]. Small Business Economics, 2004, 22(3/4): 313 - 323.
③ Lundström, A. & Stevenson, L. Entrepreneurship policy: theory and practice[M]. New York: Springer, 2005: 62 - 63.

过减少管理和过多的监管负担降低创业门槛,提高企业的早期存活率和增长速度,同时促进企业的适时退出;给予创业者的金融与资金支持;给予创业者的创业孵化服务支持措施(孵化器、创业导师指导、一站式创业服务平台等);针对弱势群体和创新型创业者等特定人群的创业政策。以上的创业政策框架包含了创业文化、创业教育、创业环境、创业资金、创业孵化服务、特定人群的创业政策等6个要素,以促进创业活动的蓬勃发展和提高创业率为核心。

2012年,联合国贸易和发展会议(United Nations Conference on Trade and Development)出台了创业政策的框架和实施指南,包括制定国家层面的创业战略、优化管理环境、提高创业教育与技能、促进技术转移和创新、提高创业资金的支持力度、激发创业意识和促进创业网络的形成。[①] 与21世纪初期的创业政策相比,新时期的创业政策更加侧重创业政策的战略地位以及技术转移和创新在创业中的核心作用。其他如创业环境、创业教育、创业资本和创业文化等要素是一致的。

美国各级政府的创业政策与上述的创业政策基本一致,主要包括创新创业战略、创业孵化服务、创业文化塑造、创业资金支持、创业环境优化、创新与技术转移政策、创业教育等要素,但创新政策与创业政策更倾向于融合在一起。从实施上看,美国创业政策也重视各个政府部门之间的分工与合作,以及政府与社会组织、企业与媒体等各个部门的密切协作。

2) 美国联邦政府创业政策的内容

(1) 美国联邦政府各部门的创业政策。

美国联邦政府部门中以促进创业为核心使命的政府部门是小企业管理局和商务部。支持创业活动的其他联邦政府部门还包括财政部、农业部、劳动部、能源部、教育部、卫生与公共服务部、退伍军人事务部、国防部、国土安全部、国家科学基金会等。

美国小企业管理局的核心使命是提供援助、咨询,支持和保护小企业的利益,维护自由的市场竞争,促进和加强全美经济的发展。美国小企业管理局下设资金支持办公室(Office of Capital Access)、投资与创新办公室、国际贸易办公室、创业发展办公室、退伍军人企业发展办公室、政府合同与商业发展办公室、拥护小企业办公室(Office of Advocacy)、国家申诉专员办公室等。其中,创业发展办公室是支持创业的核心部门。

---

① Mugione, F. & Farinelli, F. Entrepreneurship policy framework and implementation guidance[R]. New York: United Nations Conference on Trade and Development, 2012: 2 - 3.

　　美国小企业管理局出台和实施的创业政策最全面。在创业资金支持方面，资金支持办公室为创业者提供担保贷款、小微贷款、企业快速增长阶段的专项贷款等，每年的资本支持额度约为 400 亿美元。在优化创业环境和创业管理制度方面，国家申诉专员办公室专门负责处理政府部门过度和不合理的管理规定。在创业孵化支持、创业教育和特定人群的创业政策方面，创业发展办公室下设的小企业发展中心、创业教育办公室、女性创业办公室分别负责创业孵化服务和小企业发展服务支持、创业教育和女性创业。在技术转移和创新方面，投资与创新办公室负责小企业技术转移、创新等方面的资金和项目支持。其他如拥护小企业办公室负责创业文化的营造，国际贸易办公室、政府合同与商业发展办公室通过促进出口、政府采购等各种措施支持小企业的快速发展。退伍军人企业发展办公室负责退伍军人的创业活动。[①] 美国小企业管理局各个部门的职能几乎涵盖了创业政策的所有方面，如创业资金支持、创业制度优化、创业孵化、创业教育、技术转移与创新、创业文化、特定人群的创业政策等。

　　美国商务部的创业政策支持主要由经济发展管理局下设的创新与创业办公室负责。创新创业办公室的主要使命是支持创新以及新技术、新产品和新服务的商业化，以促进美国创新型经济的增长和区域的振兴，下设区域创新战略项目、部门间创新与创业合作项目、创新与创业国家咨询委员会。区域创新战略项目是创新与创业办公室的核心业务，主要支持美国各地区设立创新和创业中心（最终形成区域创新集群）以及为区域创新创业活动提供种子基金支持，2018 年的资金投入为 2 100 万美元。[②] 除此之外，美国商务部还建立了一个名为"商业美国"的综合型企业服务平台。美国商务部在创业政策方面主要集中在技术转移和创新方面，促进以创新为基础的区域创业活动发展。

　　美国联邦政府其他部门的创业政策。[③] 美国财政部设置的小企业借贷基金和给予州政府的小企业信贷计划，为创业者和小企业提供资金借贷支持。农业部推出了针对农村居民的农业创业服务，涵盖资金、技术支持、教育机会与创业技能培训等。能源部在清洁能源的商业化利用方面推出的"技术到市场的项目"包括清洁能源领域创业的市场准备和资源获取两个方面，开展了清洁能源技术

①　U.S. Small Business Administration. What we do[EB/OL].(2015 - 07 - 23)[2018 - 08 - 23].https://www.sba.gov/about-sba/what-we-do.
②　U.S. Economic Development Administration. Regional innovation strategies[EB/OL].(2015 - 07 - 23)[2018 - 08 - 23].https://www.eda.gov/oie/ris/.
③　Reamer，A. Federal efforts in support of entrepreneurship: a reference guide[R]. George Washington Institute of Public Policy. George Washington University，2017: 6 - 8.

创业者培训、国家清洁能源孵化器计划、清洁能源创业竞赛、以实验室为基础的创业项目等创业支持活动。国家科学基金会设置的创新团队项目(Innovation Corps)给予科研人员创业培训与创业支持,促进科研人员研究成果和技术的商业化。劳动部专门针对创业者和小企业推出了专门的职业安全和健康管理资源及信息服务。国土安全部向移民创业者提供 EB-5 的创业投资移民项目。

整体来看,财政部给予创业者资金的借贷支持,农业部和能源部等针对各自的行业推出了特定的创业政策,国家科学基金会侧重支持科研人员的技术转移和创业,劳动部和国土安全部分别在职业安全、移民等领域给予创业者大力支持。除了联邦政府各部门出台和实施的常规创业政策外,美国联邦政府的创业政策集中体现在国家创新与创业战略中。

(2) 美国联邦政府出台的国家创新战略。

实施国家创新战略,发展创新型创业。美国联邦政府于 2009 年首次发布"美国国家创新战略",经过 2011 年的修订和完善,于 2015 年正式颁布了新版"美国国家创新战略"。美国创新战略的主要目的是通过增强美国的创新能力,进一步巩固以创新为动力的经济发展方式,鼓励以创新为基础的创业活动,实现经济和社会的持续健康发展。如表 2.5 所示,美国的创新战略包括投资美国创新基石、推动以市场为基础的创新、激发全社会的创新能力等三大创新基础要素以及创造高质量的工作和促进经济的持续增长,实现国家优先发展领域的突破,打造服务型创新政府等三大创新行动计划。

表 2.5　美国创新战略计划

创新的基础要素	投资美国创新基石	1. 保持基础研究领域的世界领先投入 2. 促进高质量的 STEAM 教育 3. 推动创新经济,消除移民障碍 4. 建设 21 世纪世界领先的硬件基础设施 5. 发展下一代数字基础设施
	推动以市场为基础的创新	1. 加大企业界研发的税收减免的力度 2. 支持创新型创业者 3. 确保有利于企业创新的市场条件和环境 4. 为创新者提供开放的数据、信息和知识 5. 从实验室到市场:加快联邦资助研究项目的商业化进程 6. 支持区域创新生态系统的发展 7. 帮助创新型美国企业在海外竞争

创新的基础要素	激发全社会的创新能力	1. 通过各种奖励激发美国人的创新能力 2. 通过发展创客运动、众包和公民科学发掘创新者的才能
创新行动计划	创造高质量的工作和促进经济的持续增长	1. 发展先进制造业，加强美国的竞争优势 2. 加大未来产业的投资 3. 发展包容性创新经济
	实现国家优先发展领域的突破	1. 应对和解决重大挑战 2. 发展精准医药、新神经技术（大脑研究）、医疗创新、智能汽车、智慧城市、清洁能源技术、教育技术、空间技术、计算与数字技术等
	打造服务型创新政府	1. 开发创新工具包解决公共问题 2. 在联邦政府各部门成立创新实验室，加强创新文化 3. 为美国人提供更加有效的政府数据信息服务 4. 利用实践案例推动社会创新

资料来源：National Economic Council and Office of Science and Technology Policy. A Strategy for American Innovation[R]. Washington. D.C. 2015：3 - 9.

美国国家创新战略要求继续巩固其在基础研究领域的优势，发挥以市场为基础的创新的重要作用，激发全社会的创新能力，不断突破重点技术领域，打造服务型创新政府，创造高质量的就业和持续经济增长。美国的国家创新战略注重激发政府、企业、学术界和社会各个领域的创新创业，注重国家创新生态系统从政府—大学—企业的三重螺旋发展到政府—学术界—企业—公民社会的四重螺旋。

从与创业的关系看，美国国家创新战略具有以下几个特征：在国家和区域创新生态系统中，发展以创新为基础的创业；发展源于新知识、新技术具有高附加值的创业；涵盖美国所有地区和所有人的全纳式创新创业；既注重商业创业、技术创业，也注重政府的政策创新以及社会创新和社会创业。

（3）美国联邦政府出台的国家创业战略。

实施国家创业战略，激发全社会创业活力。美国在推出国家创新战略的同时，也于 2011 年左右颁布和实施了国家创业战略——"创业美国计划"（Startup America Initiative），以激发全社会的创业活力。美国实施创业战略的主要目的是与创新战略相互配合，促进美国以创新为基础的创业活动，增加美国高速增长型公司的数量和规模，进一步增强美国的创业文化和创业精神以及以创新创业为基础的竞争优势,激发美国不同地区和不同人群的创业热情,最终增强美国的创新实力、促进美国经济的持续增长和创造更多高质量的就业岗位。[①] 美国的国家创新战略与创业战略在根本目的上是一致的。并且,两者相互交融,又是彼此的重要组成部分。

如表 2.6 所示,美国联邦政府的国家创业战略主要包括加大对新创公司资本支持力度;增加创业教育与创业指导项目;识别和消除对初创企业不必要的障碍;加速联邦政府资助研究的商业化速度和效果;释放市场机会;营造创业文化;促进大公司和初创公司之间的合作等。

表 2.6 美国创业战略计划

加大资本支持力度	1. 通过立法支持新创企业融资:推出众筹、扩大针对小企业的微上市计划、简化新创企业上市过程 2. 美国小企业管理局设置两个额度分别为 1 亿美元的投资基金:影响力投资基金和早期创新基金 3. 免除小企业股票交易的资本所得税,吸引投资者对小企业的投资 4. 财政部简化对低收入地区投资的税收减免规则等
增加创业教育与创业指导项目	1. 美国教育部和劳动部共同推进青年创业议程,将创业教育融入幼儿园、中小学、职业与技术教育、社区学院、大学和低收入青年的教育过程中 2. 美国小企业管理局、能源部与国防部的高级研究计划局合作提供针对 100 家清洁能源初创公司的创业导师项目 3. 美国老兵服务部成立企业孵化器和加速器,支持老兵创业 4. 美国国家科学基金会出资成立国家工程创新中心,支持工程领域创新创业教育 5. 美国能源部出资支持大学生清洁能源商业计划竞赛和风能创业竞赛等
减少创业障碍,打造为创业者服务的政府	1. 国土安全部出台有利于移民创业者的移民政策 2. 通过法案,为自主创业者提供与失业者同样的社会保险服务 3. 美国教育部出台针对大学生创业者归还大学贷款的方案 4. 美国小企业管理局为新创业企业申请"小企业创新研究基金",提供一站式网络平台申请服务 5. 美国专利商标局提高专利申请的效率,为专利申请者提供多种申请方式等

---

① White House. Fact Sheet:White House Launches "Startup American" Initiative[EB/OL].(2011 - 06 - 07)[2018 - 08 - 25].https://obamawhitehouse.archives.gov/startup-america-fact-sheet.

加速创新：加快从实验室到市场的技术转移速度	1. 美国联邦政府赋权下属的所有研究机构与大学、企业合作，加快商业化研究的速度 2. 美国国家科学基金会推出创新团队项目并设置"加速创新研究"奖 3. 美国国家卫生研究院成立加速创新中心和出台向生物科技公司加速授权专利发明的协议 4. 美国能源部出资支持以清洁能源技术为中心构建区域创新生态系统，成立清洁能源孵化器、发起"美国下一代能源创新者"挑战计划 5. 美国商务部与其他 16 个政府部门合作推出"工作和创新加速器"挑战计划，支持美国各地方创新集群的发展 6. 通过新的专利法，减少专利申请时间，提高专利申请效率等
释放市场机会	1. 发起创业美国政策挑战计划，鼓励全社会在医疗、教育能源等方面分享加速创新创业变革的意见和建议 2. 给予消费者和创业者开放的能源数据 3. 给予学生和创业者开放的教育数据 4. 给予消费者和创业者开放的医疗数据等
营造创业文化	1. 举办全球创业峰会 2. 设置全美创业周等

资料来源：Startup America. Administration commitments[EB/OL]. (2011 - 06 - 7)[2018 - 08 - 15]. https://obamawhitehouse.archives.gov/economy/business/startup-america/commitments.

美国联邦政府创业战略的一大特征是全面性，体现了创业政策框架的创业资金支持、创业教育、创业孵化服务支持、促进技术转移和创新、优化创业环境、营造良好的创业文化等方面。美国创业战略的另一特征是合作性和协调性。"创业美国计划"包含美国联邦政府各部门、富有创新精神的创业者、成熟的大企业、初创期的小企业、大学、基金会、各种非营利型组织和社会组织，并且这些不同的主体之间也形成了合作型联盟，构成了资源密集丰富和互相协作的创业生态系统。

3）美国州政府创业政策的主要内容

美国州政府为了振兴地方经济，创造更多高质量的就业岗位，也出台了许多支持创新创业的政策。与资本、劳动力等传统经济发展要素不同，由于知识经济发展过程中，创新知识难以迁移的属性以及知识经济的溢出效应，知识经济更加倾向于扎根于某个特定的区域。创新创业政策相应地成为地方知识经济发展的必要组成部分。美国州政府的创业政策涵盖区域创业型经济发展战略、州政府的创业资金支持、技术开发与创新政策、消除创业障碍与优化创业环境、创业孵化服务、创业教育与创业技能培训、创业文化营造等。美国州政府出台的创业政策与联邦政府出台的创业政策相互配合共同构成支持全社会创新创业的政策体系。

创业在美国州政府经济发展战略中处于核心地位。各州州政府、州议会在制定经济发展政策、设置经济发展项目的过程中，已经把创业作为振兴区域经济发展的关键。美国各州的州经济发展局也把促进创业、培育本土高科技公司作为其核心使命之一。比如，早在 21 世纪初，路易斯安那州就把鼓励和支持创业纳入州长期战略规划中，州议会不仅将创新与创业纳入立法议程，将创业率、企业进入与退出率等作为经济发展绩效评价指标，还成立了由各政府部门、议员与创业者等组成的小企业与创业委员会，专门负责制定创业政策。路易斯安那州在"2012—2016 经济发展战略规划"中把创造更具活力的创业文化和发展成为最佳创业州作为经济发展的核心目标之一。目前，美国绝大多数州都把促进创业纳入经济发展战略中。

美国州政府的创业资金支持。美国州政府对创业活动的资金支持大致有三种方式。第一种是州政府成立准公共投资公司进行直接投资。如马萨诸塞州于 1978 年成立的马萨创投（MassVentures）公司，到 2012 年已经投资全州 132 家初创公司，投资回报率高达 16.5％。第二种是间接利用州政府资本的方式。比如，俄克拉何马州、阿肯色州、艾奥瓦州、密歇根州、俄亥俄州和犹他州等成立了投资风险资本公司和私募股权基金的"基金的基金"（Fund of Funds）项目，间接为当地的初创公司融资。第三种方式是大多数州采取的州政府给予天使投资人或风险资本公司对本州初创公司投资的税收减免政策。美国大多数州会偏向于选择其中一种资本支持方式，不过也有的州采取综合的资本支持政策，例如艾奥瓦州既对天使投资者和风险资本公司的投资减税，也成立投资风投公司的"基金的基金"项目，还为州内新创公司减轻税收负担。[1]

美国州政府的技术开发与创新政策。为了促进以创新为基础的创业活动，美国州政府也出台了技术转移和商业化政策。除了硅谷、波士顿 128 号公路、北卡三角科技园等传统的创新集聚区外，其他州也兴起了创新创业浪潮。比如，早在 1998 年，马里兰州政府就成立了技术开发公司，专门负责把州公立大学和联邦实验室的创新研究成果转移至本州的公司，同时给予大学研究者和这些技术公司研发资金和技术支持。科罗拉多州更是在州政府的支持下围绕能源、生物

---

[1] National Conference of State Legislatures. Promoting entrepreneurship: innovations in state policy [R]. Washington, D.C., 2012: 4-8.

科技和航空技术建立起高水平的集开发研究、技术转移、商业化和资金支持于一体的创新生态系统——"科罗拉多创新联盟"。该联盟成为连接企业、政府、学术界和社会组织的重要的桥梁。马萨诸塞州、纽约州、犹他州、得克萨斯州、亚利桑那州、阿拉斯加州、新墨西哥州、弗吉尼亚州、北卡罗来纳州、佐治亚州等许多州也都有类似的做法。①

美国州政府消除创业障碍与优化创业环境的做法。美国许多州为了简化创业程序，减少创业障碍，成立了实体的或者网络一站式企业许可和注册中心。美国各州的企业注册登记费用很低，从 40 美元到 500 美元不等。为了进一步优化创业环境，不少美国州政府也会定期审查对企业的相关管理规定，确认、修改和完善不合适的管理办法，为企业减轻负担。

美国州政府的创业孵化服务。这些孵化服务一般是州政府与地方政府、大学、商业孵化器公司等相互合作的结果。例如，美国伊利诺伊州在全州成立了 8 个技术创业中心作为高科技企业孵化器，为全州不同区域的创业者提供早期资本、管理技能培训、产品开发和市场营销等多方面的孵化服务。华盛顿州成立了创业网络支持系统，以支持该州东部偏远地区的创业者。明尼苏达州、肯塔基州等美国许多州也都有类似的做法。

美国州政府的创业教育政策。截至 2015 年，美国 50 个州中有 42 个州出台了 K-12（从幼儿园到高中）的创业教育标准、指南或能力要求；50 个州中有 18 个州要求高中设置创业教育必修课程。其中，路易斯安那州、肯塔基州、佐治亚州和科罗拉多州等不仅颁布了创业教育标准和各学区实施创业教育的标准，也要求高中开设创业教育的必修课程，同时要求在考试中测试创业知识和技能的掌握情况。美国各州 K-12 的创业教育课程包括两种：一种是把创业教育的相关知识和能力要求融入已有的社会研究、经济学、历史等学科课程中去；另一种是提供专门的创业教育理论课程或实践活动课程。② 此外，美国各州也积极鼓励公立大学实施创业教育。比如，明尼苏达州、路易斯安那州、爱达荷州、华盛顿州、密西西比州和内华达州等已经将创业课程整合进公立大学工程学院的专业课程中。其他州更是在全州范围内的公立大学的各个学院中推动创业教育，如缅因州、密歇根州、艾奥瓦州、田纳西州等。

①　Kotkin，J.，Zimmerman，D.，Schill，M.，etc. Enterprising states：policies that produce[R]. Washington，D.C.National Chamber Foundation，2012：18-19.
②　Junior Achievement USA. The states of entrepreneurship education in America[R]. Colorado Springs，Colorado，2015：1-9.

美国各州创业文化的营造。各州的创业型经济发展战略、技术开发与创新政策、创业教育政策都有利于营造良好的创业文化。具体来讲,各州出台了许多给予成功创业者的认可和奖励,以激发全州的创业热情和培育积极的创业文化。各州都会通过举办创业竞赛和颁发年度创业者大奖的方式,给予成功创业者较高的社会地位,以此激发全社会的创业意识和创业热情。比如,印第安纳州于2011 年推出了青年创业者项目,支持该州的大学生创业者把创业想法变为现实。2013 年,马里兰州设置了金额为 10 万美元的年度创业大奖,奖励信息技术、生命科学和一般领域的新创公司。除此之外,美国各州还创立了许多创业联盟组织,如弗吉尼亚州的"创业者快线"(Entrepreneur Express)和印第安纳州的"创业提升"(Elevate Ventures),以促进创业者与投资者等之间的密切合作,为创业者提供最直接的服务,同时营造浓厚的创业文化。①

历史上,美国政府出台的创业政策多属于外部宏观政策,如加强硬件和信息技术领域的基础设施建设,出台有利于创新创业的法律、金融政策与税收优惠等。政府一般不过度干预经济的发展。但从 20 世纪 80 年代起,美国经济的发展方式发生了根本的转变,从以往的管理型经济转变为知识经济或者创业型经济。由于创业型经济要求在研发、高素质人力资本、技术转化、创业等领域长期投入。因此,21 世纪以来美国联邦政府各个部门和地方政府出台了大量的创新创业政策,涵盖纲领性的创新与创业战略、具体的创业支持政策、创业文化塑造、创业资金支持、创业环境优化、创业孵化政策、技术转移政策与创业教育政策等。

美国联邦政府和地方政府的创业政策是全方位的,涉及政府、大学和研究机构、企业与非营利型组织等社会的方方面面,为美国高校创业教育与专业教育的整合提供了良好的发展环境。一方面,在创业教育政策中,创业教育与专业教育的整合是其重要的组成部分;另一方面,美国政府的创业政策体现出了全民参与,提倡以创新为基础的创业,重视创新创业生态系统建设等特征,这为美国高校创业教育与专业教育的整合提供了重要的外部支撑。

2.1.3 美国社会非营利性组织开展的创业支持活动

在现代社会,提供公共服务的组织一般分为政府部门、营利性的企业和非营利性的组织。

---

① National Conference of State Legislatures. Promoting entrepreneurship: innovations in state policy [R]. Washington, D.C., 2012: 12 - 14.

美国非营利性组织有三种类型,分别为公共慈善机构、私人基金会与其他非营利性组织(如商会、公民联盟、兄弟互助会、各种专业协会等)。兼具慈善性、教育性与宗教性的组织在人类历史长河中已存在了几千年,美国最早的慈善组织可以追溯到殖民地时期的教会机构。[①] 美国最早的高等教育机构如哈佛学院、耶鲁学院等是由教会机构创办,慈善家捐赠支持的。整个 19 世纪,美国一大批私立研究型大学的创办和发展同样离不开慈善家和基金会的大力支持,如斯坦福大学、麻省理工学院、芝加哥大学、约翰·霍普金斯大学、卡内基·梅隆大学、杜克大学等。但是,非营利性组织作为一种统一的机构类型并在法律上确立其地位是在 20 世纪 70 年代。随着 20 世纪 60 年代民权运动的兴起,美国政府日益介入社会与文化福利项目。1969 年美国的《税收改革法案》专门在《美国税收法典》中给予了"501(c)非营利性组织"免税的法律地位。并且,1976 年美国国会通过法律赋予非营利性组织每年花费 100 万美元进行合法游说的权利;到 20 世纪 80 年代,美国非营利性组织成为除政府和企业之外的"第三部门",在政府政策、企业、教育、福利等各个方面发挥着至关重要的作用。[②] 同样,美国非营利性组织对社会各界的创业活动和高校创业教育的深入发展也发挥了至关重要的作用。

2.1.3.1　美国非营利性组织的发展状况

2013 年,美国非营利组织数量约为 141 万个,其中公共慈善机构[编号为 501(c)(3)]94.5 万个,基金会[编号为 501(c)(3)]9.67 万个,其他非营利性组织[编号为 501(c)s]36.5 万个,分别占总数的 67.2%、6.9%和 25.9%。[③] 这些非营利组织中的一部分是在美国税务局正式注册的,因此需要每年向其定期汇报收支状况,以获得免税资格。

1) 美国公共慈善机构的发展概况

如表 2.7 所示,2013 年美国正式注册且需要汇报的公共慈善机构的数量超过 29 万个,占所有公共慈善机构的约三分之一。根据数量划分,最多的依次为公众服务类、教育类、医疗类、公共与社会利益类,分别占总数的 35.5%、17.1%、

---

① Renz. D. O., Herman. R. D. The Jossey — bass handbook of nonprofit leadership and management [M]. Hoboken, New Jersey: John Wiley & Sons, Inc., 2016: 3.

② Muslic. H. A brief history of nonprofit organizations[EB/OL]. (2017 - 10 - 27)[2018 - 10 - 02]. https://nonprofithub.org/starting-a-nonprofit/a-brief-history-of-nonprofit-organizations/.

③ National Center for Charitable Statistics. Number of nonprofit organizations in the United States, 2003—2013[EB/OL]. (2015 - 10 - 08)[2018 - 10 - 03]. https://nccs.urban.org/sites/all/nccs-archive/html/PubApps/profile1.php?state=US.

12.9％、11.6％。根据支出划分,最多的领域分别为医疗、教育和公众服务,分别占总支出的 59.1％、17.1％和 12.4％。从这些数据中可以看出,教育是美国公共慈善机构关注的重要领域,每年支出的费用超过 2 600 亿美元。并且,虽然高等教育机构数量只占 0.7％,但其支出费用占到了 10.8％,这表明高等教育机构在美国非营利型组织中属于资源聚集且消耗程度很高的机构。

表 2.7　2013 年美国正式注册公共慈善机构的数量与财务状况

类　　型	数量	数量百分比（％）	收入（亿美元）	支出（亿美元）	资产（亿美元）	收入百分比（％）	支出百分比（％）	资产百分比（％）
公共慈善机构	293 103	100.0	17 341	16 238	32 250	100.0	100.0	100.0
艺术与文化	29 136	9.9	336	302	1 107	1.9	1.9	3.4
教育	50 262	17.1	2 963	2 692	9 581	17.1	16.6	29.7
高等教育	2 050	0.7	1 881	1 746	6 177	10.8	10.8	19.2
其他教育	48 212	16.4	1 082	946	3 403	6.2	5.8	10.6
环境与动物	13 283	4.5	167	147	414	1.0	0.9	1.3
医疗	37 732	12.9	10 253	9 758	13 928	59.1	60.1	43.2
医院与保健设施	7 062	2.4	8 640	8 239	11 335	49.8	50.7	35.1
其他医疗	30 670	10.5	1 613	1 519	2 593	9.3	9.4	8.0
公众服务	104 002	35.5	2 142	2 069	3 315	12.4	12.7	10.3
国际与外国事务	6 305	2.2	324	308	393	1.9	1.9	1.2
公共与社会利益	34 081	11.6	1 002	828	3 152	5.8	5.1	9.8
宗教相关	18 302	6.2	154	135	360	0.9	0.8	1.1

资料来源:McKeev, B. S. The Nonprofit Sector in Brief 2015[R]. Urban Institute,2015:6.

2）美国基金会的类型与功能

基金会是美国非营利组织的第二大类型,对社会与经济发展发挥了重大的作用。美国是世界上基金会最多的国家。2013 年,美国基金会的数量超过 87 142 个,捐赠金额达到 553 亿美元,总资产高达 7 982 亿美元,捐赠金额和资产与 2003 年相比分别增长了 44.2% 和 33.2%。①

　　美国基金会按照类型可以划分为独立型基金会、项目运营型基金会、公司型基金会和社区型基金会。独立型基金会在美国数量最多,由个人或者家族创立,占到所有基金会的 90% 以上。项目运营型基金会同样由个人或者家族创立,但通常主要运营自身开发的项目,也会从事一些捐赠活动,数量占到总数的 5% 左右。公司型基金会由大型公司、家族企业等创办,数量占到总数的 3% 左右。社区型基金会由特定社区的公众创办,主要功能是为了促进特定区域的发展,数量占到总数的约 1%。2012 年,美国独立型基金会、项目运营型基金会、公司型基金会和社区型基金会的资产分别为 5 840 亿美元(82%)、433 亿美元(6%)、232 亿美元(3%)、649 亿美元(9%),其支出分别为 354 亿美元(68%)、60 亿美元(12%)、55 亿美元(11%)、49 亿美元(10%)。②

　　美国基金会的功能分析。基金会是美国慈善事业重要的组成部分,而美国慈善理念的重要转变始于 19 世纪末的企业家和慈善家安德鲁·卡内基(Andrew Carnegie)。卡内基严厉批评了传统的慈善,认为其只是简单回应处境不利的群体,而不能从根源上解决贫困问题。他认为有效的慈善方式是给有抱负之人创造通往成功的阶梯,即通过设置图书馆、公园、博物馆和教育机构等有利于改善和促进所有人发展的机构和设施,达到创造可持续公益和改良社会的目的。③ 持同样慈善理念并创办和运营基金会的企业家和慈善家还有乔治·皮博迪(George Peabody)、约翰·洛克菲勒(John Rockefeller)、罗素·塞奇(Russell Sage)等。在卡内基等早一批慈善家的引领下,美国慈善家成立的基金会投入的多为教育、公众服务、医疗健康、公共事务/社会公益、艺术与文化等有利于人类发展和社会发展的事业。图 2.6 为 2012 年美国基金会支持的各个领域的分配金额。国内与国际相加来看,依次支持的领域分别为教育、健康、人类服务、公共事务/社会利益、艺术与文化、环境与动物、国际事务、科学与技术、宗教、社会科学,其中教育与健康占到了约一半的资助额度。

　　美国基金会支持的各个领域为其创新、创业与经济的持续繁荣奠定了坚实的基础。从历史上看,美国创业型经济和社会的发展,除了企业家个人的创业精神和创业活动,各级政府创业政策的支持以外,也离不开慈善业对创业的大力支

---

① McKeev, B. S. The nonprofit sector in brief 2015[R]. Urban Institute, 2015: 11.
② Foundation Center. Key facts on U.S. foundations 2014 edition[R]. US: Foundation Center, 2014: 2 - 3.
③ Renz, D. O., Herman, R. D. The Jossey — bass handbook of nonprofit leadership and management [M]. Hoboken, New Jersey: John Wiley & Sons, Inc., 2016: 11 - 12.

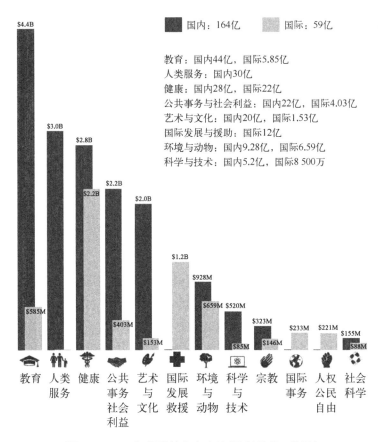

图 2.6　2012 年美国基金会支持领域（单位：美元）

资料来源：Foundation Center. Key facts on U. S. foundations 2014 edition［R］. US：Foundation Center，2014：7.

持。慈善业构成不断培育和振兴美国经济繁荣的隐性社会契约的一部分，企业家创造的大部分财富通过慈善活动重新回馈社会，为未来的创业活动和经济增长提供了积极的刺激。[1]

　　美国慈善业与创业型经济、创业型社会的发展是相互补充、相互加强的关系。美国创业型经济的发展为慈善事业奠定了充足的财富基础。20 世纪 80 年代以来，美国掀起创业的热潮，创业率增高，新创企业数量上升，随之带来的是美国国民财富的快速增长。美国的国民净财富从 1950 年的 13 万美元增长到 2000 年的 40 万美元（按照 2001 年通货膨胀调整后的美元计算）；1982 年到 1998 年，

---

① Acs，Z. J.，Phillips，R. J. Entrepreneurship and philanthropy in American capitalism［J］. Small Business Economic，2002，19(3)：189 - 204.

美国百万富翁的数量从 25 万人增长到 480 万人。① 充足的财富也为慈善事业带来了稳定的资金保障。21 世纪初，美国慈善业的金额占到国民生产总值的约 2%；从 1980 年到 2000 年左右，美国私人基金会和社区基金会的数量增长超过两倍，大约 60% 的大型基金会是 20 世纪 80 年代之后创设的。② 美国基金会的运作方式不仅仅是重新分配财富，更重要的是通过创造和利用知识来为下一代创造机会，为美国知识经济和创业型经济的发展奠定了良好的基础。美国著名的基金会如洛克菲勒基金会、比尔及梅琳达·盖茨基金会等都是在教育、疾病研究、环境保护、文化与艺术发展等方面大力资助，为下一代的发展创造机会，其核心是通过知识的创造、传播和应用，推动社会发展。美国慈善事业与创业型经济发展之间形成了良性的循环。

2.1.3.2　美国创业支持型基金会的种类、动机与案例研究

1）美国创业支持型基金会的种类

除了支持常见的教育、医疗、人类服务与环境等领域，美国还存在一大批基金会专门或部分地致力于支持创业活动。根据企业家孵化机构"奋斗"（Endeavor）2015 年的调查，美国有超过 100 家基金会资助创业活动，这类基金会可以称为创业支持型基金会。③ 虽然这些基金会的发展时间、地理位置、资产规模和核心使命不同，但这些基金会都正在把创业支持作为自身核心使命的一部分，具体可见表 2.8。企业支持型基金会提供的创业支持活动是多方面的，包括支持创业研究、创业教育与创业师资培训项目、支持举办创业与创新竞赛、创业加速器与孵化器服务、创业导师指导、创业资金支持、创业生态系统建设等。许多基金会也为创业者提供资本支持，要么通过股权投资、贷款的直接方式，要么通过支持当地风险资本组织的间接方式。支持创业活动的基金会主要分为三大类：第一类是最常见的独立型基金会，比较突出的有尤因·马里昂·考夫曼基金会（Ewing Marion Kauffman Foundation，以下简称考夫曼基金会）、伯顿·D. 摩根基金会（The Burton D. Morgan Foundation，以下简称摩根基金会）、科尔曼基金会（The Coleman Foundation）、科恩家族基金会（The Kern Family Foundation）和斯科尔基金会（The Skoll Foundation）等。第二类是社区型基金会，较为突出的有硅谷社区基金会、犹他州社区基金会、大新奥尔良基金会、哈丁县社区基金

① The Economist. The gospel of wealth[N]. The Economist，1998 - 05 - 28(19).
② Acs，Z. J.，Phillips，R. J. Entrepreneurship and philanthropy in American capitalism[J]. Small Business Economic，2002，19(3)：189 - 204.
③ Pringle，C. & Torok，L. Foundations leading through entrepreneurship[R]. US：Endeavor Insight，2015：4.

会、东湾社区基金会等。第三类是项目运营型基金会,主要包括密歇根妇女基金会、创业精神基金会(Spirit of Entrepreneurship Foundation)等。

表 2.8　美国创业支持型基金会实例

基金会名称	创立时间与地点	资产(美元)	使　命	创业支持活动
考夫曼基金会	1966;密苏里州堪萨斯城	20 亿	与美国各个地区合作,通过支持教育活动和创业活动,使参与者成为经济独立和负责任的公民	创业共同体建构,创业教育和培训,少数族裔和妇女创业支持,制定创业政策,创业研究等
摩根基金会	1967;俄亥俄州哈德逊市	1.2 亿	鼓励倡导创业精神,培育健全的创业生态系统,引领创业教育发展	支持俄亥俄州东北部地区青少年创业教育、大学生创业、成年人创业以及哈德逊社区的教育、艺术与文化、社会服务与公民活动
科恩家族基金会	1998;威斯康星州沃基肖县	5.3 亿	通过支持培养良好性格的公民教育项目,提供高质量的教育、培养创业思维和重新发现工作价值的项目,促进社会的系统性变革	提倡创业型思维,设置培养创业型工程师的"科恩工程创业联盟"项目
斯科尔基金会	1999;加利福尼亚州帕洛阿尔托市	5.8 亿	通过投资、连接和激励社会创业者、社会创新者,促进社会大规模变革,解决最严峻的社会问题	社会创业投资、社会创业者共同体建设、社会创业伙伴关系建设、社会创业奖励
大新奥尔良基金会	1983;路易斯安那州新奥尔良市	2.75 亿	致力于建设一个可持续的、充满活力的、繁荣的区域,生活在区域中的个人和家庭得以健康幸福	为该区域的低收入家庭提供就业机会、可负担的住房、储蓄和投资的机会、理财教育和咨询、小企业创立和发展支持等
密歇根妇女基金会	1986;密歇根州底特律市	250 万	消除密歇根地区妇女和女童通往经济和社会平等的障碍,通过慈善和投资提高妇女和儿童的经济地位,进一步提升其社会福祉、经济福祉和工作福祉	提供创业教育和培训,提供创业微型贷款(2 500～50 000 美元),提供创业导师指导和建设创业生态系统等

资料来源:笔者依据网络资料整理。

2）支持创业活动的动机

美国基金会支持创业活动的动机概括起来主要包括四个方面。[①] 第一,强化和促进当地慈善事业的可持续发展。由于创业者是未来的慈善家,创业者有参与区域慈善事业的动机和需求,为创业者提供创业支持活动,可以促使区域慈善事业的可持续化和良性发展。第二,振兴区域经济,创造更多的就业机会。因为培育创业精神,激发地区的创业活力,可以最大限度地振兴区域经济。第三,赋权予更多处境不利群体,如妇女、少数民族、移民、低收入人群和失业人群等,这与美国基金会非营利性组织的使命相一致。第四,促进提高区域生活质量,防止区域人才流失。具有强大创业生态系统的区域既可以鼓励当地居民扎根本地创业,也可以吸引外来的优秀人才和企业进驻。

美国基金会的创业支持活动再一次证明创业活动和慈善事业发展的互补性。如此会有越来越多的美国基金会加入支持快速增长的初创企业的过程中,也会有更多的支持高科技创业、社会创业和妇女创业等不同类型创业活动的基金会产生。

3）摩根基金会的创业支持体系

摩根基金会是美国为数较少的专门致力于创业支持和创业教育的基金会,其创办人伯顿·摩根是一位连续创业者。20 世纪 60 年代,摩根创业成功之后,遗憾自己没有接受过任何正式的创业教育,他认为创业的过程可以给予人真正的自由感和满足感,继而深刻认识到创业应该被美国各大高校的学生当作一项真正的职业。因此,1967 年,他创办了支持俄亥俄州东北地区发展的基金会,到了 20 世纪 90 年代,基金会正式把支持创业活动作为核心使命。[②]

自从把鼓励和支持创业活动,弘扬创业精神作为使命,摩根基金会逐渐形成了青少年创业教育支持、大学生创业支持、成年人创业支持和哈德逊区域发展等四大相互联系的支持领域。表 2.9 为摩根基金会 2013—2017 年在青少年创业教育、大学生创业、社会成年人创业、社区发展支持等领域的经费分派比例。五年来,对创业活动的支持经费平均占到总经费的 70%以上,对青少年创业教育的经费支持平均占到总经费约 20%,大学生创业和社会成年人创业平均约各占 25%。摩根基金会的创业理念偏重于创新型创业,认为"创业是创办企业或者解

---

① Pringle, C. & Torok, L. Foundations leading through entrepreneurship[R]. US: Endeavor Insight, 2015: 6 - 7.

② Burton. D. Morgan Foundation: 50th anniversary timeline[EB/OL]. (2017 - 09 - 19)[2018 - 10 - 06]. http://timeline.bdmorganfdn.org/.

决问题的过程,这些创新创业者能够不断创新、创造和承担风险继而为社会创造价值"①。另外,摩根基金会对创业活动的支持偏重于创业生态系统的建设,而不是分散用力。以下以基金会支持下的俄亥俄州地区青少年创业教育生态系统和大学生创业生态系统为例来具体阐释。

表 2.9　2013—2017 年摩根基金会经费分配

年份	总经费(美元)	青少年创业占比	大学生创业占比	成年人创业占比	社区支持占比	其他占比
2013	480 万	16%	19%	41%	8%	16%
2014	666 万	17%	48%	17%	6%	12%
2015	525 万	19%	31%	17%	15%	17%
2016	719 万	19%	13%	47%	12%	9%
2017	517 万	21.6%	35.22%	21.75%	9.2%	12.2%
平均	581 万	18.5%	29%	29%	10%	13%

资料来源:Burton D. Morgan Foundation. Annual Reports[EB/OL].(2017 - 09 - 10)[2018 - 10 - 07]. https://www.bdmorganfdn.org/annual-reports.

摩根基金会青少年创业教育支持活动的目标:培养青少年的创业思维,帮助其体验创业实践活动,以提高创业技能;建构发展路径,进一步提升青少年在生活各个阶段的创业能力;提高青少年的自信心、理财能力和解决问题的能力等。为了实现这些目标,摩根基金会构建了青少年创业教育生态系统,包括培训中小学阶段的创业教师,开展培养青少年创业能力的创业竞赛和创业项目,构建保障创业项目实施的创业生态网络建设和资源支持体系。② 其中,创业师资培训包括以问题解决式学习方法培训为核心的创业教育师资培训项目"野火教育论坛"(Wildfire Education Workshops),以项目学习和创业课程开发为核心的创业教育师资培训项目"灵感会议"(Enspire Conference),还包括对创业教学联盟、青少年创业学院的大力资助等。而开展的青少年创业竞赛和创业体验项目

① Burton, D. Morgan Foundation: history & mission[EB/OL].(2017 - 04 - 18)[2018 - 10 - 10]. https://www.bdmorganfdn.org/about.
② Burton, D. Morgan Foundation: northeast ohio's youth entrepreneurship ecosystem[EB/OL].(2018 - 03 - 07)[2018 - 10 - 10]. https://www.bdmorganfdn.org/sites/default/files/editor/Ecosystem%20Diagrams_Youth.pdf.

则多达几十个，如著名的儿童创业体验项目"柠檬水日"（Lemonade Day）、俄亥俄创业周、青少年创业论坛、创业学习行动计划、美国未来企业家项目，以及各种创业夏令营等。构建的创业生态网络建设包括青少年财商和创业教育领域重要的国际学生组织分支机构俄亥俄州"DECA"、创业教学联盟、青少年创业学院、Veale 青年创业论坛、青年成就（Junior Achievement）组织等。

支持俄亥俄州东北部地区的大学生创业，建设完善的区域大学生创业生态系统也是摩根基金会的核心工作。摩根基金会支持下的大学创业生态系统已使俄亥俄州 22 所大学参与进来，形成了一个相互学习和相互借鉴的创业学习共同体。区域大学生创业生态系统的构建目的：帮助参与高校开发世界一流的创业课程；把创业教育的理念建立在大学自身已有的文化传统和价值观基础上，促进创业教育与专业教育的可持续性整合；通过创业学习项目，培养大学生的创业思维和创意，培养他们问题解决、风险承担与推销等重要的创业技能；将更多处境不利人群的创意、需求和视角等融入大学生的创业学习过程中，丰富大学生的创业经历，激发他们的创新能力；在创业活动过程中，提高大学生和教师的跨学科接触和合作的机会；把外部的创业指导与学生的创业学习经历及个人成长紧密结合，进一步提高学生的创业思维和创业能力等。①

为了达成这些目的，摩根基金会构建的大学生创业生态系统涵盖了创业课程学习、创业实践项目与创客空间建设、创业实习和创业竞赛活动、创业加速器建设、创业资金支持和创业学习共同体等多个相互联系的部分。

区域大学生创业生态系统的创业课程建设突出创业教育与专业教育的整合。如 2007 年，摩根基金会与考夫曼基金会合作，向美国五所文理学院资助 660 万美元，发起了为期五年的"俄亥俄州东北部大学生创业项目"（Northeast Ohio Collegiate Entrepreneurship Program），旨在促进创业教育与文理专业教育的有机整合，使创业学习成为文理教育过程中核心的组成部分。参与的文理学院包括伍斯特学院、鲍德温华莱士学院、伊利湖学院、希拉姆学院和奥柏林学院等。② 从 2016 年起，摩根基金会开始资助凯斯西储大学医学院的医学创业活动和医学创业教育。

创业实践项目、创客空间建设和创业实习项目重在培养该区域大学生的创新能力和创业实践能力。NEO 创业网络（NEO Launch NET）所组织的创业实

---

① Burton，D. Morgan Foundation[EB/OL].（2018 - 03 - 12）[2018 - 10 - 10].https：//www.bdmorganfdn. org/collegiate-entrepreneurship.
② Burton，D. Morgan Foundation：What happens when the liberal arts and entrepreneurship meet？[EB/OL].（2018 - 07 - 01）[2018 - 10 - 11].https：//www.bdmorganfdn.org/intersections.

践项目是核心。摩根基金会资助鲍德温华莱士学院、凯斯西储大学、约翰卡罗尔大学、肯特州立大学和洛林县社区学院等五所俄亥俄州东北部地区高校组成跨院校的创业学习联盟"NEO 创业网络",为大学生提供以创业导师指导、创业培训、创业资金支持、创业孵化服务等为一体的创业实践项目学习机会,吸引了4 148 名不同学科、不同专业的学生参与①;其他还有全校学生参与的创业沉浸周活动、俄亥俄州东北部地区"大学生创业基金"支持的创业项目等。摩根基金会支持的创客空间建设既包括高校面向学生开放的,如凯斯西储大学的"思考盒子"(think[box])创客空间,也包括面向公众开放的,如"阿克伦城创客空间"(Akron Makerspace)和位于公共图书馆的创客空间等。创业实习项目给予该区域的大学生在高科技公司、商业孵化器、创业型非营利组织与基金会等创业实习的机会。

摩根基金会资助的大学生创业竞赛和创业加速器项目为大学生创业提供了必要的导师指导、资金支持和场地支持等。该区域的创业竞赛包括创意大赛"创意实验室"(ideaLabs)、各种创业路演竞赛(Business Pitch Competition)、创业计划竞赛和专门针对信息技术的黑客马拉松(Hackathon)等。区域的大学生创业加速器项目超过 15 个。

区域的大学生创业资金支持分别来自大学生创业基金、各种天使投资组织、提供无息贷款的"希伯来无息贷款协会"、政府部门提供的创新发展基金等。

区域创业学习共同体包括摩根基金会和区域高校共同参与的、教育资源和创业资源共享的"JumpStart 高等教育委员会"、创业教育联盟"NEO 创业网络"、区域大学生创业基金等共同体组织。

在摩根基金会的支持下,俄亥俄州东北部地区构建了集创业教育与培训、创业实践学习项目、创业竞赛、创业资金支持、创客空间与孵化器、创业学习区域联盟等于一体的大学生创业生态系统。除了大学生,摩根基金会还构建了面向社会成年人的创业生态系统。

摩根基金会构建的青少年、大学生和社会成年人创业生态系统彻底转变了俄亥俄州的经济发展方式。俄亥俄州从 20 世纪六七十年代起作为美国的"铁锈地带",一度重工业衰落,经济增长乏力,而到了 2011—2016 年间已经发展成为

---

① Burton, D. Morgan Foundation: Entrepreneurship education network on college campuses[EB/OL]. (2018 - 07 - 01)[2018 - 10 - 11].https://www.bdmorganfdn.org/neolaunchnet.

美国中型市场企业增长速度最快的州。2017 年俄亥俄州在考夫曼创业指数排名中名列第七,正式确立其创业型经济发展方式。[1]

4) 考夫曼基金会的创业支持体系

考夫曼基金会成立于 20 世纪 60 年代中后期,由慈善家和创业者尤因·马里昂·考夫曼(Ewing Marion Kauffman)创办于密苏里州堪萨斯城,目前考夫曼基金会资产超过 20 亿美元,是美国直接支持创业活动资产规模最大的基金会。考夫曼先生认为创业是实现个人人生理想和促进国家经济繁荣最有效的方式,因而考夫曼基金会的核心使命是支持教育活动和创业活动,使每个人成为经济独立和负责任的公民。[2] 考夫曼基金会在推动美国创业学学科建设和创业教育发展过程中起到了至关重要的作用,长期致力于支持学者的创业研究和各大高校的创业教育。除了对创业研究和创业教育大力支持外,考夫曼基金会也在创业实践项目支持、创业政策建议与倡导、创业联盟建设等方面做出了卓越的贡献。以下从创业研究、创业教育、创业实践项目支持、创业政策和创业联盟建设五个方面详细分析考夫曼基金会的创业支持体系。

第一,考夫曼基金会对美国创业研究的大力支持。考夫曼基金会对创业研究的支持贯穿创业研究者的整个职业生涯,分为博士研究生期间的考夫曼创业学位论文奖、职业生涯早期的考夫曼青年教师创业研究奖、职业生涯中后期的考夫曼创业研究卓越奖章等。考夫曼创业学位论文奖创建于 2003 年,每年资助各个学科领域从事创业研究的 20 名博士研究生,每人 2 万美元,用于高质量的创业学术研究;截至 2018 年,该项目已经资助了 208 名创业研究者。[3]

考夫曼青年教师创业研究奖创建于 2008 年,资助有希望在创业研究领域做出杰出研究的青年教师,从进一步促进创业研究的合法性。考夫曼创业研究卓越奖章创建于 2005 年,用于奖励在创业研究领域做出卓越贡献的美国学者。2018 年,考夫曼基金会将这三个奖项合并为创业知识挑战项目,资助每个学生团队或博士研究生 3 万美元,每个创业研究者 15 万美元,每个创业研究团队 40 万美元,支持他们从金融学、经济学、社会学、人类学、认知科学、政治科学、生态学、工程学、计算

①　Morelix, A., Russell-Fritch, J. 2017 kauffman index of growth entrepreneurship[R]. Ewing Marion Kauffman Foundation, 2017: 15.

②　Kauffman Foundation. Who we are[EB/OL]. (2017 - 08 - 16)[2017 - 10 - 11]. https://www. kauffman.org/who-we-are.

③　Kauffman Foundation. Kauffman dissertation fellowship[EB/OL]. (2017 - 09 - 15)[2017 - 10 - 12]. https://www.kauffman.org/what-we-do/entrepreneurship/research/entrepreneurship-scholars/kauffman-dissertation-fellowship.

机科学、脑科学、生态学、复杂系统等多个学科和领域研究"新技术下的创业新特征""创业面临的障碍""文化与创业的关系""创业支持规模化的因果性关系"等内容,以最大限度理解创业者和创业活动,为进一步促进美国的创业活动奠定研究基础。① 考夫曼的创业研究支持发展趋势从一个侧面反映了创业研究的多学科特征,各学科创业研究者的跨学科研究活动也有利于创业教育和专业教育的深度整合。

第二,考夫曼基金会对创业教育发展的大力支持。这方面的支持表现为:① 对各高校创业中心创立与发展的资助,如科罗拉多大学波尔得分校的创业中心、贝勒大学创业中心、伦斯勒理工学院技术创业中心、佛罗里达国际大学创业中心等,在创立过程中都得到过考夫曼基金会的大力资助。② 出资 4 500 万美元发起"考夫曼创业校园计划",鼓励高校进行创业教育的创新,2003 年支持 8 所,2006 年支持 10 所美国高校发展全校型创业教育,实现创业教育与专业教育的整合,确保所有专业学生接受适合的创业教育,构建创业型校园文化。② ③ 针对成人创业者推出了两项具体的创业教育项目。一个是创业网络学习课程"考夫曼创业快线"(Kauffman FastTrac),为有创业想法的人提供实用的创业网络课程和混合课程。另一个是"一百万杯咖啡"(1 Million Cups)创业教育项目,为创业者提供教育培训和相互交流的平台,从 2012 年建立第一个创业支持平台,到 2018 年已建立遍布全美的 163 个创业支持平台。③

第三,考夫曼基金会对创业实践项目的大力支持。考夫曼基金会的创业支持理念是全纳式的,偏重于支持美国少数族裔、女性以及其他弱势群体的创业活动。考夫曼基金会的创业实践项目支持方式有两种。一种是直接培训,如"考夫曼伙伴"项目给予少数族裔创业者和女性创业者等在创新领导力、风险投资等方面为期两年的严格培训,目前已经培训 500 名杰出的创业者。另一种是间接资助,资助在弱势人群创业支持方面有着卓越表现的非营利组织。2015 年,考夫曼基金会选择资助的非营利组织有 8 个,2016 年与 2017 年分别扩大到 13 个和 20 个,其中包括俄勒冈州原住民商会、第一个女性风投组织"SoGal 创业"等。④

---

① Kauffman Foundation. Knowledge challenge[EB/OL]. (2017 - 09 - 15)[2018 - 10 - 12]. https://www. kauffman. org/grants/current-opportunities/knowledge-challenge.

② Torrance, W. F. Entrepreneurial campuses: action, impact, and lessons learned from the Kauffman Campus Initiative[R]. Kauffman Foundation, 2013: 2.

③ Kauffman Foundation. About 1 million cups[EB/OL]. (2016 - 04 - 07)[2018 - 10 - 12]. https://www. 1millioncups. com/about.

④ Kauffman Foundation. Grants to level the playing field[EB/OL]. (2016 - 04 - 07)[2018 - 10 - 13]. https://www. kauffman. org/what-we-do/entrepreneurship/market-gaps/grants-for-entrepreneurship-support-organizations.

第四,考夫曼基金会对美国创业政策的倡导和建议。考夫曼基金会通过各种方式建议政府颁布和实施支持创业者的一系列政策。首先,考夫曼基金会每年对美国的创业活动进行详细的调查,发布"考夫曼美国创业指数"和"美国创业者年度调查"等报告,以发布报告的方式为政府出台创业政策提供参考。其次,考夫曼基金会会在每年 8 月 20—24 日召开由美国立法人员和政府人员参加的"全美创业周"大会,呼吁政府人员制定有利于创业的法规和政策。[①]

第五,考夫曼基金会对美国创业联盟体建设的支持。这方面的支持主要是通过资助和召开"全球创业大会""美国创业市长会议"和"美国创业者、创业生态系统与经济峰会"等三个创业会议来实现的。"全球创业大会"在每年 11 月召开,约有来自 170 多个国家的 1 万多个创业支持组织和 2.5 万名创业者参与,是全球创业者相互合作交流的盛会。[②]"美国创业市长会议"是美国各地区的创业者与市长在创业领域进行沟通交流的平台。"美国创业者、创业生态系统与经济峰会"的对象则更广,包括政府人员、创业者、风险资本家、孵化器负责人、创业教育者等,核心目的是完善区域创业生态系统。2018 年该峰会吸引了全美 50 个州的620 名人员参与(包括 121 名市长),提出了 633 条完善创业生态系统的建议。[③]

美国创业支持型基金会包括独立型基金会、社区型基金会和项目型基金会,以此构建了集创业研究、创业教育与培训、创业政策倡导、创业资金支持、创业竞赛、创业孵化、创业实践项目、创业联盟建设等为一体的全方位创业支持体系,涵盖中小学生、大学生、女性、少数族裔等各类人群。其中,美国基金会的创业教育支持项目特别注重创业教育与专业教育的内在整合,如创业教育与文理教育、创业教育与医学教育、创业教育与工程教育、创业教育与艺术教育等内在的整合。

2.1.3.3　美国协会类非营利组织的创业支持体系

1) 基本概况

除了基金会,美国专门支持创业或者创业教育的其他非营利组织主要是各种协会或联盟,比如美国创业教育联盟(The national consortium for entrepreneurship education)、美国小企业与创业协会、美国管理学会创业学分会、创业教学网络(Network For Teaching Entrepreneurship)、美国大学发明者与创新者联盟(2014

① Kauffman Foundation. Entrepreneurship policy[EB/OL]. (2016 - 03 - 08)[2018 - 10 - 15]. https://www.kauffman.org/what-we-do/entrepreneurship/policy.

② Kauffman Foundation. Entrepreneurship communities[EB/OL]. (2016 - 03 - 08)[2018 - 10 - 15]. https://www.kauffman.org/what-we-do/entrepreneurship/entrepreneurial-communities.

③ Kauffman Foundation. For ecosystem builders by ecosystem builders[EB/OL]. (2016 - 03 - 08)[2018 - 10 - 16]. https://www.kauffman.org/the-eship-summit/overview=.

年后改名"VentureWell")、大学生创业协会(CEO: Collegiate Entrepreneurs Organization)、社区学院创业协会、艺术创业教育协会(Society for Arts Entrepreneurship Education)等,具体见表 2.10。

表 2.10 美国协会类非营利型组织创业支持实例

名　称	成立时间	性　质	使　　命	创业支持活动
美国创业教育联盟	1980	创业教育协会	通过创业教育与已有课程整合或设置独立的创业教育课程的方式促进创业教育融入大中小学教育;面向所有学生提供创业教育,促进创业教育的终身教育化	出台全国创业教育标准;在 K-12 阶段,推动成立创业学校;提供创业教师培训和创业课程开发的资源;鼓励师资培训机构把创业能力培养融入课程中;每年举行创业教育论坛
美国小企业与创业协会	1981	创业研究与教育协会	通过大胆的创业教学革新、研究和实践促进美国高校创业教育的发展	以各高校创业教育为核心,支持各学科的创业教育、创业研究、创业实践活动,已经吸纳超过1 000 名会员
美国管理学会创业分会	1987	研究协会分会	促进美国创业学者的专业发展和创业研究共同体建设	促进与奖励创业研究、创业教学创新,促进创业学科的发展
创业教学网络	1987	青年创业教育支持组织	培养资源不足地区和低收入地区青年人的创业思维和创业技能,促进个人的成功和社会的繁荣	通过网络课程、混合课程、技术创业课程、创业计划竞赛、创业实践等培养青年人的创业思维与创业能力;提供创业型教师培训项目以及专业发展项目
美国大学发明者与创新者联盟 VentureWell	1995	高校科技创业支持组织	致力于培养发明者、创新者以及以创新为基础的创业者,以解决世界性的挑战难题并获得持续影响力	支持 STEM 专业学生的创业;以研讨会、培训、创业指导、资金等形式支持发明者与创新者;资助 STEM 领域的创业教育师资项目;构建全美和区域内的创新创业生态系统

名 称	成立时间	性 质	使 命	创业支持活动
大学生创业协会	1997	大学生创业支持组织	鼓励与支持大学生具备创业精神、发现与实现创业机会,支持大学生创业	举办大学生创业大赛、创业训练营、大学生职业规划、指导全美 250 个分会的运行等
社区学院创业协会	2002	社区学院创业支持组织	指导美国社区学院以创业的方式运营;指导美国社区学院在区域创业生态系统中发挥支持创业者创业和创造就业岗位的角色	支持创业型社区学院的建设;为社区学院的创业教育和创业活动提供资源;认可与奖励创业型社区学院
艺术创业教育协会	2014	艺术创业教育支持组织	为艺术类大学生提供教育资源,帮助他们获得创业知识和技能,以支持他们成为自我雇佣型艺术家	支持有关艺术创业以及艺术创业教育的大会、研讨会、小组讨论、网络课程、竞赛、融资与院校联盟等

资料来源:笔者依据网络资料整理。

从表 2.10 中可以发现,美国创业支持型协会或联盟涵盖的范围很广,既包括专注于创业研究和创业教育的协会,也包括支持大学生创业和青年人创业的非营利组织。并且,在创业教育与专业教育整合方面已经开始细分,出现了支持科技创业教育和艺术创业教育的专门组织。以下以支持大学生科技创业的"VentureWell"为例具体阐述该类组织的运行与功能。

2)科技创业教育非营利性组织 VentureWell 的创业支持体系

1995 年,在莱默森基金会支持下,"美国大学发明者与创新者联盟"(NCIIA)成立,2014 年改名为"VentureWell"。该组织主要支持美国高校师生基于技术创新的创业活动,侧重创业教育与 STEM 教育的融合。VentureWell 的主要目标:支持美国科研人员把前沿科技成果转化为商业化的产品;支持基于创新的创业教育,为 STEM 专业大学生提供体验解决挑战和创新创业的机会。其核心理念是支持以创新为基础的创业,达到解决社会挑战和改善社会的目的。为了实现这些目标,VentureWell 的创业支持体系包含了相互联系的三个部分:STEM 创业教育师资发展项目、创新创业生态系统建设活动、支持科研人员和大学生基于创新的创业实践项目。截至 2018 年,VentureWell 共吸引美国 360

所高校参与其中；花费 1 100 万美元用于 STEM 创业教育师资发展项目；支持的美国高校创新创业团队超过 2350 个，团队创办高新技术企业 977 家，融资规模达到 9.77 亿美元。[①]

STEM 创业教育以科学、技术、工程与数学等学科专业为基础，是创业教育与 STEM 教育的深度整合。以 STEM 专业为基础的创业教育一方面可以帮助解决实验室的创新发明与科技应用转化之间的难题；另一方面可以培养 STEM 学科专业的学生在跨学科和多任务情况下的创新创业能力。[②] 但是高校要实施 STEM 创业教育的前提和保障仍是高质量的师资。

VentureWell 开展的 STEM 创业师资发展项目，主要由教师培训和教师资助项目两个部分组成，其中教师资助项目是核心。教师培训主要通过开办研讨会和小型研讨班等形式开展。教师资助项目给予对 STEM 创业教育感兴趣的美国高校教师每人约 3 万美元的资金支持，用于开发新的技术创业课程（项目），或在已有课程（项目）中融入技术创业，并在后续课程实施过程中给予教学方法和项目管理等方面的全方位支持。教师资助项目申请的条件包括：以技术创业为核心；使用体验学习或其他创新性的教学方法，解决真实世界的问题；以技术发明为基础形成跨学科大学生创业团队，且技术发明具有积极的社会影响或者环境影响；在多学科学生团队追求商业化的过程中有支持型的创业生态系统作保障；资助结束后课程或项目是可持续的。[③]

VentureWell 的教师资助项目突出创业教育与 STEM 教育的跨学科整合，注重发展以创新为基础的创业活动，关注跨学科创业课程和项目的可持续性。以 2018 年的教师资助项目为例，资助美国高校 30 名教师共计 75 万美元，促进超过 8 000 名 STEM 专业大学生学习以创新为基础的创业教育。其资助的领域多为清洁能源创业、医疗创业、社会创业等，既包括跨学科的创业课程学习，也包括创业竞赛、创业实践项目、加速器项目等实践学习项目，注重培养 STEM 专业学生用技术解决复杂社会问题的能力。如在其支持的纽约大学创业学院和医学院联合设置的"医疗创新挑战项目"中，在教师和创业导师的支持下来自医学院和其他学院不同专业的学生组成跨学科团队攻克医疗难题，目前已经吸引 400

① VentureWell. 2018 year in review[R]. US. VentureWel. 2018：2.
② Boocock, J. G., Frank, R., Warren, L. Technology-based entrepreneurship education-Meeting policy, educational and business objectives[J]. International Journal of Entrepreneurship & Innovation. 2009, 10(1)：43 - 53.
③ VentureWell. Successful grant proposals[EB/OL]. (2018 - 07 - 10)[2018 - 10 - 15]. https://venturewell.org/facultygrants/.

名学生成立了 37 个医疗创新跨学科团队,其中 16 个团队已经创立或运营高科技企业。[①]

VentureWell 的创新创业生态系统建设目的有两个:一是为美国高校的科研人员和大学生从事以科技创新为基础的创业提供保障,二是在创新创业生态系统建设过程中促进美国高校向创业型大学转型。创新创业生态系统建设路径主要是通过联盟建设和开办 STEM 创业教育会议的方式展开。VentureWell 邀请科技创业者、高科技企业、非营利性组织、高校以会员的形式加入联盟,每年定期举办分享创业教育经验、创业经验和促进跨界交流合作的 STEM 创业教育大会。

VentureWell 开展的创业实践项目支持活动。VentureWell 开展的创业师资项目和创新创业生态系统建设活动最终都是为了促进美国高校科研人员和 STEM 专业大学生创办高科技企业。VentureWell 的创业实践项目支持活动包括以下几种:针对 STEM 专业大学生的创业资金支持、创业培训、创业导师指导的"创业团队项目";专门以生物医学专业学生为参加对象的全美生物医学创业竞赛;专门针对大学和政府研究机构科研人员转化其科研成果的"创新军团项目"(I‐Corps[TM] program)[②];与美国政府相关部门合作,面向发展中国家和受援助地区的"科学与技术创新创业计划""X 加速器项目";支持全美高校科研人员和 STEM 专业学生成功创办新创高科技公司的创业融资支持和战略伙伴关系建设项目。[③]

VentureWell 的 STEM 创业教育和创业支持活动受到美国国务院、能源部、国际开发署、美国国家科学基金、美国国家科学院等政府部门,以及莱默森基金会、考夫曼基金会、比尔及梅琳达·盖茨基金会等的资金支持,基金会占据其经费来源的主要部分。与美国基金会的创业支持活动类似,VentureWell 作为非营利性组织在创业教师发展、创新创业生态系统建设和高新技术创业活动方面也发挥了重要的作用。尤其是,VentureWell 的创业师资发展项目注重培养STEM 专业教师对创业教育与 STEM 教育的跨学科整合能力,为 STEM 专业大学生的创新创业教育和创业活动提供了充分的师资保障。

总之,美国非营利型组织的创业支持活动以基金会为主体,同时,大量的协

---

① VentureWell. 2018 Year in review[R]. US,VentureWell,2018:21.

② I‐Corps[TM] program,美国科学基金会主管,VentureWell 的重要合作方。

③ VentureWell. Early-stage innovators[EB/OL].(2018‐05‐20)[2018‐10‐17].https://venturewell.org/early-stage-innovators/.

会和联盟等非营利性组织也发挥了重要的作用。美国创业支持型基金会和协会等非营利性组织在创业研究、创业教育和培训、创业师资培养、创业政策、创业实践项目支持、创新创业生态系统建设等方面发挥了全方位的支持作用。更重要的是,美国创业支持型基金会和协会等非营利性组织为高校创业教育和专业教育的整合奠定了理念、资金、师资、课程与项目开发、文化建设、院校变革等全方位的基础。

2.2 内 部 环 境

美国高等教育的发展充满了创业创新精神。殖民地时期的美国高校借鉴了英国学院的发展理念和发展模式,但是与英国学院以培养牧师和绅士为目的的贵族与宗教特征不同,美国殖民地时期的学院更倾向于是一个知识化、世俗化的智力场所,其宗旨是为全体公民服务的。① 南北战争结束后,美国高等教育又开始借鉴德国研究型大学的发展模式,随着第一所研究型大学约翰·霍普金斯大学的创立,哈佛大学、耶鲁大学、芝加哥大学、宾夕法尼亚大学等紧随其后被一批伟大的校长在保留古典教育精华的同时升级改造为研究型大学。在这一时期,除了研究型大学的发展,美国的高等教育继续保持了创新性和为社会经济服务的独特性,《莫里尔赠地法案》的出台使美国成立了一大批注重为社会经济发展服务的州立大学。

二战后,美国高等教育进入了大众化发展时期,社区学院的创建和大发展满足了普通大众接受高等教育的需求。20 世纪 80 年代后,美国高等教育以市场化为标志又开始了新一轮的变革。尤其是 21 世纪以来,美国高等教育市场化的步伐加速,在政府压力和企业助力下美国高校逐步向创业型大学转型,加快创新转化和促进经济发展已经成为众多高校新的使命,高校内部的运行逻辑逐渐体现出市场化和创业化的特征。新时期美国高等教育也同时面临严峻的考验,日益增长的学费、较低的毕业率和严峻的就业形势引发民众对大学教育价值的质疑。为了消除这些质疑,也为了培养适应创业型经济和创业型社会发展的新型人才,美国高校开始大力发展创业教育,促进创业教育与所有专业教育的整合。

---

① ［美］阿尔特巴赫,等.21 世纪的美国高等教育:社会、政策、经济的挑战［M］.施晓光、蒋凯,译.青岛:中国海洋大学出版社,2007: 32.

创业教育不再局限于商学专业学生,而是成为面向所有专业学生的一种教育形式。美国创业教育也呈现出多元化的发展态势。

2.2.1　美国高校的创业转型

美国高校的创业转型是在高校与政府关系发生根本改变,高校与企业紧密合作背景下发生的。美国高校日益成为某种市场主体,从事市场化的创业型活动。而高校内部的创业型变革又涉及高校的办学使命和目标、组织结构、日常活动、教师评价机制、学生所受的教育、领导力和文化等多个维度的深层变革。

1) 美国高校与政府关系的变革

美国高校与政府的关系变化在高校的经费收入来源方面表现得最为突出。其中,州政府对公立高校的经费支持越来越少,出现了所谓的"高等教育私有化"现象。随着经费的下降,美国州政府对公立高校的管理方式也发生了变化,表现为给予公立高校更大的自主权,如学费设置、人事招聘等方面的权利,同时,逐渐通过绩效的方式考核与评价高校的办学效率。

(1) 经费收入来源的变化。

2014—2015 年,美国公立高校的总收入为 3 471 亿美元,从经费收入来源上看,州政府的经费拨款比例最高,占到 24%,其次依次为学费收入(21.2%)、联邦政府补助金(15%)、投资回报与捐赠(13.3%)、医疗机构的收入(12%)、附属企业的收入(7.7%)和当地政府的补助(6.8%)。[1] 虽然来自州政府的拨款依然占据最高的比例,但与 1985 年州政府经费 43% 的占比相比,已经大大下降,与来自学费的收入几乎持平。投资回报与捐赠、医疗机构与附属企业的收入之和占比达 33%,这说明美国公立高校越来越依赖通过市场化的行为获得经费。

美国私立高校的经费来源更加突出了高校市场化的行为。2014—2015 年,美国私立非营利型高校的总收入为 2 005 亿美元,其中学费的收入占比最高,为 35.1%,紧随其后的是私人捐赠和补助(13.4%),其他的依次为联邦政府补助金(12.1%)、医疗机构的收入(11.9%)、投资回报(10.6%)、附属企业的收入(8.5%)、教育活动的收入(7.4%)和州政府与地方政府的收入(1%)。来自政府的拨款和补助只占到 13% 左右,其他经费来源占到绝大多数。[2]

① Snyder, T. D., de Brey, C., & Dillow, S. A. Digest of education statistics 2016[R]. Washington, DC.: National Center for Education Statistics, 2018.
② Snyder, T. D., de Brey, C., & Dillow, S. A. Digest of education statistics 2016[R]. Washington, DC.: National Center for Education Statistics, 2018.

美国各州之间公立高校州政府划拨经费的下降比例差异很大。与 2008 年相比,2017 年,美国各州公立高校的生均经费拨款下降了 16%(1 448 美元),其中 18 个州的生均经费拨款下降额度达到 20% 以上,有 8 个州下降幅度超过 30%,亚利桑那州的公立高校生均经费拨款下降超过一半(53.8%)。① 美国州政府拨款的下降造成学费上涨、教师裁员(或采用大量兼职教师)、学生服务项目减少等不良后果。因此,美国高校尤其是公立高校,越来越依赖私人资源办学,被要求采取更加市场化的行为以获得办学资源。

(2) 美国政府对高校管理方式的变化。

由于美国私立高校是独立于政府而运营的,所以美国政府对高校管理方式的变化主要表现为州政府对公立高校管理方式的变化。美国州政府对公立高校的管理方式经历了从管控到市场化变革的改变。二战后,美国高等教育开始快速扩张,表现为高校数量和大学生入学人数激增,院校数量从 1959 年的 2 004 所增长到 1969 年的 5 525 所,学生数从 1959 年的 360 万增长到 1969 年的 800 万。为了更好地管理日益膨胀的高等教育体系,在 20 世纪 50 年代至 70 年代,美国大部分州建立了协调和规划全州高等教育体系的协调(或治理)委员会,其中以加利福尼亚州高等教育委员会最为著名。这一时期的高等教育委员会主要的职责是对州内的高校进行制度化的管理和宏观的规划,减少不必要的重叠,明确各高校之间的使命划分,其管理的特征具有明显的集中化和集中管制的特点。②

从 20 世纪 80 年代开始,新自由主义思潮开始在美国经济和社会发展中占据主导地位,在高等教育领域表现为取消管制和给予高校自主权,但付出的代价是州高等教育经费的减少。首先,从 20 世纪 80 年代开始,美国州政府陆续解散了以往的州高等教育委员会。比如,1994 年,新泽西州废除了以往强有力的州高等教育委员会,代之以一个松散且仅起微弱作用的组织,从而赋予高校董事会专业设置、学费设定、院校规划与人事管理等方面的自主权。佛罗里达州(2000 年)、路易斯安那州(2006 年)等也都有类似的举措,科罗拉多州内的高校甚至获得了"州立企业"的地位。③ 并且,在对高校的资助方面,州政府改变了以往以入

---

① Mitchell, M., Leachman, M., Masterson, K. A lost decade in higher education funding[R]. Washington, DC: Center on Budget and Policy Priorities, 2017.

② McGuinness, Aims. State policy leadership for the future: history of state coordination and governance and alternatives for the future[R]. Denver, CO: Education Commission of the States, 2016.

③ Mclendon, M. K., Deaton, R., Hearn, J. C. The enactment of reforms in state governance of higher education: testing the political instability hypothesis[J]. Journal of Higher Education, 2007, 78(6): 645 - 675.

学人数为基础的拨款，改为以办学绩效和办学成果为基础的资助方式。其标准包括：① 结果维度，如毕业率、获得学位的学生数、就业率；② 衡量学习过程的维度，如学生的课程学习、素质测评；③ 教育公平的维度，如低收入群体的学生与少数族裔的学生数量等；④ 高需求专业的完成情况，如 STEM 专业的学习人数等。[1]

美国高校与政府的关系发生了根本的改变。美国州政府更多利用市场的标准来管理高校，给予其更少的经费，却提出了更高的绩效标准，以效率而不是公共利益的达成来评价高校的办学。州政府通过废除具有集中监管性质的高等教育委员会，赋予公立高校更多的自主权。高校则通过提高学费、开办教育培训、争取私人捐赠、创办衍生企业等手段多样化和最大化办学经费。像私立高校一样，美国公立高校逐渐采取了市场化的组织和运营方式，这也是其创业转型的表现之一。

美国高校与政府关系的变革只是高校创业转型的原因之一，高校与企业的深入合作是其创业转型更为重要的促进因素。美国高校通过与企业的全方位合作，深刻地改变了高校的组织和运营方式。促进创新型经济发展已经成为美国高校的核心使命。

2）美国高校与企业的合作

美国高校与企业的合作经历了漫长的历程，与美国的科技与研发政策、经济发展、面临的国际环境紧密相关。

二战之前，美国高校还没有大规模参与基础研究。二战中，美国联邦政府开始投入大量的经费支持高校的基础研究。二战之后，美国两任总统（罗斯福和杜鲁门）的科技顾问范内瓦·布什倡议继续支持美国高校的基础研究，其撰写的报告《科学：无尽的前沿》(Science, the Endless Frontier)成为支持高校基础研究的重要宣言书。这之后，美国高校成为基础研究的大本营，而企业主要负责开发研究(development)，两者的合作较少。因此，自二战之后直到 20 世纪 60 年代，美国高校与企业的合作是偶然发生的，没有专门的制度安排，同时高校自身也由于知识产权等问题在与企业合作时往往采取审慎的态度。但是，到了 20 世纪 70 年代，美国经济进入滞涨时期，再加上美国面临德国、日本等新型经济体在科技领域的挑战以及知识经济的兴起，以往的高校和企业在研发领域的孤立局面

---

① Friedel, J. N., Thornton, Z. M., D'Amico, M. M., et al. Performance-based funding: the national landscape[R]. Education Policy Center, University of Alabama: 2013.

亟待被打破。从 20 世纪 80 年代开始,美国陆续出台了一系列促进国家实验室、大学与产业界紧密合作的法律和政策,其中以 1980 年的《拜杜法案》为标志,其他的法案还包括《史蒂文森-威德勒技术创新法》(1980)、《国家合作研究法案》(1984)、《联邦技术转移法》(1986)、《国家竞争力技术转移法》(1989)等。《拜杜法案》让美国高校保留了由联邦政府资助的研究项目所产生的专利所有权,鼓励大学与企业合作,尽可能商业化大学的研究成果。[①] 自此,美国大学与企业的合作进入深入发展时期,涌现出企业资助大学研究、大学与企业合作研究、大学与企业联盟、大学与企业互换研究信息和人员交流、大学创立衍生公司等一系列大学与企业的合作方式。以企业赞助研究为例,20 世纪 60 年代,美国高校的企业赞助占高校所有研发经费不到 3% 的比例,而到了 1998 年,这一数据上升到 9%,绝对数值增长了 7 倍。[②]

美国政府通过制定一系列的政策和法律,希望大学与企业紧密合作,以促进大学的技术转移,并最终实现增强美国经济竞争力的目的。除了宏观的政策和法律,美国国家科学基金会还成立了大量旨在转化美国大学科研成果的合作研发中心或项目,如科学与技术中心、企业/大学合作研究中心(Industry/University Collaborative Research Centers,简称为 I/UCRC)、工程研究中心、创新团队计划等。

以美国企业/高校合作研究中心(I/CURC)为例,该中心是 1973 年由美国科学基金会设置的促进大学和企业合作的项目,主要目的是通过资助科学家与产业紧密相关的技术研发项目,将研发成果以最快的速度转移至企业,以开发出有利于社会的产品和服务,最终增强美国的经济竞争力,其最大的特征是大学、企业、政府和社会组织的紧密合作,研究项目由企业界和大学研究者共同定义和选择,以共享、互信和双赢为价值观。美国企业高校合作研究中心为参与的企业提供最低成本的研发服务,根据企业即时的需求定义研究项目,为企业提供未来的人才支撑,为与其他企业与政府的合作搭建平台。截至 2015 年,美国国家科学基金会资助成立了 75 个合作研究中心,共计 225 所大学与 876 家企业(或社会组织、相关政府组织)合作,其中 60% 为大企业,20% 为小企业,10% 为联邦政府组织,10% 为地方政府和社会组织。这些校企合作的研究中心成效显著,仅 2015 年一年即在知识产权方面披露了 108 项发明、76 项专利申请(其中 20 项授

① 钟宜兴.各国高等教育经营管理之比较[M].高雄市：鹿文文化,2011：93 - 94.
② Hasselmo，N. McKinnell，H. Working together，creating knowledge the university-industry research collaboration initiative[R]. Business-Higher Education Forum，2001.

权给公司），并创立了 12 家衍生公司。每年 30％参与研究项目的毕业生被参与的企业录用为正式员工。[①]

美国工程研究中心的功能与企业高校合作研究中心类似，通过政府、大学和企业的合作，加快研究成果转化为新产品的速度，但更加注重跨学科创新创业人才的培养，创业文化和创新生态系统的塑造。从 1985 年美国国家科学基金会成立第一个工程研究中心开始，到 2016 年，累计支持了 67 个工程研究中心，每年每个中心的平均资助额度为 360 万美元，每个中心平均吸引的企业为 33 家，共计披露发明 2 305 项，申请专利 790 件，授权给企业的发明为 1 345 件，基于工程研究中心的研究项目开发出 179 本新的工程教育教材，参与工程研究中心项目的学生有 4 644 名获得博士学位。[②] 美国联邦政府促进大学与企业合作，开展的项目最大特征是政府、大学与企业紧密配合，以企业的需求为基础设计合作研发项目，重视以创新为基础的创业活动。

此外，美国地方政府也出台了大量校企合作项目和计划，以促进区域创新生态系统的形成。如佐治亚州于 20 世纪 90 年代成立了佐治亚研究联盟（Georgia Research Alliance），累计投入 6.4 亿美元提高州内大学的研发能力，促进该州大学与企业合作，加速以大学科研成果为基础的衍生公司的创立，截至 2015 年共诞生了 180 家高科技企业。2000 年，加州政府成立了 4 个科学与创新研究院，以促进企业与四所加州大学的合作；采取类似做法的还有纽约、得克萨斯、宾夕法尼亚、马里兰、密歇根等 13 个州。[③] 目前，美国几乎所有州都建立了大学与企业合作研发中心。实际上，除了政府促进大学与企业合作的法律、政策、中心和研究项目外，美国大学与企业合作也是其研究型大学内在运营的一部分，麻省理工学院、斯坦福大学、华盛顿大学等研究型大学，一直将与企业合作并商业化其科研成果，推动区域经济发展作为自身发展战略和使命。

3）美国高校内部的创业型变革

美国高校使命的历史演变。美国高校的使命在不同的时期有不同的表现。通过创新创业活动促进区域经济与社会发展正成为美国高校的新使命。19 世

① National Science Foundation. University Cooperative Research Centers Program[EB/OL].(2017-12-20)[2018-08-13].https：//www.nsf.gov/od/oia/programs/epscor/presentations/IUCRC.pptx.

② Chen，J.，Jackson，D.，et al. Engineering Research Centers（ERC）program overview[EB/OL].(2018-05-21)[2018-08-12].https：//www.nsf.gov/od/oia/programs/epscor/presentations/PI_Meeting_May2018/Misawa_ERC.pdf.

③ Geiger，R. L.，Creso，S. Á. Beyond technology transfer：US state policies to Harness University research for economic development[J]. Minerva A Review of Science Learning & Policy，2005，43(1)：1-21.

纪前,美国高校深受英国教育传统的影响,使命以教学为主,为上层社会培养绅士。19世纪50年代以后,美国高等教育在很短的时间内发生了两次较为显著的变革。第一次是1862年《莫里尔赠地法案》的出台,美国各州获得联邦政府分配的土地,新建或扩建了一批农业与机械工艺类学院,促进了各州经济的发展,这些高校后来被称为"赠地学院"或大学。后来,威斯康星大学又提出了州立大学为全州服务的"威斯康星理念",使大学与社会生产、生活实际紧密联系在一起。第二次是19世纪70年代,以约翰斯·霍普金斯大学的成立为标志,研究正式成为美国大学除教学之外的第二使命。到了20世纪80年代后期,美国高校又出现了一次使命变革。以创业型大学的发展为标志,大学、政府与企业形成紧密的"三螺旋"关系,通过知识转移和技术创新促进区域社会和经济的发展成为美国高校的第三使命。前期威斯康星大学的社会服务理念局限于应用研究和新技术的推广,并未触及大学办学的核心,而最近美国高校通过创新创业活动促进区域经济与社会发展的新使命,促使高校的组织结构、各项制度和日常运行发生根本变化,也就是说美国高校整体要发生创业转型,而不只是以往研究使命的拓展。[①]

美国高校的创业转型包括以下几个方面:① 促进经济发展逐渐成为高校的办学使命之一;② 高校内部出现大量创业型组织;③ 知识商业化和创业活动成为与教学、研究同样重要的活动;④ 教师角色和评价方式发生变化;⑤ 全校层面创业教育与专业教育的整合亟待开展等。以学术研究为基础进行创新创业,继而促进区域经济发展成为美国大学的核心使命。

第一,越来越多美国高校把通过创新创业活动促进区域经济发展作为高校的第三使命(或第四使命)。有学者在2006年对71所美国研究型大学进行了调查研究,发现61%的教师同意把促进区域经济发展纳入美国高校的核心使命,56%的教师认为高校应该积极支持大学教师的学术创业活动,47%的教师认为高校应该积极参与大学研究商业化活动,43%的高校教师认为高校应该鼓励和奖励为区域创业活动提供支持的教师。[②] 这些数据证明,美国研究型大学超过一半的教师对创新创业成为高校的第三使命持积极认同的态度。而2015年对203所"赠地大学"的调查也说明这一点。其中,超过57%的高校设置了专门管理促进区域经济发展和社会服务的办公室,46%的高校把促进区域经济发展和社

---

① Etzkowitz, H., Webster, A., Gebhardt, C., et al. The future of the university and the university of the future: evolution of ivory tower to entrepreneurial paradigm[J]. Research Policy, 2000, 29(2): 313-330.

② Goldstein, H. A. The 'entrepreneurial turn' and regional economic development mission of universities[J]. Annals of Regional Science, 2010, 44(1): 83.

会服务作为高校的核心使命或者核心目标,21%的高校荣获美国公立及赠地大学协会授予的"创新与促进经济繁荣大学"(Innovation and Economic Prosperity University)荣誉称号。[①] 从这些数据可以得出结论,美国绝大多数高校已经把促进区域经济发展和创业活动作为重要的办学使命。此外,美国伊利诺伊州甚至通过立法的形式把促进经济发展纳入伊利诺伊大学系统的办学使命。

第二,美国高校内部设立了大量的创业支持组织。这些组织包括大学与企业的合作研发中心、概念证明中心(Proof of Concept Center)、技术转移办公室、校企合作办公室、创业中心、孵化器、科技园等。这些创业支持组织相互联系,又各有侧重,共同构成了高校的创新创业生态系统。按照知识商业化的一般过程,大学与企业的合作研发中心、概念证明中心偏重前期的应用研究和产品开发;技术转移办公室侧重中间的专利申请、技术授权等;孵化器和科技园侧重后期的公司创立与成长,而创业中心主要是为全校师生提供合适的创业培训和创业教育。它们的根本使命是将大学的学术研究成果商业化,在大学与外部市场、社会之间起到重要的沟通衔接作用。区别于传统的学系学院的中心结构,这些组织多位于大学的外围,其运营的资源也多来自大学外部,因此也更倾向市场化的运营方式。

以美国大学科技园为例,大学科技园的主要功能:促进大学与企业的合作,实现共同发展,双赢互惠;将大学的知识产权商业化;促进新公司的创立和成长;促进区域创新型经济的发展。2012年,美国大学科技园协会对全美91个大学科技园进行了全方位的调查,发现几乎所有的大学科技园(97%)都把支持创新与创业作为其核心的目标,83%的科技园给大学师生和企业提供合作的场所,80%的科技园促进大学知识产权的商业化。这些科技园提供的知识产权商业化服务主要包括提供创业资金支持、给予创业计划协助、营销与销售策略支持、提供技术与市场评估、提供创业教育支持活动等。美国大学科技园运营经费的80%为自身市场化运营所得,其他8%、7%、3%分别来自大学经费支持、联邦政府和地方政府拨款、企业或者基金会捐赠,2%为其他。美国大学科技园对区域经济的发展发挥了重要的作用。比如,普渡大学的科技园系统由遍布全州的四个科技园组成,整个科技园网络容纳了240多家高科技企业,雇佣人数超过4100人。每年科技园为印第安纳州的经济贡献超过13亿美元。[②]

---

① Egeren，L. V. Scanning the engagement landscape[EB/OL].(2015 - 09 - 10)[2018 - 08 - 15].http://www.aplu.org/members/councils/engagement-and-outreach/scanning-the-engagement-landscape.pdf.

② Driving regional innovation and growth：results from the 2012 Survey of North American University Research Park[R]. The Association of University Research Parks，2013.

第三，美国高校技术转移和创业活动的繁盛。美国高校的技术转移和创业活动已经成为高校教师和研究者的常规活动。从美国高校技术转移的整体看，1996—2015 年间，美国高校的技术转移活动对美国国内生产总值的贡献达到 5 910 亿美元，创造就业岗位 430 万个，披露的发明达到 38 万项，申请的专利累计 8 万项，超过 11 000 家大学衍生公司得以创立，70% 的大学发明授权给了新创公司和小公司。自 1980 年《拜杜法案》颁布以来，200 种新药和疫苗是通过大学和企业合作的方式研发出来的。并且，美国高校的技术转移由技术转移办公室的专业人员负责，这些人员于 1974 年成立了美国技术经理人协会，到 2015 年已经有 800 所大学的 3 200 多名专业人员成为该组织的会员。①

从美国高校技术转移的效率来看，美国公立高校和私立高校都具备较高的技术转移能力。2015 年，美国高校技术转移表现最好的十所高校分别为：犹他大学（公立）、哥伦比亚大学（私立）、佛罗里达大学（公立）、杨百翰大学（私立）、斯坦福大学（私立）、宾夕法尼亚大学（私立）、华盛顿大学（公立）、麻省理工学院（私立）、加州理工学院（私立）和卡内基·梅隆大学（私立）。以表现最为突出的犹他大学和哥伦比亚大学为例。犹他大学 2015 年的研究经费为 4.17 亿美元，2012—2015 年间，披露发明 832 项，申请专利 335 项，专利许可收入为 2 118 万美元，每百万美元研究经费产出 13.6 万美元的专利许可收入，创立的衍生公司达到 69 家。哥伦比亚大学 2015 年的研究经费为 8.68 亿美元，是犹他大学的 2 倍多，而其 2012—2015 年间申请的专利为 392 项，授权的发明为 330 项，创立的衍生公司为 74 家，每百万美元研究经费产生 22.3 万美元的授权收入，创立的大学衍生企业 74 家。② 犹他大学和哥伦比亚大学在技术转移和创业领域的杰出表现得益于校内创新创业文化的建立，技术转移办公室高水平、全方位的商业化支持服务，校内跨学科合作研发的各种创新中心的支持，积极支持师生创业的各类创业项目、资金和孵化服务，与企业在研发、创业活动和人才培养诸多领域的积极合作，教师评价机制的变革等。

第四，美国高校教师评价机制的转变。美国高校教师的职称评定与晋升长期以研究和教学的表现为主要评价依据，兼顾社会服务，但如今越来越多的高校正在把教师的学术创业活动考虑在内。大多数的美国高校把教师的创业活动认

① Association of University Technology Managers. Driving the innovation economy academic technology transfer in numbers[EB/OL].（2017 - 12 - 12）[2018 - 08 - 18]. http://autmfoundation.com/wp-content/uploads/2017/12/120817-TechTransfLifecyc_pdf.pdf.
② DeVol，R.，Lee，J.，Ratnatunga，M. Concept to commercialization the best universities for technology transfer[R]. The Milken Institute，2017.

定为研究的一种类别，也有高校把教师的创业活动作为独立部分。比如，亚利桑那大学的职称评定把教师的学术创业作为研究的一种类别。该校教师的晋升和职称评定有这样的规定：既认可在同行评审出版物上发表的原创性研究成果，也认可与企业或者社区紧密合作的具备整合性和应用性的研究活动，这样的研究成果包括转化性质的研究、商业化的活动和专利。而弗吉尼亚理工大学在其教师晋升和职称评定的标准中单独列出了教师的经济贡献和创业活动标准：创立企业，或荣获小企业创新研究奖等荣誉；促进研究商业化的活动；软件、专利和发明在内的知识产权。把创办企业，以及专利、发明、原创性的设计和产品、软件等学术创业活动纳入教师职务晋升和职称评定的美国高校还包括俄亥俄州立大学、北达科他州立大学、亚利桑那州立大学、马里兰大学、得克萨斯 A&M 大学等。除此之外，密歇根大学音乐学院作为院级单位在教师的晋升和职称评定中也认可教师的学术创业活动，包括创办符合学校使命的公司、创造出新的产品或者服务、与校技术转移办公室合作申请专利或授权发明、教授相关的创业课程或实践活动、解决复杂的社会问题等。①

　　第五，全校层面创业教育与专业教育的整合。美国高校的创业转型也包括促进创业教育与专业教育的整合，为全校所有专业学生提供合适的创业教育。创业教育不再局限于传统的商学学科，也包括工程、艺术、人文与社会、医疗、环境等各个学科专业与创业教育的内在整合。所有学科的教师积极参与创业课程的设计和教学。在组织结构上，一般由全校层面的创业中心或学院内部多个创业中心负责创业课程、创业讲座、创业竞赛、创业实习、创业项目等创业学习活动，同时，与校外企业和创业者的联系网络也逐步建立起来。

　　美国高校创业型变革是在政府资助高校的经营锐减，高校与企业紧密合作的背景下发生的，表现为通过创新创业活动促进区域经济发展成为高校的办学使命，技术转移办公室、孵化器、科技园等高校创业型组织的成功运营，教师评价机制的变革，董事会、校长、院长等领导层对创新创业活动的大力支持，院校层面创新创业文化的形成与塑造，全校层面创业教育与专业教育的内在整合等方面。而美国高校创业转型的另一重要原因是高校文凭的日益贬值以及各个专业学生创业意愿与热情的高涨。

---

① Sanberg, P. R., Gharib, M., Harker, P. T., et al. Changing the academic culture: valuing patents and commercialization toward tenure and career advancement [J]. Proceedings of the National Academy of Sciences of the United States of America, 2014, 111(18): 6542 - 6547.

2.2.2 文凭贬值助推大学生创业意愿高涨

1）美国高校收费高涨

美国社会越来越多的年轻人把上大学作为实现社会流动和个人价值的重要途径，无论国家还是个人都把高等教育作为重要的投资。但是从 20 世纪 80 年代末期美国接受高等教育的费用就开始持续增长，占美国家庭可支配收入的比重越来越大，美国大学生的负债额度也越来越高。

如图 2.7 所示，在过去的 30 年里，各类高校的学费持续上涨，私立四年制高校的学费从 1987—1988 学年的 15 160 美元上升到 2017—2018 年的 34 740 美元，增长了约 129%。公立四年制高校的学费从 3 190 美元上升到 9 970 美元，30 年增长了 213%。公立两年制高校的学费从 1 590 美元增长到 3 570 美元，30 年增长了 125%。2008—2018 年间，私立四年制高校、公立四年制高校和公立两年制高校的费用每年的增长率分别为 2.4%、3.3% 和 2.8%。[①] 公立四年制高校的学费上涨的速度最快，公立高校越来越依赖学费办学，出现了公立高校的市场化现象。

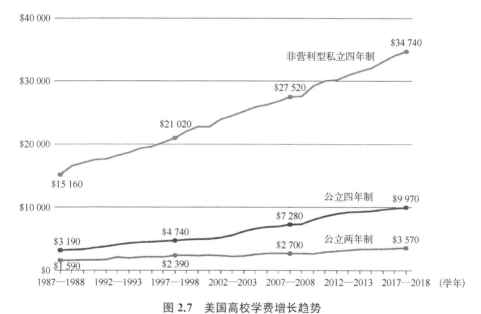

图 2.7　美国高校学费增长趋势

资料来源：Ma, J., Baum, S., Pender, M., et al. Trends in college pricing 2016[R]. New York：The College Board, 2016：14.

---

① Ma, J., Baum, S., Pender, M., Welch, M. Trends in college pricing 2016[R]. New York：The College Board, 2016：14.

美国高校费用飞涨的原因非常复杂,主要包括美国适龄人口接受高等教育需求的增加导致进入高校学生数量的快速增长,美国金融危机以来政府对高校投入的下降,大学为保持竞争力竞相进行各种设备设施的更新和改造所导致的成本上升(高校之间为维持高声誉而进行的"军备竞赛"),高校管理人员费用的高涨,学生贷款的易获得性等。

美国高等教育学费上涨造成大学生在进入劳动力市场之前就背负了巨额的外债。2017 年,美国大学生所背负的外债共计达到了 1.4 万亿美元,占据所有美国社会债务(除去住房债务)的 35%,并且这一数字预计还会继续增长。美国大学生负债的中位数为 41 200 美元,其中负债超过 10 万美元的超过 17%,负债在 3 万~10 万美元的占 47%,3 万美元以下的占 36%。四年制大学 79% 的学生负债,公立高校学生负债比例达到 68%。美国大学生高额的债务影响了学生的就业决定(如 30% 的学生为了还贷而在非所学领域就业)、影响学生继续求学深造的决定(64% 的学生受到影响)以及影响学生从事创业活动(40% 的学生受到影响)。[1]

大学学费的飞速增长意味着美国家庭和大学生接受高等教育所需承担的成本增加,也意味着回报周期的拉长。如果可以顺利毕业并能找到相对高收入的工作,那么对大学教育的投资是值得的。但美国高校相对低的毕业率和劳动力市场较高的失业率使传统的大学教育回报面临严峻的考验。

2) 美国高校大学生的低毕业率和高失业率

与我国高校毕业率相比,美国高校的毕业率很低。据美国学生信息研究中心 2017 年的调查[2],美国所有类型高校六年内的毕业率仅为 56.9%,中途未转学在同一所高校毕业的比例仅占 45.4%。在所有类型的高校中,私立四年制非营利型高校的六年毕业率为 76%,公立四年制高校的六年毕业率紧随其后为 64.7%,公立两年制高校的六年毕业率仅为 37.5%,而私立四年制营利利高校的六年毕业率只有 35.3%。

导致美国高校低毕业率的原因并不能完全用"宽进严出"来概括。例如其精英型私立学校虽然"严进严出",但毕业率仍然很高。究其原因,两年制高校的开放性入学政策导致了较低的毕业率,另外,学生的毕业率也与学生的注册类型、

① American Student Assistance. Student loan debt and housing report 2017[R]. American Student Assistance,2017.
② Shapiro, D., Dunbar, A., Huie, F., et al. Completing college: a national view of student completion rates-fall 2011 cohort[R]. Herndon, VA: National Student Clearinghouse Research Center, 2017.

种族等因素紧密相关。美国高校的低毕业率使得家庭对高等教育的投资多了一层风险,获得大学文凭不是一个必然事件,对于特定类型的高校和特定族群是一个偶然事件,这意味着获得大学文凭变得极度不确定。

除了较低的毕业率,美国高校毕业生还面临较高失业率和不充分就业①率这一挑战。获得大学文凭只是进入劳动力市场的门槛,而就业才是检验大学文凭价值的重要标准。美国金融危机以来,美国大学生就业形势急转直下,和我国大学生一样面临严峻的考验。

首先,1969—2016年,美国年轻人(25岁以下)的失业率是所有美国人失业率的2倍左右。以2009年10月的数据为例,美国年轻人的失业率是19.1%,而相应的美国人总体失业率是10.0%。其次,美国大学生的失业率虽然比高中毕业生的失业率要低得多,但相对来说也比较高。经济危机前的2007年,美国大学生的失业率为5.5%,2011年上升到9.9%,到2016年就业情况有所改善,失业率为5.6%。再次,比起就业率,美国大学生的不充分就业率更高。美国大学生的不充分就业率增长速度较快,2007年27岁以下大学毕业生的不充分就业率为41.8%,而2016年这一数据已经上升到44.6%。近一半的大学毕业生未实现充分就业,学非所用。美国传统专业类的工作,如机械工程师、电气工程师等的比例正在下降,许多大学毕业生从事的是酒保、食品服务员或出纳员等低工资、专业性较弱的工作。最后,美国大学生工作岗位的福利保障水平在下降。1990—2015年间,只有大约三分之一的用人单位为美国大学毕业生缴纳养老保险。②

另外,不同专业大学生的失业率和不充分就业率之间差异巨大。比如,2010—2012年间,文科专业的失业率为9%,不充分就业率高达55%。社会科学等专业状况稍好一些,但失业率和不充分就业率也分别有8%和47%。工程学专业的就业率最高,失业率和不充分就业率为6%和22%。文科、社会科学、商学、传媒等专业的不充分就业率都在50%以上。③

总之,美国大学毕业生的就业质量并不高,虽然失业率有所降低,但不充分就业率一直居高不下,已经接近50%。传统意义上工资高、福利好的专业工作正在减少,职业的稳定性和保障性越来越差。美国大学毕业生面临就业质量较

---

① 不充分就业(underemployment),指有就业愿望和能力的劳动年龄段人群不能充分得到有报酬的、自由选择的、生产性就业的就业水平。这里指就业岗位不需要大学文凭或未按专长就业。

② Kroeger, T., Cooke, T. & Gould, E. The class of 2016: the labor market is still far from ideal for young graduates[R]. Washington, DC: Economic Policy Institute, 2016.

③ Jones, J., Schmitt, J. A college degree is no guarantee[R]. Washington, DC: Center for Economic and Policy Research, 2014.

低、停滞不前的工资和日益下降的福利保障水平等窘境，再加上美国大学较低的毕业率和较高的学费成本，这些都导致了大学文凭的日益贬值以及价值的相对下降。

3) 美国年轻人创业意愿的高涨

美国作为一个创业者的国度，长期以来形成了浓厚的创业文化。2016 年《全球创业观察》的数据①显示，美国社会的创业态度比其他 26 个创新经济体要积极。在所调查的 18—64 岁美国人中，57％感知到创业机会(perceived opportunities)，其中感知到创业机会但害怕失败的比例占到 33％，认为自身具备创业能力的人占到 55％，媒体对创业的关注度占 72％，认为社会给予创业者较高的社会地位和创业是好的职业选择的人群比例分别为 74％和 64％。害怕失败的比例比其他 26 个创新经济体低 7％，创业机会感知、创业能力感知、媒体关注度、创业者地位认可和创业职业选择分别比其他 26 个创新经济体高 16％、12％、10％、5％、7％。

从以上数据可以看出，美国人比其他国家的人群更容易感知创业机会，更不惧怕创业失败，也更相信自身具备创业的能力，媒体和社会对创业的认可度也更高。因此，从整体上讲，美国的创业文化氛围比其他国家浓厚，这为年轻人创业意愿的高涨提供了良好的环境和氛围。

大学受教育成本的提高，大学毕业难以及就业市场不稳定，造成大学文凭的相对贬值，这对美国千禧一代(Millennials)②的创业意愿提升产生了反向的促进作用。美国小企业发展中心 2017 年 5 月的调查发现，出生于 1980 年代和 1990年代的千禧一代中，61％的人认为创办企业比为别人工作更加具有职业安全感；62％的年轻人心中有计划实施的创业点子；接近一半的(49％)年轻人在未来三年内有创业的意愿；超过一半(54％)的年轻人认为如果已经具备创业的资源和工具，他们会在 6 个月内辞职去创业。③

创业意愿在美国年轻人中是普遍存在的，传统固定职业在社会中的核心位置正在慢慢瓦解。因此，相应的，美国大学教育也正在转变方向，不仅要依据不同的专业培养适应社会不同职业要求的毕业生，还要面向所有专业学生提供适

---

① Kelley，D. J.，Ali，A.，et al. Global entrepreneurship monitor United States Report 2016[R]. Babson Park，MA：Babson College，2017.
② 千禧一代是指出生于 20 世纪 80—90 年代的一代人。他们注重自我表达和自由，容易接受新的观点和生活方式。他们所处的社会被全球化和高度发达的技术所改变，以至于他们甚至没有认识到过去社会的状况。
③ America's Small Business Development Centers. America's voice on small business[R]. 2017.

合的创业教育,培养适应美国新型经济发展的创新创业型人才。因而,美国高校的创业教育也呈现出多元化发展的态势。

2.2.3 美国高校创业教育的多元化发展

2.2.3.1 多范畴视角下的创业教育

1) 经济范畴下的创业教育

美国高校的创业教育是从商学院发展起来的,最早可以追溯至 1947 年哈佛大学商学院的迈尔斯·梅斯教授为 MBA 学生开设的选修课程"新创企业管理"。[①] 发展到 20 世纪 70 年代,美国高校的创业教育依然是小企业管理的一部分,被等同于小企业管理教育。到了 20 世纪 80 年代,越来越多的美国学者开始区分小企业管理和创业,创业被认为是独立创立企业,并且以财富增长为导向。随着创业教育的学科化,创业教育越来越集中关注创业过程的起始阶段,即企业创立阶段。但与此同时,创业研究领域的学者认为,创业不仅仅是独立创办新的企业,企业内部也可以从事创业活动,比如新业务的拓展、新产品的开发和企业的战略转型等。[②] 企业创业(corporate entrepreneurship)或内创业(intrapreneurship)也逐渐成为研究者重要研究主题。

美国学者斯科特·W.孔克尔(Scott W. Kunkel)对经济范畴视角下的创业活动进行了详细的分类,他把创业活动分为企业内创业活动和独立型创业活动两大类。企业内创业活动又包括价值观与规范变革、组织结构变革、企业内新企业的创立、战略转型与新产品(新业务)开发。独立型创业活动包括市场需求导向的独立创业活动、技术导向的独立创业活动、收入替代型创业活动、收入补充型创业活动与生活方式型创业活动。[③]

也有学者从创业者的特点、创业活动的类型、创业的结果等把创业者分为管理型创业者和独立型创业者,生存型创业者和机会型创业者,独立的手艺人、风险导向的创业者、家族导向的创业者与管理型创业者。[④] 美国著名创业学者卡尔·维斯珀(Karl Vesper)把创业者分为 11 类:规模经济的利用者、资本聚集

---

① Katz, J. A. The chronology and intellectual trajectory of American entrepreneurship education: 1876—1999[J]. Journal of Business Venturing, 2003, 18(2): 283 - 300.

② Guth, W., Ginsberg, A. Guest editor's introduction[J]. Strategic Management Journal, 1990, 11: 5 - 15.

③ Kunkel, S. W. Toward a typology of entrepreneurial activities[J]. Academy of Entrepreneurship Journal, 2001, 7(1): 1 - 25.

④ Lafuente, A., Salas, V. Types of entrepreneurs and firms: The case of new Spanish firms[J]. Strategic Management Journal, 1989, 10(1): 17 - 30.

者、收购者、独立艺术家、企业(产业)联盟缔造者、投机者、自我雇佣型的个人、团队创立者、独立的创新者、已有模式的升级者、价值的操纵者等。[①]

从创业的过程看,创业不仅包括创立新的企业,也包括对新创企业的管理活动,还包括企业或组织内部的创业(内创业)。从创业的不同类型看,创业包括自我雇佣式创业、家族企业的继承与经营管理、市场需求导向型企业的创立与运营、高新技术型企业的创立与运营等。这些都是从经济的视角来看创业活动,重视创业的经济价值。另一方面,使从经济价值的视角看,创业活动也不是一维的。美国高校的创业教育包括了所有这些创业活动的类型,以尽可能满足不同类型学生的创业学习需求。企业创业(内创业)、创业管理、家族企业的经营管理等都是美国高校创业教育的组成部分,而自我雇佣式创业成为面向所有专业学生的重要的创业教育发展理念。

2) 社会范畴下的创业教育

如果说经济范畴下的创业教育重视企业的创立与运营,那么社会创业教育则侧重通过创业的手段来解决社会问题,推动社会发展的目的。在 20 世纪 90 年代,社会创业(social entrepreneurship)只是被少数理论家和希望变革社会的理想家所熟知。发展到现在,社会创业已成为全美的社会运动,社会创业教育也几乎扎根于所有的美国高校。[②]

社会创业的内涵。美国学术界对社会创业的定义有很多,表 2.11 列出了学者对社会创业者和社会创业所界定的几种较为流行的定义。

表 2.11　美国学者关于社会创业的定义

来　源	定　　义	核 心 特 点
Bomstein (1998)	社会创业者是具有新观点的社会开拓者;他们能够将远大的愿景和解决现实问题的创新相结合,同时有很强的伦理道德考量和变革社会的抱负	以社会变革为使命;坚持不懈
Thompson 等 (2000)	社会创业者是能够意识到存在国家福利系统不能满足的社会需求,并能够聚集必要的资源(志愿者、金钱与房屋等),最终使用这些资源满足社会需求和变革社会的人	充满感情的;社会价值的创造者

① Vesper, K. H. New venture strategies[M]. Englewood Cliffs, N. J.: Prentice Hall, 1980.
② Thorp, H., Goldste, B. Engines of innovation: the entrepreneurial university in the twenty-first century[M]. Chapel Hill, North Carolina: University of North Carolina Press, 2010: 53.

续　表

来　源	定　义	核 心 特 点
Dees 等 (1998)	社会创业者在社会领域承担着社会创变者的角色：承担创造和维持某种社会价值的使命；发现和持续追求新的机会以实现使命；参与到持续创新、不断适应和学习的过程；在手头资源有限的状况下大胆采取行动；对产生的效果和所服务的对象展现高度的责任感	创变者；高度负责的；献身的；对社会敏感的
Brinckerhoff (2009)	社会创业者是通过创办社会组织服务他人的代表，他们承担合理的风险	意见领导者
Leadbeater (1997)	社会创业者是具备创业、创新和变革能力的人；他们也是领导者、讲故事者、人员管理者、有远见的机会主义者和联盟的建设者；他们识别出某种社会问题，并组织、创造和运营能够促进社会变革的组织	经理人；领导者
Zahara 等 (2008)	社会创业包括以下活动和过程：通过创立新的组织或者利用创新的方式管理现有的组织机构，以发现、定义和利用机会，增加社会福祉	创新者；主动变革者；机会敏感者
Ashoka (2012)	社会创业者是能够利用创新的方法解决最紧迫的社会问题的人；他们是梦想家，更是实干家，始终考虑的是如何具体实现他们的愿景	富有远见的；有承诺的

资料来源：Abusaifan, S. Social entrepreneurship: Definition and boundaries [J]. Technology Innovation Management Review，2012，42(3)：22-27.

　　从众多对社会创业者的定义中我们可以总结出社会创业是以解决(贫困、弱势群体的教育、医疗与住房问题等)社会问题，以增加社会福祉为目的的创业活动；社会创业者除具备一般创业者所具有的发现和利用机会、整合资源、创新等能力外，还要具备发现社会问题的敏锐，高使命感，解决社会问题和满足社会需求的能力。社会创业者既可以通过创立非营利型组织机构的方式，也可以创立营利性的组织机构，但所创立的组织都具有解决社会问题以及为社会弱势群体提供相应服务的使命和责任。

　　美国的社会创业活动影响了高校社会创业教育的发展。美国高校社会创业教育课程起源于 20 世纪 80 年代末哈佛大学格雷格·迪斯教授在创业管理课程中开展的社会创业案例教学实验。1993 年在慈善家约翰·怀特海的支持下，格雷格·迪斯教授联合哈佛大学商学院另外两名教授开设了第一门正式的社会创业教育课程"社会领域的创业"(Entrepreneurship in the Social Sector)。发展到 2006 年,美国 238 所高校开设了共计 426 个社会创业教育项目。[①] 美国社会创业教育也从商学院广泛扩展到公共管理学院、教育学院、社会工作学院(学系)、工程学院等。社会创业的理念甚至成为美国部分研究型大学连接各个学院、学系和学科的共同智力框架,使更多学科的教师和学生参与到利用知识解决社会问题的社会创业学习和社会创业活动中来。美国高校的社会创业教育的发展也为创业教育与专业教育的整合提供了新的方向。

　　3) 政治、文化与环境范畴下的创业教育

　　创业作为创新、创造以及创立新组织的过程和活动,不仅适用于市场、公司、社会服务等经济领域和社会领域,也适用于政府、文化与环境各领域。政治领域的创业被称为公共创业(public entrepreneurship)、文化领域的创业被称为文化创业或文化艺术创业,环境领域的创业被称为环境创业、绿色创业或者可持续创业。

　　政治范畴下的创业教育。公共创业虽然与社会创业有所交叉,两者的目的都是为了公共利益,但是公共创业的主体主要是政治家、政府部门的领导者和公务员、公共活动家。公共创业的主要内容如下:在制度方面制定新的游戏规则(如新的法律、管理程序以及非正式的规则等),设置新的更高效的政府机构或者非营利性组织,创新管理公共资源和管理公私互动关系的新方式,制定区域经济和社会发展的新政策,确立新的社会规范和价值等。[②] 美国许多高校的公共管理专业已经设置了公共创业的选修课程,部分商学院(如哈佛大学商学院)的MBA 课程也开始提供公共创业的选修课程。

　　文化范畴下的创业教育。2015 年,美国文化与艺术产品价值达到 7 636 亿美元,自 1998 年以来,美国文化与艺术领域对 GDP 增长的贡献率增长了 40%;文化与艺术领域的从业者自我雇佣的比例是其他领域的 3.5 倍。[③] 美国创意经济的兴起是文化与艺术创业发展的重要背景。与其他领域的创业相比,文化与艺术创业更多是通过创业的方式解决艺术与文化领域的资金问题和可持续发展问题。比如,艺术与文化组织通过内创业的方式维持组织的可持续运营;培养艺

[①] 倪好.美国高校社会创业教育研究——基于创业教育三分法的视角[D].杭州:浙江大学,2018.

[②] Klein, P. G., Mahoney, J. T., Mcgahan, A. M., et al. Toward a theory of public entrepreneurship [J]. European Management Review, 2010, 7(1): 1-15.

[③] National Assembly of State Arts Agencies. Facts & figures on the creative economy[EB/OL]. (2018-03-10)[2018-08-20]. https://nasaa-arts.org/nasaa _ research/facts-figures-on-the-creative-economy/.

术家的适应能力和商业能力,促使艺术家创造经济价值、文化价值和社会价值兼具的艺术品,提高艺术家的生存能力。[①] 美国高校艺术创业教育侧重培养艺术专业学生的职业自我管理能力、自我雇佣的能力和创立艺术相关组织或艺术企业的能力等。美国高校的艺术创业教育项目已经非常普及,无论是小型的艺术与设计学院、文理学院,还是地方性的社区学院、大型的研究型大学都提供艺术创业的研究生与本科专业、辅修与证书课程等。

环境范畴下的创业教育。环境创业或可持续创业、绿色创业、生态创业是指通过创业的方式解决人类环境恶化问题,达到可持续发展的目标。环境创业主要是为了解决与环境相关的市场问题,及时发现、评价和利用环境领域的创业机会,创造和收获经济价值、生态价值和社会价值等。环境创业的方式是多种多样的,与政治创业、社会创业有所交叉,包括环境领域的政治创业(如制定保护环境的新法律和政策、建立碳排放交易所);普及消费者和民众环保意识的社会创业;环境领域的经济创业,如发现降低污染的生产方法、产品而创立的企业等。[②] 环境创业和可持续创业已经成为美国高校创业教育发展的重要趋势,这主要表现为在创业教育的过程中广泛渗透保护环境和可持续发展的理念。设置环境创业的相关课程已经成为环境管理专业、能源相关专业、生物化学相关专业等重要发展方向。

创业已经渗透到美国的经济、社会、政治、文化、环境、教育等各个领域。创业教育也要满足各个领域对创业人才的培养需求。高校创业教育要与不同专业教育相整合,通过渗入高校已有的专业课程或设置跨学科创业课程的方式,培养未来各个领域的创新创业者。

2.2.3.2 多学科视角下的创业教育

无论是经济范畴下的创业教育,还是其他范畴下的创业教育,如社会创业教育、公共创业教育、艺术创业教育与环境创业教育等,都是创业教育与高校已有学科专业良性互动的结果。创业教育的发展过程就是与不同学科专业相互碰撞与交流的过程。

商学与管理学学科是创业教育的母学科。创业从狭义上讲就是创立企业。因此,创业教育从狭义上讲就是教学生如何创立企业。创业学是从商学和管理学科中逐渐独立出来的,商学和管理学是创业教育的母体。因此,商学和管理学科是

---

① Kuhlke,O.,Schramme,A.,Kooyman,R. Creating cultural capital: cultural entrepreneurship in theory, pedagogy and practice[M]. Netherlands: Eburon Academic Publishers,2015: 80 – 89.

② Dean,T. J.,Mcmullen,J. S. Toward a theory of sustainable entrepreneurship: reducing environmental degradation through entrepreneurial action[J]. Journal of Business Venturing,2007,22(1): 50 – 76.

创业学习的基础。隶属商学和管理学的市场营销、会计、金融、企业管理等专业课程的创业化是美国高校创业教育发展的第一步。美国高校的商学院一方面把创业的内容整合到传统商学和管理学专业之中,设置创业营销、创业金融、创业管理等课程,为所有商学院的学生提供创业教育课程,可以称之为商学课程的创业化。另一方面,美国高校商学院大多都成立了创业中心专门研究创业,以提高创业研究的科学化水平,发展成熟的高校已经依托商学院成立了独立的创业学系或创业学院,可以称为创业研究和教育的专门化学科化。因此,美国高校商学或管理学的创业化以及创业学科的学科化发展为创业教育提供了源源不断的新知识和新技能。

经济学、心理学、社会学、政治学、人类学等社会学科也是美国高校创业教育发展的重要知识来源,可以称之为创业教育的"父学科"。经济学和社会学等为美国高校创业学最初的建立提供了基本理论和分析框架。比如,著名经济学家约瑟夫·熊彼特提出的创业经济学理论。他认为企业家(创业者)是推动经济发展的主要动力,创业的本质是企业家的创新活动和创造性的破坏,他提出的创新的五种形式等为创业学最初的发展奠定了基础。心理学、人类学等学科把创业作为一个新的分支领域进行研究。例如,心理学家戴维·麦克莱兰(David McClelland)提出的创业者的成就动机论以及心理学界对创业意图、创业动机、创业决策等创业者心理活动的研究也加深了人们对创业的认识。雅姆·菲特(James Fiet)教授总结了影响创业研究的著名理论,包括经济学、政治学、社会学、心理学中的代理人理论、交易成本理论、程序正义理论、权力理论、资源为基础的理论、社会网络(资本)理论、成就动机理论等。[①] 因此,社会科学是美国高校创业教育发展的重要理论来源和知识基础。

工程学科、计算机学科、医学、护理学、农学等应用学科拓展了创业教育的范围,创业教育为这些应用学科提供了实践应用的新机会。这些应用学科被称为转化型学科(translational disciplines)。这些学科横跨学术世界和外部世界,试图利用学术知识解决现实世界的问题,由其所服务的消费者、客户、病人等最终决定成功与否。转化型学科的教师经常与该领域的实践者相互合作(或者其本身就是卓越的实践者),并重视让学生通过体验学习和实习等方式应用和实践所学的知识与技能。[②] 以工程学科为例,与自然学科重视发现新知相比,工程学科

---

① Fiet, J. O. The theoretical side of teaching entrepreneurship[J]. Journal of Business Venturing, 2004, 16(1): 1 - 24.

② Thorp, H., Buck, G. Engines of innovation: the entrepreneurial university in the twenty-first century [M]. Chapel Hill, North Carolina: University of North Carolina Press, 2010: 40 - 41.

以解决现实世界的问题为核心。美国高校工程学科的教师和研究者与企业界的合作日益紧密,逐渐成为高校技术转移和创立企业的核心力量和其专业发展的核心构成。此外,美国高校工程专业的学生是创新创造创业的主力军,广泛接受创业教育。创业教育、创业实践活动与传统工程教育和工程实践活动相互补充,相互融合与渗透,有利于进一步培养工程专业学生发现问题、定位客户需求、设计与创造新产品、推广新产品等各项能力。从专业学习的一开始就重视学生创新创业能力的培养已成为应用学科专业教育的重要发展趋势。创业教育和创业实践活动为应用学科提供了将知识转化为满足客户需求的产品和服务的机会。此外,自然学科如物理学、化学、生物学等也是如此。虽然自然科学以发现新知识为核心任务,但是创业教育和创业实践活动也为自然学科应用这些理论知识提供了新途径。

文理学科(教育)与创业教育也是相互补充和相互促进的关系。美国高校的文理学科是文理教育(liberal education,也译作自由教育、博雅教育等)的基础。文理教育(自由教育)重视培养学生的批判性思维、跨学科整合能力、战略思维等能力,重视学生性格的塑造和美德的培养,尤其注重通过大量的服务学习和社会参与项目培养学生的公民领导力和社会责任感。这本身就有利于创业思维和创业能力的培养。此外,创业教育与文理教育的整合可以产生更好的教育效果。实际上,文理教育以培养负责任的社会公民为使命,与社会创业教育的联系更加紧密。[①] 美国鲍德温华莱士学院、希拉姆学院、奥柏林学院、伊利湖学院、伍斯特学院、明德学院等文理学院也陆续为文理专业的大学生提供相应的社会创业教育。

总之,所有学科都需要创业思维和创业行动,无论是商学、管理学、社会学、法律、公共政策,还是医学、农业、工程、文理学科。一方面,各个学科会独立地与创业教育产生碰撞。另一方面,创业教育也为所有学科专业师生之间的跨学科合作和交流提供了平台。不同学科背景和思维方式的学生围绕创业课程和创业项目相互合作有利于达到创业教育的最佳效果。多学科、跨学科的创业教育正成为美国高校创业教育的重要发展趋势。

2.2.3.3　多价值视角下的创业教育

美国高校创业教育兴起于新自由主义思潮兴盛的 20 世纪 80 年代,并且,美

---

① Hines, S. M. The practical side of liberal education: an overview of liberal education and entrepreneurshipp[J]. Peer Review, 2005, 7: 4 - 7.

国高校创业教育最初的知识来源是商学、管理学等追求利润最大化的学科。因此,传统意义上,美国高校的创业教育培养创立企业的自主创业者,以追求利润最大化为目的。但是,随着社会创业教育、公共创业教育、文化创业教育和环境创业教育的发展,美国高校的创业教育越来越重视社会价值、公共价值、文化价值和生态价值等诸多新的价值。如今美国高校创业教育的价值观是多元化而非一元化的。

　　创业教育价值观的多元化标志着新创业教育模式的诞生,新旧创业教育的区别具体见表 2.12。新的创业教育模式更注重创业价值的多元性,更注重承担社会责任和伦理责任,重视创业过程和结果的可持续发展,其对象也具有全纳性。

表 2.12　美国高校新旧创业教育比较

旧创业教育的特征	新创业教育的特征
个人主义	在社会情境下兼顾个人领导与团队领导
新自由主义式的资本主义,不顾资源状况、忽视伦理和不计后果地追求创业机会	追求多种价值,经济价值、创造价值、社会价值和生态价值的创业机会
商业驱动的:短期的经济利润、快速增长与售出	集体主义和全纳的;伦理上负责任的
仅仅以利润最大化的方式衡量价值	经济和环境上都要可持续发展
剥削和浪费资源	对资源的管理、保护和再利用很敏感
吹捧排他式的企业家榜样	追求长期的可持续增长
以男性特质为核心如侵略性、权力与冲突	注重女性价值:关系、合作和直觉的能力,与男性的竞争力相互补
以债务为推动力	以大众创业和资源化为动力

资料来源: Rae, D. Universities and enterprise education: responding to the challenges of the new era[J]. Journal of Small Business and Enterprise Development,2010,17(4): 591 - 606.

　　此外,美国高校创业教育的多学科化发展如工程创业、艺术创业、医疗创业、教育创业与体育创业等也赋予了创业教育不同的价值。工程创业教育更加注重创业教育的创新价值,艺术创业教育以艺术和文化价值为核心,医疗创业、教育创业与体育创业等追求人的身体健康和精神发展价值。因此,美国高校创业教育的多学科发展促进了创业教育价值观的多元化发展。

从以上的研究中可以发现,创业教育与专业教育的整合是美国高校创业转型的内在表现之一。反过来,美国高校的创业转型也为创业教育与专业教育的整合提供了可能性和充足的条件。美国大学文凭的不断贬值激发了各学科专业学生的创新创业意愿,推动了创业教育需求的高涨。这为美国高校创业教育的多元化发展提供了充足的动力。美国高校创业教育的多元化发展表现在经济、社会、文化、政治、环境等各个领域,也表现为与多个学科的碰撞与交叉,最终体现为价值的多元。这既是创业教育与专业教育整合发展的结果,也是两者整合的重要推动力。

2.3　发　展　脉　络

美国高校创业教育与专业教育的整合在不同时期是有不同的特点,深深根植于各个时期的社会经济发展状况,与创业学学科的产生与发展紧密相连。此外,也离不开美国社会的各组织,尤其是众多基金会的大力支持和推动。从发展顺序上看,先是创业教育逐步发展为一个独立的学习和研究领域,在创业学确定自身学科边界的同时,创业教育开始与专业教育进行整合。随着创业教育发展成为一个成熟的领域,创业教育也逐步大规模地与专业教育进行深入整合。创业教育与专业教育整合的前提是创业教育发展为一个独立的领域。整合是创业教育进一步深化发展的必由之路。

2.3.1　美国高校创业教育的萌芽与初步发展

1) 美国高校创业教育的发端(20 世纪 40 年代末—60 年代末)

美国高校创业教育可以追溯至 1947 年 2 月。当时,哈佛大学商学院迈尔斯·梅斯教授为 MBA 学生开设了一门名为"新创企业管理"的课程,吸引了 188 名学生参与其中。[①] 几乎同一时期,哈佛大学学者开始对创业进行专门的研究。20 世纪 40 年代,在奥地利经济学家熊彼特创新理论的影响下,哈佛大学的经济

---

① Katz, J. A. The chronology and intellectual trajectory of American entrepreneurship education: 1876—1999 [J]. Journal of Business Venturing, 2003, 18(2): 283 - 300.

学学者开始从经济史的视角出发来研究不同时期创业者对社会经济发展与变革的决定性作用。1948 年,哈佛大学经济史教授阿瑟·科尔(Arthur Cole)和经济学家熊彼特一起在哈佛大学成立了"创业历史研究中心",成员主要由经济学家、社会学家、历史学家组成,他们从跨学科的视角研究创业的历史,企业与社会组织的演化,并于 1949 年创办了《创业历史探索》杂志。①

整个 20 世纪 50 年代,美国高校创业教育并没有得到很大的发展,只表现在少数教授开设的个别课程上。比如,格兰特·穆恩(Grant Moon)在伊利诺伊大学开设的"小企业与创业发展课程",彼得·德鲁克(Peter Drucker)在纽约大学开设的"创业与创新课程"。到了 20 世纪 60 年代,美国高校创业教育依然没有很大的突破,但开始逐步融入大学的商科课程,主要表现为:1967 年,有两所美国高校商学院开设了创业课程;1968 年,巴布森学院(Babson College)成为第一所为本科生提供创业课程的高校。②

20 世纪 40 年代末到 60 年代,美国高校创业教育发展缓慢,在大学教育中处于极其边缘的位置。究其根本原因在于大型企业,尤其是与国防相关的大企业在这一时期的美国经济和社会发展中占据了主导性位置。小企业在这一时期不但新成立的较少,而且数量相对大企业还在下降,对经济发展和社会就业的贡献率也较小,在整个社会经济结构中处于次要和边缘的位置。

20 世纪 60 年代末期,美国高校创业教育主要是由个别学校少数教授的学术兴趣所推动。美国高校对创业的研究也集中在少数精英大学。并且,20 世纪 60 年代,美国经济学家的学术志趣转向正统的新古典经济学理论,使创业历史研究中的"折中主义"遭到抛弃。这一转向的标志之一就是《创业历史探索》杂志于 1963 年改名为《经济历史探索》,并且于 1969 年被迫停刊。③

2) 美国高校创业教育的初步发展(20 世纪 60 年代末—70 年代末)

20 世纪 70 年代,经济领域的两次石油危机重创了美国的大型企业,而与此同时,小企业开始在经济恢复和发展过程中发挥越来越重要的作用。从 20 世纪 60 年代末起,作为创业活力重要标志的人均企业数量开始停止下降,并在 20 世纪 70 年代逐渐上升。美国小企业在就业和经济增长方面的贡献越来越大。尤

---

① Jones, G., & Wadhwani, R. D. Entrepreneurship and business history: renewing the research agenda [R]. Harvard Business School Working Paper, 2006.

② Katz, J. A. The chronology and intellectual trajectory of American entrepreneurship education: 1876—1999[J]. Journal of Business Venturing, 2003, 18(2): 283 - 300.

③ Jones, G. & Wadhwani, R. D. Entrepreneurship and business history: renewing the research agenda [R]. Harvard Business School Working Paper, 2006.

其是,美国经济学家戴维·伯奇(David Birch)用科学的数据证实了美国小企业与就业之间的关系;他的研究发现,1969—1976 年间 81% 的新增就业机会是由人数少于 100 人的小企业贡献的。① 从此,小企业的创立对经济增长的贡献日益受到政府部门和高校研究者的重视,深刻影响了小企业和创业研究。在社会文化领域,《企业》(INC)、《创业者》(Entrepreneur)等一批杂志创办,大力鼓吹创业的重要作用。美国社会开始把创业者奉为创新、盈利和造就就业机会的"英雄",创业者也一改过去贪婪、自私、不诚信的负面形象。

随着小企业对美国经济增长作用的凸显,整个社会文化对创业态度也发生了积极转变。学者对创业现象的研究也表现出极大的兴趣。1974 年,在卡尔·维斯珀(Karl Vesper)教授的主导下,美国管理学会成立了创业研究兴趣小组(Entrepreneurship Interest Group),成为对创业研究领域感兴趣的学者共同交流的松散型组织。这一时期的创业研究和上个时期一样还是属于个别学者的兴趣,但是研究组织的制度化已经初见端倪。1975 年,《美国小企业杂志》创刊发行,成为研究小企业和创业的重要期刊。1979 年,美国经济学家戴维·伯奇的论文《就业创造过程》(The Job Generation Process)发表,在学界引起轰动,为创业研究奠定了坚实的基础,并影响到了后续美国的经济政策。②

与此同时,美国高校创业教育也开始逐步发展,开设创业教育课程的高校数量迅速增加,创业实践学习项目和商业计划竞赛活动也纷纷展开。据卡尔·维斯珀教授的统计,提供创业课程的高校由 1970 年的 16 所猛增至 1975 年的 104 所。③ 南加州大学于 1971 年成为第一所开设创业方向 MBA 课程的高校,并在一年后成为第一所提供创业方向本科专业的高校。1972 年初,美国政府部门小企业管理局在得克萨斯理工大学设置了首个由学生负责的小企业咨询实践学习项目(Small Business Institute program),并在该年年末发展到 20 所高校参与。1979 年,美国巴布森学院成立创业中心并开设了全美首个创业学专业。④

20 世纪 70 年代,美国学者和政府开始发现小企业对经济增长和就业机会

---

① 转引自:Neumark D.，Wall B.，Zhang J. F. Do small businesses create more jobs? new evidence for the United States from the national establishment time series[J]. Review of Economics and Statistics，2011，93(1)：16 - 29.

② Landström，H.，Harirchi，G.，Åström，F. Entrepreneurship：exploring the knowledge base[J]. Research Policy，2012，41(7)：1154 - 1181.

③ Katz，J. A. The chronology and intellectual trajectory of American entrepreneurship education：1876—1999[J]. Journal of Business Venturing，2003，18(2)：283 - 300.

④ Entrepreneurship Education Chronology[EB/OL].(2017 - 11 - 10)[2018 - 07 - 18].https://www.slu.edu/eweb/connect/for-faculty/infrastructure/entrepreneurship-education-chronology≠Publications.

创造的重要作用,所以提供创业课程的高校数量也开始明显增加。但美国高校创业教育依然处于较为边缘的位置,这表现在研究和课程两个方面。在创业研究领域,虽然成立了管理学会下属的创业研究兴趣小组,但学术共同体尚未形成,依赖于个别研究者的研究兴趣,研究对高校创业教育的影响还很有限。尽管提供创业教育课程的高校数量迅速增加,但也只有 100 所左右,占整个高校总数极小的比例,创业学作为商学院的一个专业也才刚刚起步。

2.3.2　美国高校创业教育学科化及与专业教育整合的兴起

1) 美国高校创业教育学科化的兴起

社会背景。20 世纪 80 年代,美国经济社会领域发生了深刻的变革。在经济领域,里根政府奉行新自由主义的经济政策,通过减少政府公共开支、降低企业税收、放松企业管控、鼓励市场竞争等措施为新企业的创立和中小企业的发展营造了良好的环境。在科技政策领域,美国出台了一系列鼓励和支持小企业研发的法案。比如,1980 年美国国会出台了《贝多法案》(又译《大学与小企业专利程序法案》),这让大学获得了联邦资助的科研成果的所有权,大学向企业,尤其是小企业转移科研成果具有了制度保障。1982 年《小企业创新发展法案》出台的,使得小企业获得了联邦研发部门固定的研发经费拨款支持。这些法案的出台和实施大大提升了小企业的研发能力,增强了企业核心竞争力。在风险资本领域,20 世纪 70 年代末期开始,美国政府出台鼓励风险资本发展的政策,为小企业的融资带来了极大的便利。在科学技术领域,IBM、苹果等高科技公司推出的个人电脑,既大大降低了创业者的创业成本,也造就了大量的创业机会,更引发了生产方式从大规模向小型集约化方向的转变。美国政府为小企业,尤其为高科技小型企业出台的税收政策、研发政策、资本政策以及互联网技术的大规模应用为创业和小企业的发展营造了良好环境。因而 20 世纪 80 年代,美国小企业发展迅猛,持续贡献了大量的就业机会。1980—1986 年间,美国新成立企业增长率达 153％,76.6％的新增就业机会是由规模在 500 人以下的小企业创造的。[①] 20 世纪 90 年代,在经济全球化和信息技术革命的刺激下,美国经济的发展进入以知识为基础的新经济时代。以知识和高新技术为基础的创业日益受到美国政府的支持,美国政府在知识产权保护、高科技产业的基础设施和专业服

---

① Plaschka, G. R., Welsch, H. P. Emerging structures in entrepreneurship education: curricular designs and strategies[J]. Entrepreneurship Theory and Practice, 1990,14(3): 55-71.

务、校企合作等领域给予创业者大量的支持。美国在这一时期产生了一大批以高新技术为基础的企业，尤其是信息技术公司，如雅虎、谷歌等，创业活动在1996年达到了顶峰。另一方面，公司的规模也变得更小，1995年，80%的美国公司规模不到10人。

创业研究的学科化。在美国的经济结构中，小企业对经济增长的贡献已经占据主导地位，学者对创业和小企业的研究日益重视，创业研究的学科化程度明显提高。这表现为新学术组织的成立、新学术期刊的创立和标志性学术会议的召开。在学术组织方面，1987年，美国管理学会下属的"创业研究兴趣小组"更名为"创业学研究分会"，成为管理学会下属的分支组织，创业学作为管理学领域的一个分支，获得了相对独立的地位。在学术期刊方面，20世纪80年代，《商业创业期刊》(*Journal of Business Venturing*)和《小企业经济学》(*Small Business Economics*)等专门研究创业的期刊陆续创刊并发行。创刊于1976年的《美国小企业杂志》(*American Journal of Small Business*)为了突出创业研究，于1988年更名为《创业理论与实践》(*Entrepreneurship Theory and Practice*)。在学术会议方面，1981年，巴布森学院第一届创业研究会议召开，并出版了《创业研究前沿》一书，此后每年召开一次，被认为是创业研究领域最重要的会议之一。[①] 新的学术组织、新的学术期刊和标志性的学术会议，都是创业学学术共同体逐渐形成的标志，是创业学学者之间交流信息、巩固学科知识基础、增进学科认同的重要平台，有利于创业学学科逐步实现合法化。

20世纪90年代的创业研究者开始探讨学科的独立性问题。比如，在学术期刊方面，《创业理论与实践》于1991年专门有一期来讨论创业是否能够成为一门学科。这一时期，社会学、管理学等主流学科的学者开始介入创业研究，学者们的关注点从过去创业者的心理特质转向创业的过程。[②] 尤其是，斯科特·沙恩(Scott Shane)和文卡塔拉曼(Venkataraman)合作发表了一篇名为《创业作为一个学术领域》的文章，文中对这一时期的创业学研究做了总结，并提出了创业研究的概念框架：创业研究是"研究创业机会来源，研究创业机会的发现、评价和利用的过程以及对发现、评价和利用创业机会的创业者展开研究"的一门学问。[③] 创

---

① Landström, H., Harirchi, G., Åström F. Entrepreneurship: exploring the knowledge base[J]. Research Policy, 2012, 41(7): 1154-1181.
② Landström, H., Harirchi, G., Åström, F. Entrepreneurship: exploring the knowledge base[J]. Research Policy, 2012, 41(7): 1154-1181.
③ Shane, S., Venkataraman, S. The promise of entrepreneurship as a field of study[J]. Academy of Management Review, 2000, 25(1): 217-226.

业研究开始逐步聚焦，有了区别于其他研究领域的核心问题。在创业研究的组织化方面，美国管理学院创业分会的会员从 1987 年的 600 名增加到 1996 年的 800 名。同一时间，创业研究的专门期刊从 3 种增加到 26 种。许多期刊如《小企业经济学》《小企业管理杂志》《创业与区域发展》等还入选了 SSCI 期刊。创业研究的水平和专门性大大提高，这有助于增强该学科在学术领域的合法性。

创业教育的学科化。20 世纪 80 年代，美国社会蓬勃发展的创业活动和小企业的迅猛发展，以及创业研究的学科化也为高校创业教育的发展奠定了基础。这一时期美国高校创业教育发展出现转折，进入了快速发展时期。开设创业课程的高校由 1975 年的 104 所猛增至 1986 年的 253 所。如果把小企业管理课程也统计在内，1982 年提供创业或者小企业管理相关课程的高校数量为 315 所，到 1986 年上升至 590 所，五年间增长了 85%。[①] 1988 年，Hills 教授对美国高校的创业教育现状进行了实证研究，发现美国高校创业教育的目标包括增强学生对企业创立和管理的意识，增强学生把创业当作一种职业选择的意识，加强学生对已有商科知识之间相互联系的认识，提高大学生的自信心、商业分析技能和对创业机会的敏感度等；他还发现，虽然大多数的美国高校只提供 1～2 门创业课程，但是已经有不少高校开始设置独立的创业学专业；并且，创业课程已经衍生出三种模式，即商业知识模式、商业计划模式和商业周期模式。[②]

20 世纪 90 年代，美国高校创业教育继续迅速发展，学科化和制度化的速度加快。从提供创业或小企业管理课程的高校数量来看，1991 年，提供创业或小企业管理课程的高校数量已经达到 1 060 所，较 1986 年增长了 80%。单看创业课程，1993 年提供的高校数为 370 所，与 1986 年相比增长了 46%。虽然增长的速度有所下降，但创业教育学科化程度更高。1994 年，至少有 51 所美国高校设置独立的创业学专业、学位或把创业学作为商科的学习方向。[③] 同年，加德纳（Gartner）和维斯珀（Vesper）根据创业教育的课程数量、教师的研究水平、对社区的影响、校友资源利用、创新程度与校友创立企业的数量等指标对提供创业教育的高校进行了排名，结果显示，巴布森学院、哈佛商学院、宾夕法尼亚大学沃顿

① Solomon，G. T.，Weaver，K. M.，Fernald，L. W. A historical examination of small business management and entrepreneurial pedagogy[J]. Simulation & Gaming，1994，25(3)：338 - 352.

② Hills，G. E. Variations in university entrepreneurship education：an empirical study of an evolving field[J]. Journal of Business Venturing，1988，3(2)：109 - 122.

③ Gartner，W. B.，Vesper，K. H. Experiments in entrepreneurship education：successes and failures [J]. Journal of Business Venturing，1994，9(3)：179 - 187.

商学院、南加州大学、得克萨斯大学奥斯汀分校位列前五名。[①] 以巴布森学院为例,该校 1997 年是培养创业教育人数最多的高校,约 25% 的本科毕业生为创业学专业的学生,有 8 名全职创业学教师以及 4 名兼职教师教授创业课程。[②] 此外,从整体看,基金会或企业家个人捐赠的创业教育教席从 1991 年的 102 个增加到 1998 年的 208 个,创业教育的专职教师数量大大增加,创业教育的组织独立性也大大增强。20 世纪 90 年代后半叶,提供创业教育、开展创业研究、提供创业孵化服务的独立创业中心开始在高校不断涌现,这些创业中心大多得到个人或基金会的大笔捐赠,一流商学院创业中心得到的捐赠额平均达到了 1 000 万美元。[③] 这一时期,创业教育在美国高校已经比较普及,创业学专业在美国高校的商学院已经比较普遍,学生数量也逐年增长。通过美国基金会或个人的捐赠,创业学领域积累了大量的财富,创业中心和专职的创业教师数量大大增加。

与以往相比,20 世纪 90 年代,美国高校创业教育者对创业教育内容的独立性要求也越来越高,愈加强调与小企业管理的区别。有学者区分了企业管理者与创业者的不同角色：小企业管理者创立与运营的企业更多以发展个人为目的,运营企业是个人收入的主要来源,占据了个人大部分的时间和资源,企业是个人个性的一种拓展,与家庭的需求紧密相连;而创业者创立和管理企业的目的是为了创造财富,创业者需要展现创造性的能力和个性特点,需要对企业进行战略管理。[④] 另外有专家认为,小企业管理更加注重现有企业的运营,在销售额、盈利与增长方面的期待较低;创业更加关注企业的创立和新企业的管理,创业者与小企业管理者相比往往追求高速增长和快速获取高利润即创造财富。因此,小企业管理的教育更加偏重管理方面的知识,而创业教育更加关注商业计划。这得到了创业教育研究者的证实,1994 年,据所罗门等(Solomon,et.al)的调查,小企业管理教育最常用的教学评价方法是测试,而创业教育最常用的评价方法则是商业计划。[⑤] 因此在教学方法和评价上,创业教育由于创业本身的特殊性,

① Vesper, K. H., Gartner, W. B. Measuring progress in entrepreneurship education[J]. Journal of Business Venturing, 2005, 12(5): 403 - 421.
② Nancy Upton. Successful experiences of entrepreneurship center directors[R]. 1997.
③ Katz, J. A. The chronology and intellectual trajectory of American entrepreneurship education: 1876—1999[J]. Journal of Business Venturing, 2003, 18(2): 283 - 300.
④ Morris, M. Annals of entrepreneurship education and pedagogy 2014[M]. Cheltenham: Edward Elgar Publishing Limited, 2014: 96.
⑤ Solomon, G. T., Weaver, K. M., Fernald, L. W. A historical examination of small business management and entrepreneurial pedagogy[J]. Simulation & Gaming, 1994, 25(3): 338 - 352.

要求一种新的教学方式，更加提倡非传统的教学方法，更加注重以创业体验为基础的教学和评价，以给予学生更大的自主发挥空间。

2）美国高校创业教育与专业教育整合的兴起

从创业教育与专业教育整合的视角看，在 20 世纪 80 年代以前，创业课程多由商学院负责，与其他学院已有课程的融合程度较低，处于被孤立的边缘状态。20 世纪 80 年代后这一局面有所改变，1982 年，伊利诺伊大学芝加哥分校第一次在市场营销系为市场营销专业的学生开设了创业课程。1983 年，美国新墨西哥大学第一次在工程学院提供了与工程专业相整合的创业课程。1985 年，全美有 18 个工程学院设置了与工程专业相整合的创业课程。[①] 发展到 1991 年，美国高校 226 个工程学院提供与工程专业整合的创业课程，除此之外，计算机学院、艺术学院、农学院等也开始提供与专业整合的创业课程。20 世纪 90 年代中后期，商学和工程学科以外的创业教育开始增多。比如，1996 年，亚利桑那州立大学成为第一个为商学院以外的所有专业学生提供创业与小企业管理辅修学位的美国高校。此后，康纳尔大学等也开始为全校所有学生提供与专业相整合的创业课程。[②]

20 世纪 80—90 年代，美国创业活动突出的特征是高科技创业的兴起。在创业研究方面突出的特征是创业学的学科化。学者开始区分创业活动和小企业经营管理活动的不同，突出创业机会的发现与利用、业务快速增长与高利润等根本特征。创业作为研究领域，其研究问题也开始专门化。在创业研究的组织化方面，创业研究的专门组织开始出现，期刊数量逐步增加，学术共同体初步形成。美国社会的创业活动和创业研究的成果继而影响创业教育，这一时期除了提供创业教育的高校数量和相关课程数量增加外，创业教育的学科化程度大大提高，创业学专业在美国商学院已较为普遍，创业教育的课程内容和教学方法也逐步学科化和专门化。与此同时，创业教育与专业教育相整合的课程也开始增多，尤其是偏重与应用型学科专业的整合，培养学生的创新意识与创新思维。此外，创业教育的对象也不再局限于商学院的学生，而是面向全体学生。总之，20 世纪 80—90 年代美国高校创业教育发展的突出特征是学科化，创业教育与专业教育的整合也开始兴起。

[①]　McMullan, W. E., Long, W. A. Entrepreneurship education in the nineties[J]. Journal of Business, 1987, 2(3): 261 - 275.

[②]　Sá, M. C., Kretz, J. A. The entrepreneurship movement and the university[M]. New York: Palgrave Macmillan US, 2015: 99.

2.3.3 美国高校创业教育的成熟及与专业教育整合的全面发展

1) 美国高校创业教育的成熟

社会背景。在整个 20 世纪 90 年代,以信息科技为基础的美国互联网产业蓬勃发展,但是在 90 年代中后期,美国互联网产业投机风行,出现了互联网泡沫现象。进入 21 世纪,互联网泡沫破裂,再加上受到"911 事件"的重创,整个美国经济进入衰退期。据美国总统经济咨文的报告,2001 年,"911 事件"造成美国股市暴跌,人民收入急剧下降,205 万人失去工作,失业率从 4% 上升到 5.8%。[①]小布什政府采取了降息、大规模减税等政策来应对危机,促进美国经济振兴。从 2004 年开始,美国经济开始缓慢复苏,新创企业的数量逐步增加,到 2006 年达到之前 20 年来的顶峰。但是好景不长,到了 2008 年,美国爆发大规模的金融危机,又一次给经济造成重创,银行、企业纷纷倒闭,失业率激增,2009 年失业率超过了 10%。2009 年,奥巴马当选为美国总统,上任伊始就出台了额度高达 8 310亿美元的经济刺激法案《美国复兴与再投资法案》,通过投资基础设施、医疗、教育、研发以及给予小企业减税等措施促进经济恢复;2009—2011 年,奥巴马政府发起了"美国创新战略"和"创业美国计划",通过资金支持、文化营造、创新创业基础设施建设、创新创业教育等措施全方位地支持美国的创新与创业活动。这些措施确实起到了一定的效果,美国重新燃起创新与创业的浪潮,失业率持续下降,到 2016 年失业率下降到 4.9%,创业活动也恢复到了经济危机以来的最高水平。

创业研究的多学科化。进入 21 世纪,创业学者关于创业能否成为一门独立学科出现了较大争议。有学者认为,创业已经成为学者积极探讨的多学科学术领域,创业学在本质上是多学科的,其从经济学、管理学、社会学、心理学等众多学科中借鉴了许多理论,创业学内部更是以这些主流学科为基础分裂成许多小的学术部落,创业学的多学科属性远远大于它的学科属性。[②] 有学者对创业学的科学引文索引(Web of Science)进行学科领域分析发现,创业学所涉及的主要学科依次为商学、经济学、管理学、金融学、环境研究、社会学、法学、工程学、政治科学与教育学等。[③] 2007 年,创业学研究者成立了创业研究协会(Entrepreneurship

---

① Roberts, B. W. The macroeconomic impacts of the 9/11 attack: evidence from real-time forecasting[J]. Peace Economics Peace Science & Public Policy, 2009, 15(2): 1 - 29.

② Gartner, W. B., Davidsson, P., Zahra, S. A. Are you talking to me? the nature of community in entrepreneurship scholarship[J]. Entrepreneurship Theory & Practice, 2010, 30(3): 321 - 331.

③ Landström, H., Harirchi, G., Åström, F. Entrepreneurship: exploring the knowledge base[J]. Research Policy, 2012, 41(7): 1154 - 1181.

Research Society），为创业学研究和教学提供多学科交流的平台。这从侧面反映出创业研究已经被视为众多学科研究的一部分，大量不同学科专业的教师正在从事创业相关的研究和教学。

创业教育的进一步成熟。21 世纪初期，创业教育如创业研究一样，遵循自身发展的逻辑，在美国高校继续扩张。2003 年，开办创业教育（包括小企业管理）课程的高校超过 1 600 所，课程数量超过 2 200 门。整合程度在逐渐加强。自 1979 年产生第一个创业学专业，2006 年，美国高校共设置超过 500 个创业学证书、辅修与专业，1 468 所本科高校中 1 207 所本科高校（82% 的本科高校）至少开设一门创业课程，1 194 所社区学院中 929 所社区学院（78% 的社区学院）至少开设一门创业课程，创业教育的发展可谓迅猛。[①] 目前，美国大学协会的全部 60 所研究型大学、98% 的授予博士学位的大学、95% 的授予硕士学位的大学与 94% 的"赠地大学"都提供某种形式的创业教育。可见，研究型大学的创业教育更普及。除了数量的增长，创业教育学科化、专业化程度提升也较快，从 1979 年出现第一个创业学专业，到 2006 年，美国大学成立了 18 个创业学学系，超过 300 院校每年颁发的创业学学位数超过 5 000 个，全美 847 个 MBA 项目中超过 60% 是创业方向的，培养创业学专职教师和研究人员的博士学位项目增加到了 30 个以上。[②] 总之，在 21 世纪初期，美国高校创业教育的学科化和专业化程度大大提高，已经发展成为一个相对成熟的领域，实现了普及。

2）美国高校创业教育与专业教育整合的全面发展

在基金会的推动下，美国高校创业教育与专业教育的整合在 21 世纪进入全面发展阶段，专门面向非商科学生的创业课程越来越多，如工程创业、艺术创业与体育创业、医疗创业等课程，创业教育的跨学科课程和项目增长迅速。

2003 年，考夫曼基金会发起"考夫曼创业校园计划"，出资 2 500 万美元资助 8 所美国高校在全校层面开展创业教育，以促进创业教育与专业教育的整合。这 8 所美国高校分别为：华盛顿大学圣路易斯分校、维克森林大学、得克萨斯大学埃尔帕索分校、罗切斯特大学、北卡罗来纳大学教堂山分校、伊利诺伊大学厄巴纳-香槟分校、霍华德大学与佛罗里达国际大学。2006 年 12 月，考夫曼基金会对这 8 所美国高校创业教育与专业教育的整合状况进行调查后发现，这 8 所

① Kauffman Foundation. A census of entrepreneurship in American higher education investments and outcomes[R]. 2006.
② Kauffman Foundation. A census of entrepreneurship in American higher education investments and outcomes[R]. 2006.

高校中商学院、文理学院、工程学院、农学院、酒店与旅游管理学院的参与率为100％，教育学院、艺术学院、药学院（护理或者兽医学院）与传媒学院的参与率超过了50％；在创业课程方面，8所高校新开设了61门创业课程，3所高校为所有新生提供了创业研讨课程，6所高校提供了创业教育与专业教育整合的专项资金，同样75％的高校在原有专业课程的基础上嵌入了新的创业教育内容，超过一半的高校提供跨学科的创业课程和专门针对非商科学生的创业辅修或者证书。[①]

2006年末，考夫曼基金会又出资2 300万美元资助另外10所美国高校在全校层面开展创业教育，促进创业教育与专业教育的整合。这10所美国高校分别为5所综合性院校，亚利桑那州立大学、普渡大学、雪城大学、威斯康星大学麦迪逊分校、马里兰大学巴尔的摩分校，5所文理学院，鲍德温华莱士学院、伍斯特学院、希拉姆学院、伊利湖学院、奥柏林学院。2013年8月，该基金会对所有参与高校创业教育与专业教育的整合状况进行了调查，发现参与高校为工程学、环境研究、艺术学、宗教学、妇女研究、教育学等各专业学生提供与专业相整合的创业课程、项目等，各高校参与创业教育的学系和学生数大幅增长。比如，亚利桑那州立大学把创业教育与专业教育的整合融入学校发展战略，参与整合的学系由19个上升到全校的39个（普渡大学从4个上升到32个、雪城大学从1个上升到21个、马里兰大学从3个上升到22个）。亚利桑那州立大学学习创业与专业整合课程的学生数从955名增长到33 168名（普渡大学从100名上升到900名、雪城大学从1 767名上升到6 628名、马里兰大学从109名上升到3 285名）。[②] 文理学院创业教育与专业教育的整合也取得了显著成效，如希拉姆学院从之前没有一个学系提供创业教育发展到全校11个学系开设创业教育课程，学习创业与专业整合课程的学生人数从0上升到303名，并且95％的教师参与了创业教育与文理教育相整合的系列研讨会。与此同时，其他文理学院参与整合的学系和学生数也大幅增长。

最重要的是，参与考夫曼基金创业校园计划的高校起到了很好的示范和推广作用。比如威斯康星大学麦迪逊分校在威斯康星大学系统中向13所高校和社区学院推广创业教育与专业教育整合的成功经验。除此之外，麻省理工学院、

---

① Hulsey，L.，Rosenberg L. & Kim，B. Seeding entrepreneurship across campus: early implementation experiences of the kauffman campuses[R]. 2006.

② Schneider. M. Kauffman campuses initiative: A study that explores the phenomenon of cross-campus entrepreneurship[D]. The University of Pennsylvania，2015.

斯坦福大学、康奈尔大学、卡内基·梅隆大学、耶鲁大学、普林斯顿大学、科罗拉多大学、艾奥瓦大学等众多美国高校早已在全校层面推动创业教育与专业教育的整合。至此，创业教育已经不局限于商学院，不同学科或院系都可能提供与专业相整合的创业教育。

从 2005 年开始，科恩基金会专门面向工程专业学生在 35 所美国高校推动创业教育与工程教育的整合，以培养创业型工程师。另外，这些高校还组成"科恩工程创业教育联盟"，如今参与高校数量仍在增加。[①] 同年，科尔曼基金会发起科尔曼创业教师项目，重点资助非商科专业教师开发创业与专业相整合的课程，已累计资助 1 211 名教师。[②]

基金会发起和资助的创业教育整合型发展计划是美国高校创业教育与专业教育整合的重要推动力量。而创业教育与专业教育的整合是创业教育深化发展的必然趋势。因此，对创业教育理念、目的、课程、研究、师资和对象的宣传要尽可能扩大化，以满足创业教育与专业教育整合的要求，如表 2.13 所示。

表 2.13　美国高校创业教育与专业教育整合的发展脉络

类别	发 展 脉 络
理念	创立与运营小企业→创立高附加值的企业→创业型人生
目标	填补空白→新的研究领域→赋权学生与创立企业→促进大学和区域变革
课程	独立课程→创业实践项目→学科性课程体系→跨学科课程→全校层面整合
研究	没有学术研究活动→学科化的研究活动→跨学科合作研究
师资	兼职教师（如创业者）→向其他学科借用教师→专职教师→联合聘任教师
对象	商学院的学生→当地社区的人员→全校大学生→全国乃至全球的创业者

资料来源：Morris, M. H., Kuratko, D. F. & Cornwall, J. R. Entrepreneurship programs and the modern university[M]. Northampton, MA: Edward Elgar, 2013: 14.

第一，美国高校创业教育理念的发展演变。最初，美国高校创业教育以商学院学生为主要对象，以促进小企业发展为中心，后逐渐发展到以创立快速增长为

① Kern Foundation. Engineers with an entrepreneurial mindset transform the world[EB/OL]. (2015 - 10 - 19)[2018 - 07 - 19].https://engineeringunleashed.com/.

② Coleman Foundation. The coleman foundation faculty entrepreneurship fellows program[EB/OL]. (2018 - 01 - 11)[2018 - 07 - 20].https://colemanfellows.com/.

导向的新创企业为中心,现在发展到培养所有大学生在生活、职业生涯和人生各阶段实践创业精神,应用创业思维和发挥创新创业能力,不断创造价值的阶段。在教育理念上,创业教育的概念逐渐扩大为"创业型人生",为创业教育与专业教育的整合奠定了宽广的理念基础。

第二,创业教育发展目标的深刻变革。从最开始填补教育和研究空白,发展到追求一个独立的创业学学科,确立创业研究和教育的边界;再到,创业教育的跨学科和跨领域发展,广泛支持各学科师生创新创业;最终变革校园文化,促进大学的创业转型和区域经济的创新创业转型。创业教育的目标从一个狭窄的维度扩大到促进大学和区域变革的维度,培养目标的扩大势必要求创业教育与专业教育广泛深入的整合。

第三,创业研究和课程的发展演变。创业一开始从属于商学学科,创业课程表现为商业计划类的课程和企业咨询活动。大量的创业学者逐步聚焦于学科化的创业研究,也随之开发出专门化的创业课程,如创业机会识别、创业战略等。但创业研究并没有局限于一个学科领域,围绕创业问题,各学科教师之间的跨学科合作研究成为发展趋势。新开发的创业课程也多为跨学科创业课程。创业研究和课程从学科化到跨学科化的发展直接推动了创业教育与专业教育的跨学科整合。

第四,在师资方面,起初创业教育的教师是临时聘用的社会人员,如创业者、企业管理人员等。创业教育还经常向管理学科或商学学科借用教师。之后,创业教育逐渐发展到全职聘任创业学教师。最新的发展趋势是其他学科教师被联合聘任为创业教育师资。比如,一位计算机领域的教授在一段时间内被聘为创业教育教师。创业教育师资的联合聘任为创业教育专业教育的整合提供了师资保障。

第五,创业教育的对象逐步扩大为区域内的创业者和全校所有专业大学生。创业教育最初的对象是商学院学生。通过举办开放参加的创业竞赛、创业讲座等,创业教育逐渐面向区域内的创业者。随着创业教育的深化发展,创业教育开始面向全校所有专业的大学生,这直接推动了创业教育与专业教育的内在整合。创业教育还呈现出全民化、全球化和终身化的发展趋势。[①]

综上所述,21世纪以来,美国社会经历了深刻的变革。"911"恐怖袭击事件

---

① Morris, M. H., Kuratko, D. F., Cornwall, J. R. Entrepreneurship programs and the modern university[M]. Northampton, MA: Edward Elgar, 2013: 12 - 16.

和 2008 年的金融危机等深刻改变了美国经济与社会的发展状况。两者都造成美国经济衰退和失业率的增长。美国政府出台了大量促进经济复兴与创新创业的政策和支持措施。在全新的技术革命背景下,美国社会重新掀起创新创业浪潮。这是 21 世纪以来美国高校创业研究和创业教育大发展的社会背景。

创业研究越来越呈现出跨学科特征。不仅是传统的经济学、管理学、社会学、心理学学者继续从事创业研究,其他学科诸如环境研究、法学、工程学、政治科学、教育学等领域的学者也加入创业研究中。创业研究成为诸多学科的一个重要研究领域。并且,各学科教师之间的跨学科合作研究也开始增多。

创业教育与专业教育全方位深度整合发展。创业教育经历了从商学的边缘课程到独立的创业学科,再到全校层面整合的发展历程。创业教育的发展是一个从边缘到中心、从非法到合法再到发挥引领作用的发展过程。虽然离不开基金会的外部推动,但从根本上讲是因为美国社会经济结构的变化迫切要求高校培养具有创新创业素养的人才。这促使美国高校创业教育的理念、目的、课程、研究、师资和对象等尽可能扩大化,以实现创业教育与专业教育的深度整合。

创业教育最终的目的不仅仅是培养创立企业的人,更要面向所有学生,培养具备创新创业思维、能力和人格的新型人才,去过一种创业型人生,以面对急速变化的、不确定的和充满危机的社会。

2.4　场域论视角下的审视与反思

本章的主要问题是美国高校创业教育与专业教育整合究竟发生在什么样的场域中,在这个场域中又经历了怎样的嬗变。

首先,美国高校创业教育与专业教育整合的根本原因是外部场域发生了根本性的变革。教育制度从根本上来说是受制于经济、政治与社会发展的。美国创业型经济和社会的发展彻底颠覆了传统机器大工业的发展模式和标准化的生产方式,以及在此基础上衍生的社会分工和人才培养方式。

早在 20 世纪 70 年代,社会学家丹尼尔·贝尔就依据美国经济从商品到服务的变化预测了后工业社会的来临。[①] 无形的服务在价值上超过了有形的商

---

① ［美］丹尼尔·贝尔.后工业社会的来临:对社会预测的一项探索[M].高铦,王宏周,魏章玲,译.北京:商务印书馆,1984:138.

品。随着信息技术在社会经济中的普遍应用,无形的知识和信息更是成为经济发展的核心要素。发展到 21 世纪,大数据、人工智能、云计算等新一轮技术革命使经济发展方式和人类社会发生根本性变革。以知识创造和创新创业为标志的创业型经济是知识经济的进一步发展。21 世纪以来,美国在研发领域、技术转移、创业资本、高科技企业等创业型经济领域继续保持着世界领先地位。创业型经济的发展从根本上依赖于创新创业型人力资本和内生性的技术变革(创新)。知识以及创新成为经济增长的内生变量。① 技术变革与新的经济发展方式引发一个急速变化、高度不确定,乃至高度风险的社会。美国高等教育的外部场域正在发生根本性变革。新一轮技术革命和创业型经济的发展引发人才培养规格的根本变化。基于标准化生产和社会分工基础上的专业人才培模式面临危机。承担风险、应对危机、发现并利用机会、积极主动、领导与管理能力、沟通与交际、创新能力、创立企业或组织等创新创业能力成为美国高等教育人才培养的核心目标。在此背景下,美国政府、非营利性组织和企业紧密协作积极推动高校创业教育与专业教育的大规模整合。高校创业教育与专业教育整合的根本目的是培养专业能力和创新创业能力兼具的人才,以适应创新创业型经济与社会发展的要求。

其次,美国高等教育的内部场域发生了创业型变革。这为美国高校创业教育与专业教育的整合提供了内部驱动力。总体上来讲,美国高校得到政府的资助越来越少,与企业的合作越来越多,自身越加凭借市场或者类似市场的手段获取经费和取得竞争力。② 美国高校的内部场域已发生根本变化,从一个文化场域变为经济和文化的双重场域,市场的逻辑已渗透到美国高校的核心,继而从根本上推动美国高校在办学战略与使命、组织结构、研究与创新方式、教师评价机制、人才培养方式等多方面的创业转型。美国高校的创业转型为创业教育与专业教育整合提供了与之相适应的内部环境和保障。随着美国大学教育的高学费、低毕业率以及居高不下的未充分就业率,导致大学文凭日益贬值,文化资本正变得廉价,并且也越来越难转化为经济资本。文凭贬值激发了美国各专业大学生的创业热情和接受创业教育的需求,这从根本上推动了美国高校创业教育与专业教育的内在整合。在未来,单纯固守专业教育将失去合法性,专业教育与创新创业教育进行内在整合正是大学教育变革的路径之一。美国高校创业教育

---

① Romer. P. M. Endogenous technological change[J]. Journal of Political Economy,1990,98(5):71-102.
② [美]希拉·斯劳特·拉里·莱斯利.学术资本主义[M].梁骁·黎丽.译.北京:北京大学出版社,2014:8.

的多元化发展趋势正是为了未来满足不同学科专业大学生,乃至不同价值观倾向大学生接受适合自身的创业教育的需求。通过创业学习与专业学习的整合,美国高校大学生不断积累新的文化资本、经济资本和社会资本,发展新的习性(资本转换能力、创新创业能力、价值创造能力等)。

　　最后,美国创业教育与专业教育整合的历史发展脉络反映了教育场域固有的规律。与经济场域相比,教育场域具有保守性,变革的速度十分缓慢。美国高校创业教育与专业教育的整合不是一蹴而就的,同样遵守教育变革的基本规律。创业教育必须发展成为一个相对独立的学科,具备一定的合法性,才拥有与专业教育整合的可能性。否则,如果创业教育只是关于如何从事创业的技能堆积,那么它只能处于大学教育的边缘。当创业教育完全成熟为独立的学科时,创业教育与专业教育才能实现大规模整合。美国高校创业教育与专业教育的整合经历了创业教育萌芽与初步发展、创业教育学与专业教育整合的兴起、创业教育与专业教育整合的全面发展三个阶段。这反映了新的文化资本是如何与旧的文化资本相遇,并循序渐进与旧文化资本整合的发展过程。

第 3 章　美国高校创业教育与专业教育整合的内容和目标

美国高校创业教育的发展历史可以追溯至 20 世纪 40 年代末，至今已有超过 70 年的发展历史。创业教育的知识基础是跨学科的学术研究。创业教育呈现出跨学科性、开放性和实践性特征。美国高校专业教育的大发展可以追溯至南北战争结束以后专业化社会的逐渐兴起阶段，至今已有 160 多年的历史。专业教育的知识基础是分科化的学术研究。专业教育呈现出学科性、封闭性和理论性特征。

美国高校创业教育与专业教育整合的内容包括知识、思维与能力等多方面。由于技术变革速度的加快和社会不确定因素的增加，固守专业教育的知识、思维与能力已无法满足创业型经济与社会发展的要求。在专业教育发展过程中整合创业知识、思维与能力，既是专业教育的发展趋势，也是创业教育摆脱边缘地位的开始。

美国高校创业教育与专业教育整合的目标包括培养自我雇佣型人才、知识创业者和创业型专业人员。这三个部分紧密联系。传统意义上，专业教育培养专业型人才，创业教育培养创业者。而创业教育与专业教育的整合是知识、思维与能力的整合，在培养目标上体现为某种交错性和整合性。不仅要培养自主创业者，更要培养以专业知识和专业能力为基础的创业者。同样，不仅要培养专业型人才，更要培养具备创业素养的专业人才。此外，自我雇佣型人才也需要兼具专业知识、思维与能力，创业知识、思维与能力。无论是培养自我雇佣型人才，还是知识创业者、创业型专业人员，都需要创业教育与专业教育的整合才能实现。

3.1　美国高校创业教育与专业教育整合的内容

美国高校创业教育与专业教育整合的内容包括创业知识与专业知识、创业思维与专业思维、创业能力与专业能力等多个方面的整合。

　　首先,专业知识呈现出理论性、学科性和结构性等特征,创业知识体现出实践性、跨学科性和非结构性等特征。创业知识与专业知识的整合为专业知识应用到实践过程中提供了新途径。其次,专业思维方式呈现出分析性和线性思维的特征,创业型思维体现出综合性和复杂开放性思维的特征。创业思维与专业思维的整合为社会各界、专业人士分析和解决日益复杂的社会问题提供了新思路。最后,专业能力体现出常规性和变化缓慢等特征,创业能力体现出非常规性和动态性等特征。为了适应创业型经济与社会发展趋势,专业能力有必要与创业能力进行整合。并且,创业能力与专业能力在领导能力、人际沟通能力、管理能力等方面的培养目标是一致的,存在相互整合的空间和可能。

3.1.1　创业知识与专业知识的整合

1) 创业知识的内涵与构成

　　创业知识是创业教育的基础。任何学术领域必须积累了大量专业知识才有可能成为高校的一门学科,进而成为供学生学习的课程。创业知识来源于对创业的专门化研究。从发展来看,创业研究是一个多学科参与的过程。美国开展创业研究最早,发展水平较高,其高校的创业研究起步于 20 世纪 50 年代,当时一批经济学家从经济史学的视角来研究创业,将创业作为主流学科的一个研究分支;发展到 20 世纪 80 年代,心理学家开始介入创业研究,将创业者的人格特质等作为研究主题;到了 20 世纪 90 年代,社会学家和战略管理学家进入创业研究领域,开始关注创业过程,突出创业者的创业行为过程;进入 21 世纪,创业研究一方面逐渐成为独立的研究领域,另一方面呈现出跨学科研究的发展趋势,工程学、教育学、规划与发展学等领域学者也逐渐研究和关注起创业问题。[①] 因此,虽然创业研究逐渐专业化为一个学科或者独立的研究领域,但从根本上讲,是多学科的,其知识来源包含经济学、心理学、社会学、商学、管理学等多个学科。

　　创业知识大体上包括了两大类,一类是传统意义上的商学基础知识,一类是专门化研究之后发展出来的创业学科知识和跨学科知识。

　　传统商学知识主要是企业管理与运营的知识,如基础的会计知识(记账与簿记等)、营销知识(市场分析、定价、销售等)、财务知识(如现金流、成本分析等)、运营管理知识(雇用员工、管理控制等)等。而创业知识涵盖创业含义、创业者的

---

① Landström, H., Harirchi, G., Åström, F. Entrepreneurship: exploring the knowledge base[J]. Research Policy, 2012,41(7): 1154 - 1181.

特点、创业过程(创业机会发现、评价与利用等)、创业管理、跨学科的知识等。

新的创业知识日益成为创业学习的核心,以下分析与阐述新创业知识的具体构成。

第一,对创业的基本认识,这也是创业知识的基础,包括创业的含义、创业与小企业管理的区别、创业的种类、促进和制约创业的因素等。

第二,对创业者认识的知识,主要是有关成功创业者人格特质和行为特质的知识,多来源于心理学。它包括创业者如何进行个人评价和管理(如评价自身创业潜力、时间管理和个人规划等),如何创新(创新思维、想象力和问题解决等),创业者的领导力、风险管控能力、如何识别和利用创业机会等。

第三,创业过程相关的知识。创业过程一般以创业机会的识别、评价和利用为核心。它包括前期的创业需求发现、创意创新创造、创业机会识别和评价、商业概念开发;中期的创业机会实施,如评价和获取各种必备创业资源(场地、人力资本、资金等)、产品开发、团队建设、股权结构、工作流程等;后期的产品与运营、促进增长、持续规划、创业收获与实施退出等。[1]

第四,有关创业的跨学科知识。主要包括大的社会环境与行业发展状况、创业与社会的关系、创业的伦理问题、创业与法律、妇女创业、社会创业、绿色创业、公司内创业等。

实际上,创业知识既来源于对创业、创业者和创业过程的学科化研究,也来源于创业的跨学科研究。这些知识是相互联系,相互交错,彼此渗透的,并不能截然分开。

2)专业知识的内涵与构成

专业知识是专业教育的基础。美国高校专业教育的兴起与其社会转型及现代大学的崛起息息相关,包含了美国社会职业化专业阶层的出现、专门化学术研究和高等教育专门化等相互联系的几个组成部分。

美国社会中以现代中层阶级的崛起为标志的专业文化始于 19 世纪 40 年代。发展到 19 世纪七八十年代,出现了大量的行业资格协会,如 1878 年法律行业成立了自身第一个职业协会,1876 年图书馆管理行业成立了职业协会,1864—1888 年间医疗行业建立起各个分科方向(如外科、儿科)的职业协会。[2]

---

[1] Morris, M. H., Kuratko, D. F., & Cornwall, J. R. Entrepreneurship programs and the modern university[M]. Northampton, MA: Edward Elgar, 2013: 60.

[2] Bledstein, B. The culture of professionalism: the middle class and the development of higher education in America[M]. New York: W. W. Norton & Co Inc, 1978: 80 - 85.

与此同时，还成立了一大批以学术研究为基础的专业协会，如 1876 年的化学协会、1884 年的电气工程师学会、1888 年的数学协会和 1889 年的物理学会等。[①] 以往社会普通职业和学术职业专业化的背后是学术研究积累了大量专业知识，进入特定职业之前必须先经过长时间以某一学科为中心的系统知识的学习、完整的理论训练和相关实习，现在还需要获得行业协会认定的职业资格。

与美国社会的职业专业化同步，高校分科化的学术研究和专业教育也逐渐兴起。从 19 世纪 60 年代起，美国高等教育性质发生了根本的变化，主要表现为学术研究的专业化促进知识越来越专门化的趋势，以及抽象学术研究引发的智力解放。[②] 而美国这一时期新大学的主要特点就是"为知识的专业系部提供庇护，只要这些系部代表职业理想，对于实用型高等学习的愿望就能引发专门化的趋势"。[③] 总之，美国社会职业的专业化、研究的专业化和高校教育的专业化互为因果，相互交织。

研究的学科化、专业化是专业知识的来源。高校或者科研院所的研究者通过对自然或社会问题的实验研究或者其他科学方式的深入研究为专业知识的获取奠定了基础。专业知识也呈现出严格的分科化、结构化和系统化特征。因此，专业教育下的专业知识是体系化和学科化的知识体系，并且是高度制度化的学历教育。美国大学本科教育的专业知识结构如下：一般在第二年进入专业知识的基础课程学习，第三年和第四年上半年在某一专业方向下进行更加深入的专业学习，第四年最后一个学期参加整合之前所有专业知识的"顶点项目"（Capstone Project）课程和其他选修课程。

以工程教育为例，美国高校工程教育专业大多经过美国工程与技术认证委员会（ABET）严格的认证管理。美国工程教育的知识体系自从 20 世纪 50 年代建立起来，从本质上讲变化并不大，工程专业大学生学习专业知识的顺序和结构是事先已经安排好的。以麻省理工学院的工程专业为例，首先是人文和社会科学的通识课程，占 20%；其次是必修的数学课程（微积分、微分方程等）和自然科学课程（物理、化学与生物等），占 20%～25%。再次是必修的工程科学基础课程（包括实验），占 25%，工程实践的设计课程与其他专业选修课程，占 10%。最后是学生的自由选修课程，占 10% 左右。[④] 美国工程与技术认证委员会严格控制了特定学

① Bledstein，B. The culture of professionalism：The middle class and the development of higher education in America[M]. New York：W. W. Norton & Co Inc，1978：86.

② ［美］劳伦斯·维赛.美国现代大学的崛起[M].栾鸾，译.北京：北京大学出版社，2011.

③ ［美］劳伦斯·维赛.美国现代大学的崛起[M].栾鸾，译.北京：北京大学出版社，2011.

④ Coyle，E. Engineering in context[M]. London：Academica Press，2009：122.

科专业数理课程和工程课程的比例,2018 年的工程教育认证标准规定,必须修满最少 30 个学分的数理课程、合计最少 45 个学分的工程专业课程以及工程设计顶点项目课程才能毕业。[1] 因此,美国工程教育的专业知识体系是固定的,表现为数理基础课程、专业基础课程、专业方向课程和顶点项目课程,学习路径逐步分化,学习内容逐渐深化,一般先进行理论知识的学习、后进行理论知识的综合应用。

再以艺术专业教育为例。美国艺术类职业相对于工程师、医生和律师等职业较晚才开始踏上专业化的进程,表现之一就是美国专业艺术家协会 1995 年才成立,美国艺术专业教育的认证协会也大多成立于 20 世纪中后期。以成立于 1944 年的美国艺术与设计院校认证协会为例,该认证机构规定获得艺术方向本科学位(无论是文学士还是理学士),课程结构必须通识教育课程占 40%～50%,包括艺术史等在内的艺术专业理论课程占 30%～45%,艺术专业训练课程占 15%～20%。[2]

3)知识层面的整合

综上所述,专业知识从本质上是以某一学科为基础的知识,知识体系呈现出理论性、学科性和结构性等特征。理论性是专业知识最突出的特征。而创业知识从本质上是以多学科为基础的,呈现出实践线、跨学科性和非结构性等特征。实践性是创业知识最突出的特征。因此,创业知识与专业知识应该相互整合。一方面,两者整合可以避免学科化专业知识的弊端;另一方面,创业知识的实践性与专业知识的理论性相整合有助于培养大学生的理论应用能力和实践创新能力。

3.1.2　创业思维与专业思维的整合

与知识不同,思维不仅指人类处理信息的方式,还包括人类理解外部世界和自身及其互动关系的方式。对思维的研究主要集中在心理学和组织学领域,思维被这些领域的学者认为是吸收和处理信息的能力,是依据已吸收的信息和偏好进行加工过滤和阐释的过程,是不断接受信息和变革思维方式来接受新信息的发展产物,同时受到组织、社会、文化和教育等多方面因素的影响。[3]

思维是不断变化发展的,会随着我们的实践经历、教育过程和个人视角等而改变。斯坦福大学心理学家德韦克(Dweck)比较了两种不同的思维模式,固定

---

[1]　Accreditation Board for Engineering and Technology. Criteria for accrediting engineering programs 2018—2019[R]. Baltimore, MD: ABET, 2017: 40.

[2]　National Association of Schools of Art and Design. NASAD handbook 2017—2018[R]. Reston, VA, 2017: 137.

[3]　Gupta, A. K., & Govindarajan, V. Cultivating a global mindset[J]. Academy of Management Perspectives, 2002, 16(1): 116-126.

型思维模式和成长型思维模式后指出，固定型思维模式者相信人的能力、品质和智慧等素质是固定不变的，他们只是"消费"这些素质，而不是发展它；成长型思维模式者相信人的能力、品质和智慧等素质是可以通过个人努力和练习而改变的，因此乐于接受失败、挑战和尝试新的事物从而发展自身的能力。[①]

因此，思维是个人认知的过程，也是与外部世界互动的过程，更是个人世界观、认识观和价值观的反映。创业思维和专业思维由于其面对和处理的核心任务不同而产生了两种相对不同的思维模式。

1）创业思维的内涵与构成

在创新创业型经济和社会背景下，外部世界呈现出复杂、不确定和急速变化的发展态势，个人也因此面临非同寻常的压力和挑战。无论是从事自主创业活动，还是成为普通的员工，都只有具备创业思维才可能成功克服挑战、抓住机会和获得成功。像创业者一样，能在不确定的条件下，准确感知世界和把握机会，并积极付诸实施，这样的态度、倾向和思维方式就是创业思维。有学者把创业思维定义为"具有成长型思维模式的个人，具备灵活性、持续创新和持续更新的能力"。[②] 具备创业型思维的人能够识别新机会，评价和甄选出相对最佳的机会，持之以恒地追求和实现机会，拥有一流的行动能力和适应调整能力，并能够团结带领所有参与进来的人实现目标。[③] 因此，创业型思维是一个需要持续学习和实践的过程，以机会和成长为导向。创业型思维不仅是自主创业者的必备要求，也是新时期创业经济和社会发展背景下每一个人事业成功的必备素质。

不同的人和组织对创业思维的具体构成持有不同的看法。根据美国心理学家马克·戴维斯等人（Mark Davis，et al.）对数千名创业者和经理人的调查研究发现，创业思维包括 7 种人格特质和 7 项技能偏好（见表 3.1）。[④] 具备创业思维的人体现在个人特质层面偏好独立工作和开放性任务，不墨守成规，乐于挑战，敢于承受风险，持充满激情和积极行动的态度，具有较高的成就动机；具备规划未来、创意创新、行动力、自信、乐观、持之以恒、人际关系敏感等一系列有助于实现长远目标的技能。

---

① Dweck，C. S. Mindset：the new psychology of success[M]. New York：Penguin Random House，2006：7 - 9.
② Ireland，R. D.，Hitt，M. A.，& Sirmon，D. G. A model of strategic entrepreneurship：the construct and its dimensions[J]. Journal of Management，2003，29：963 - 990.
③ McGrath，R. G. & MacMillan，I. The entrepreneurial mindset：strategies for continuously creating opportunity in an age of uncertainty[M]. Brighton，Massachusetts：Harvard Business School Press，2000：2 - 3.
④ Davis，M. H.，Hall，J. A. & Mayer，P. S. Developing a new measure of entrepreneurial mindset：Reliability，validity，and implications for practitioners[J]. Consulting Psychology Journal Practice & Research，2015，68(1)：21 - 48.

表 3.1　创业思维的内容构成

一级	次级	含　义	表　现
个人特质层面	独立性	高度渴望独立工作	一想到要遵循别人制定的规则,我就不舒服
	偏好开放性的任务	偏好较少正式结构的任务和情境	一从事结构清晰的任务,我就厌烦
	不墨守成规	有以独特方式行事的偏好	我喜欢从人群中脱颖而出
	承受风险	即使成功的可能性很低,也愿意追求心中的目标或想法	我愿意承受一定的风险以获得真正的成功
	行动导向	表现出主动出击、迅速做出决定和对结果渴望的倾向	我倾向于快速做出决定
	激情	兴奋愉悦地从事自己的工作,而不是觉得单调无聊和乏味	我对我所做的事情充满了激情
	高成就动机	有较高的获取成就的愿望	我想在我的工作领域做到最好
技能层面	关注未来	能够超越当前状况进行思考并规划未来	我关注长远目标
	产生创意	能够产生多种创新的想法,并找到实现目标的多种路径	有时,好的点子就从我的脑海自然出现了
	实施	能够把想法变成可操作的计划,并成功付诸实施	我总是能够产生点子并实现它
	自信心	相信自身能够利用个人才能和技能实现重要的目标	我是一个自信的人
	乐观	对生活和世界的方方面面保持积极乐观的态度	即使事情进展不顺,我也会看到光明的一面
	持之以恒	能够快速从失望挫折中恢复,并在遇到挫折时保持坚韧	我不会轻易放弃
	人际关系敏感	对他人的幸福保持敏感和关心	我对他人的感受比较敏感

资料来源：Davis, M. H., Hall, J. A. & Mayer, P. S. Developing a new measure of entrepreneurial mindset: Reliability, validity, and implications for practitioners[J]. Consulting Psychology Journal Practice & Research, 2015, 68(1): 21 - 48.

　　除了心理学家对创业思维的研究,创业教育实践领域也对创业思维的构成进行了广泛而深入的探讨。以美国创业教学网络(The Network for Teaching Entrepreneurship)为例,该组织创立于 1987 年,长期致力于培养大学生和青年人的创业思维和创业技能。其认为,创业思维是可以被教导,可以经过实践训练而被培养出来的一系列技能和行为能力,具备创业思维可以为成功的人生打下坚实的基础。该组织把创业思维分为主动性和自我依赖、灵活性和适应性、交流沟通与合作、创意和创新、批判性思维和问题解决、未来导向、识别机会、乐于承担风险等相互联系的八个组成部分。[①]

　　以下通过与表 3.1 各个要素的对比,具体阐述美国创业教学网络所列出的创业思维的具体内涵。主动性和自我依赖大致与独立性相对应,是指能够在没有命令和指导的情况下主动负责事务并独立克服障碍。灵活性和适应性大致与不墨守成规相对应,指个人有能力和意愿改变已有的行动和计划,以克服现在和未来的障碍。交流沟通与合作是与人际关系敏感对应的,指能够向相关的对象清晰表达观点,包括说服别人向共同的目标而努力。创意和创新与不墨守成规、产生创意对应,指在结构不良和问题不清的任务状况下能够创造性地提出新想法或解决问题的办法。批判性思维和问题解决大致与偏好开放性的任务对应,指能够保持高水平、批判性的和以过程为导向的思维方式,并能够从各种可能的视角分析问题,并理性地做出决策。未来导向与关注未来对应,指个人积极乐观地面对未来,并为未来的职业转换和创业等积极准备技能和知识。识别机会并没有直接对应的要素,指个人能够把看到或者经历过的问题看作潜在的机会。乐于承担风险与承受风险相对应,指个人在不确定和面临挑战的情况下,可以及时做出决策的能力。

　　综上,创业思维不是狭义上的思维技能,而是在面临不确定和挑战的情况下一系列的以机会和目标为导向的人生态度、心理品质和技能素养。

　　2) 专业思维的内涵与构成

　　专业思维是学生在接受专业教育的过程中,以及在专业实践过程中形成的理性地分析问题和解决问题的思维模式。专业思维包括深思熟虑地分析问题、理性判断和推理、专业认知、从专业学习和实践过程中获得问题解决方法等思维

①　Network for Teaching Entrepreneurship. Entrepreneurial mindset[EB/OL].(2018 - 06 - 08)[2018 - 11 - 01].https://www.nfte.com/entrepreneurial-mindset/.

技能，也是针对具体问题，综合利用专业知识、实践知识和个人知识作出决策判断的思维过程。① 著名职业社会学家安德鲁·阿伯特(Andrew Abbott)在《职业系统：论专业技能的劳动分工》这本著作中提出，职业工作基础是文化系统，文化系统包括诊断、推理、治疗和学术性知识四个部分。② 诊断，即将职业过程中客户对象的问题转换为某一特定职业知识系统中的专业问题，其背后是深思熟虑地分析问题和理性判断的分析思维。治疗，即依据某一特定的职业知识系统针对客户问题给出解决方案，其背后是判断和决策思维。推理，指当诊断和治疗方案之间关系不明确时，专业工作者利用进一步的推理做出判断和决策，其背后是推理思维。学术性知识，即为职业知识系统奠基的学术研究后的知识积累。因此，专业思维在本质上是一种分析、推理、判断和决策的思维方式，是一种应用理论知识解决实践问题的思维方式。

与创业思维模式的创新性、复杂性和开放性特点相比，专业思维模式呈现出相对的保守性和线性等特点。专业思维模式受到社会文化、政治经济、组织与专业发展等许多实践情境的影响，由描述阶段、分析问题、决策实施与改进三个相互联系的部分组成。③ 专业思维模式的第一个阶段是清晰地描述所发现的问题或者发生的事件。描述问题是专业人员分析和解决问题的基础和前提。描述的内容既包括问题和事件本身，也包括专业人员自身的感受和想法。第二个阶段是分析问题，首先，对问题或事件进行批判性地分析，发现问题或事件的构成和要害之处，依据经验和积累的知识初步判断哪些地方可以解决，哪些地方还不能解决；然后，针对不能解决的部分，寻求新的知识或者相关人员的帮助，并评价获得的信息；最后，依据已有的经验、知识以及新获得的知识给出初步解决问题的设想，并把这些设想与客户、其他工作人员、专家等进行沟通交流。第三个阶段是决策实施和改进。决策实施是指实施分析阶段的初步设想，并把积累的经验和新发现的知识应用到实践过程中去；改进包括确认已有解决方案的有效性，引入解决问题的新视角，实施新的研究和变革实践方式等。因此，专业思维是描述问题、分析问题、解决问题和持续改进的过程，体现出分析性和线性等特征。

---

① Donaghy, M. E. & Morss, K. Guided reflection: a framework to facilitate and assess reflective practice within the discipline of physiotherapy[J]. Physiotherapy Practice. 2000, 16(1): 3-14.

② [美]安德鲁·阿伯特.职业系统：论专业技能的劳动分工[M].李荣山，译.北京：商务印书馆,2016.

③ Bannigan, K. & Moores, A. A model of professional thinking: integrating reflective practice and evidence based practice[J]. Canadian Journal of Occupational Therapy. 2009, 76(5): 342-350.

3）思维层面的整合

综上所述，专业思维面对的情境是确定的，发展变化的速度也相对缓慢。专业思维是利用固有经验和已有知识描述问题、分析与解决问题的线性过程。但专业思维也是不断发展变化的，针对新的情境和新出现的问题，不断利用新的知识，设计和开发出新的解决方案。专业思维在面对日益复杂和急速变化的社会发展情境下也需要增加新的元素，其中创新创业思维就是重要部分。而创业思维是在不确定、高度复杂、急速变化的现实社会发展背景下，每个人事业成功所必须具备的思维方式。创业思维本身呈现出未来、机会、创新和行动导向等特征。创业思维与专业思维的整合是新时期对世界各国高校大学生提出的新要求。专业思维在某种程度上依然有效，但只具备专业思维必定无法适应急速变化的现实社会。专业思维的线性特点也为创业思维的渗透、整合等提供了良好的平台。因此，在专业思维培养过程中加大对承受风险能力、创意创新能力、机会的把握和利用、对未来发展趋势的判断、行动能力以及自信乐观素质等创新创业思维的培养，是可行，也是必要的。

3.1.3　创业能力与专业能力的整合

能力（competencies），与单一的技能不同，其范围更广。能力是指有效地完成工作或者履行某种社会职责所需要的综合的知识、技能、行为与态度；另外，与思维（mindset）不同，能力聚焦于行为层次，是有效地完成某项工作所必须具备和表现出来的行动能力。

由于知识和技术淘汰、更新速度的加快，依靠专门知识和技术的职业培训方式和教育方式将变得不可持续。因此，教育学、心理学、人力资源管理、公共政策等多个学科都开始讨论和研究能够胜任未来工作的核心能力构成。尽管能力概念和能力框架等的提出有利于揭示某些工作要求和个人具备的知识、能力之间的差距，但是因为能力会因个人和情境的变化而变化，所以其依然是一个模糊的概念。[①] 有学者在比较了美国、英国、德国、法国和澳大利亚等不同国家对能力的定义和使用的异同点之后，认为应该采用一种整体视角来看待能力，认为整体性的能力应包括认知能力、业务型能力（functional competence）、社会能力、元能

---

① Klink，M. D. ＆ Boon，J. Competencies：triumph of a fuzzy concept［J］. International Journal of Human Resources，Development and Management，2003，3（2）：125 - 137.

力(meta-competence,能够促进个人获得其他能力的能力)等。① 并且,这四种能力在实践过程中是紧密相连和相互促进的关系。因此,无论是创业能力还是专业能力,都包括认知能力、技能型能力、社会能力和元能力等部分。

1) 创业能力的内涵与构成

创业能力是指自主创业者、内创业者等不同类型的创业者成功进行创新创业活动所必须具备的各种知识、行为能力、技能、态度与价值观等。创业能力与商业运营和管理能力是不同的。商业运营能力包括营销与销售能力、财务与现金管理能力、战略规划能力等;管理能力包括设定合适的目标、计划、组织与动员人、协调工作、分配资源、领导与授权等。② 与商业运营能力和管理能力面对的情境、任务的常规性和相对恒定性相比,创业能力面对的情境是不确定的,机会需要被及时发现和创造,创业者需要获取必要的资源并创立和运营组织。因此,创业能力的内涵更加复杂和独特,分为把握机会的能力、关系能力、概念化的能力、组织能力、战略能力、创造使命和承诺的能力(commitment competencies)等几个部分。③ 虽然,创业能力从根本上区别于商业运营能力和管理能力,但这种区分只是为了突出创业能力的独特性。广义上的创业能力是以上这几种能力的有机组合。

不同国家和不同领域的学者对创业能力的具体构成有着不同的认识和理解。美国资深创业教育专家 Morris 等人利用德菲尔法对创业能力的构成进行了深入细致的研究,发现重要的创业能力包括识别机会、评价机会、风险管理或化解、传递令人信服的愿景、坚韧不拔或不屈不挠、创造性地解决问题或具备想象力、有效利用资源、灵活的"游击"技能、创造价值、保持专注但同时具备适应能力、快速恢复能力、自我效能感、建立和使用人际网络等 13 项行为能力和态度。④ 这 13 种创业能力区别于传统的商业运营能力和管理能力,具体的构成和含义如表 3.2 所示。

---

① Deist,F. & Winterton,J. What is competence? [J]. Human Resource Development International 2005,8(1):27-46.

② Hofer,C. W. & Charan,R. The transition to professional management:mission impossible? [J]. American Journal of Small Business. 1984,9(1):1-11.

③ Man,T. W. & Lau,T. & Chan,K. F. The competitiveness of small and medium enterprises:a conceptualization with focus on entrepreneurial competencies[J]. Journal of Business Venturing. 2002,17(2):123-142.

④ Morris,M. H. et al. A competency-based perspective on entrepreneurship education:conceptual and empirical insights[J]. Journal of Small Business Management,2013,51(3):352-369.

表 3.2　创业能力的内容构成

序号	具 体 构 成	含　义
1	识别机会的能力	从变化的环境条件或者被忽视的可能性中发现能够带来潜在利润或者收益的机会
2	评价机会的能力	评价机会的内容结构并精确判断机会的价值与吸引力大小
3	风险管理或化解的能力	采取行动减少危机发生的可能性或者当危机发生时降低其产生的危害与影响
4	传递令人信服的愿景的能力	有能力构建组织未来发展的图景并使追随者信服和执行
5	坚韧不拔或不屈不挠	当遇到阻碍目标实现的困难和障碍时，能够持续坚持以目标为导向的行动和保持激情
6	创造性地解决问题或具备想象力	有能力把之前不相关的对象和要素等联系起来，产生创新和有效的解决办法
7	有效利用资源的能力	获取自身并不一定具备的资源或者控制这些资源以达到个人的目标
8	灵活的"游击"技能	有能力恰当地利用周边环境，利用未被别人发现的非传统、低成本的策略，以较少的资源做更多的事情
9	创造价值的能力	有能力开发新的产品、服务和商业模式，并从中获得超过成本的收益，通过创造足够的客户利益而获得公平的回报
10	保持专注但具备适应能力	有能力在实现组织目标和改变组织战略方向之间保持平衡，能识别和追求促进组织和外部环境良好互动的行动
11	快速恢复的能力	有能力应付压力和干扰，并在逆境中发展良好，迅速恢复，甚至发生飞跃
12	自我效能感	在完成特定的任务或要达到某种水平时保持自信心
13	建立和使用人际网络的能力	社会互动技能，个人能够建立、维护和使用与他人建立的人际关系，以促进自身职业或事业上的进步

资料来源：Morris，M. H. et al. A competency-based perspective on entrepreneurship education：conceptual and empirical insights[J]. Journal of Small Business Management，2013，51(3)：352-369.

表 3.2 中创业能力的构成是狭义的创业能力,是一般创业过程中所必须具备的各项能力设定,是创业者与环境、他人等充分互动的结果。比如,创业机会的识别、愿景的规划、风险的管理都是从外部环境中捕捉和发现机会,根据行业和自身组织的发展状况等进行风险预测和愿景规划。评价机会、创造性地解决问题、利用资源和灵活的"游击"技能、建立和使用人际网络、创造价值等能力主要是充分利用环境中的资源、人际关系和自身能力为他人和社会创造价值。其他自我效能、快速恢复的能力、保持专注但具备适应能力以及坚韧不拔或不屈不挠等是创业者面对高风险、不确定、易变的创业环境和创业过程必须具备的态度和心理能力。这与能力模型中的认知能力、技能型能力、社会能力和元能力等也是相互呼应的。

狭义的创业能力一般以自主创业为核心,突出创业过程所要求的各项能力,区别于管理过程和商业运营过程所要求的能力。广义的创业能力不仅把自主创业者、自我雇佣者、内创业者(创业型专业人员)等各类创业者都囊括进来,还把管理能力和商业运营能力等也涵盖其中。表 3.3 是美国、英国与欧盟等关于创业能力构成的表述。

表 3.3　创业能力构成的国际比较

国别	创业能力构成部分	分析与注释
美国[①]	1. 创业技能:在个人发展或是创立企业等过程中获得成功所需要具备的过程性能力以及人格特质和行为能力。过程性能力包括机会发现、概念开发、获取资源、行动实施和收获等能力;人格特质与行为能力包括领导力、个人评价和个人管理能力等	美国的创业能力由3部分、15个标准、403个要素组成
	2. 准备技能:成功创业者所必须具备的商业知识和商业技能,例如商业基础、沟通与人际技能、数字技能、经济学基础、财商、职业发展等能力	
	3. 商业管理能力:创业者管理企业所必须具备的各种管理能力,例如财务管理、人力资源管理、信息管理、营销管理、运营管理、危机管理、战略管理等	

---

① 资料来源:Consortium for Entrepreneurship Education. The national content standards for entrepreneurship education[R]. 2004:12-14.

续　表

国别	创业能力构成部分	分析与注释
英国①	1. 创业型行为、技能与态度(广义):应对不确定和快速变化的能力、积极主动的态度、抓住机会的能力、创新做事方式、协商谈判与销售技能、自主能力与决策能力等	英国重视个人和组织在生活、职业、创业等各种情况下创业行为、技能、价值观、态度等多方面的培养
	2. 创业型生活能力:收入管理、解决复杂问题、从做中学、在不确定中工作、压力状况下做出决定、建立人际关系等	
	3. 理解创业价值的能力:爱好独立、自我成就、享受拥有权与自由、相信努力会获得回报、行动导向、自信、建立信任等	
	4. 具备创业型职业能力:清晰地理解创业能力可以应用到多种情境和职业中,能够把所学知识和技能创造性地应用到企业或其他新组织的创立和运营过程中,在职业发展过程中能够向卓越的榜样学习和借鉴,具备自我雇佣能力等	
	5. 创业过程型能力:理解并能够具备创立整个企业过程的能力,并能够把这些能力运用到不同的情境中	
	6. 核心创业能力(狭义):寻求机会、主动出击、自主、协商谈判、承担风险、直接利用决策、战略导向等	
	7. 核心商业开发能力(how):规划、研究、商业计划、开发、营销、管理、财务、监管等	
	8. 人际能力(who):开发、维持和最大化人际关系的价值,例如理解关系的本质,学会选择合作伙伴,学会构建良好的利益相关者网络,能够利用网络、区域资源和国际资源寻找和维护合作伙伴关系等	
欧盟②	1. 想法与机会:捕捉机会、创新与创造、愿景、评估机会的价值、伦理与可持续思维	由 3 个部分、15 个标准、442 个要素组成;15 个能力标准相互连接,构成一个整体。
	2. 资源:自我意识与自我效能、追逐目标与坚持不懈、调动与管理资源、财商与经济素养、鼓舞调动他人	
	3. 付诸行动:积极主动地行动、规划与管理、应付不确定性、模糊性和危机、与他人合作、从经验中学习	

---

① Gibb,A. Entrepreneurship and enterprise education in schools and colleges:Insights from UK[J]. International Journal of Entrepreneurship Education,2008:101 - 144.

② European Commission. EntreComp:The entrepreneurship competence framework[R]. 2016:12 - 13.

从表 3.3 中可以看出，美国、英国、欧盟对创业能力的定义都是广义的，体现出创业能力不仅是自主创业者，也是现代社会中个人和组织生存发展必备的能力。比如，美国的创业能力包括广义的创业技能和准备技能，以及相对狭义的商业管理能力。英国的创业能力成分最为复杂，既包括狭义的核心创业能力、创业过程型能力、商业开发和管理能力，也包括广义的创业型行为、技能与态度，创业型生活能力和创业型职业能力等。欧盟的创业能力包括发现机会，获取资源并付诸行动等三个紧密相连的部分，适合的对象和情境也是多种多样的。丹麦和北欧国家的创业能力由行动能力、创新能力、外部能力和个人资源等组成，也是广义的创业能力。

2）专业能力的内涵与构成

专业能力是指高校学生在接受专业教育的过程中，以及在专业实践过程中逐渐形成的胜任某种职业所必需的知识应用能力、专业技能、职业发展能力、专业价值观、领导力与组织能力等。因此，专业能力的培养从大学专业教育开始，持续整个职业生涯全过程。

从专业发展的角度看，广义的专业能力包括知识技能范畴、人际能力范畴和人格发展范畴。技能范畴包括知识应用、技能应用、专业实践能力、专业智慧和自我导向的学习能力等；人际范畴包括自我控制与管理能力、沟通与合作能力、同情与同理心、影响他人的能力等；人格发展范畴包括责任心、诚实与正直、服务他人精神、道德勇气、谦卑等。[①] 有学者总结了 20 多年来对专业能力构成的研究，提出了综合型的专业能力框架，包括特定领域的专业知识和技能、通用知识和技能（展示能力、自我管理、领导力与组织能力等）、高水平的个人情商和社会情商、变易型思维能力（依据不同情境给出不同解决方案）与专业实践能力等五个紧密联系的部分。[②] 这些专业能力在高校专业教育过程中表现为培养目标或培养结果。

美国高校专业教育的能力标准都要经过严格的认证，相对应的职业专业化程度越高，认证要求也越严格。以下具体以美国工程专业认证标准为例，具体阐述和分析美国工程专业对人才的能力要求。美国工程与技术认证委员会（ABET）最新的工程与技术专业培养目标包括 11 项内容：① 有能力应用数学、

---

① Brown，D. & Ferrill，M. J. The taxonomy of professionalism：reframing the academic pursuit of professional development[J]. American Journal of Pharmaceutical Education，2009，73(4)：68.

② Scott，G. & Wilson，D. Tracking and profiling successful IT graduates：an exploratory study[C]. ACIS 2002 Proceedings：1-11.

科学与工程学知识(应用知识的能力);② 有能力设计与实施实验,并能够分析和阐释实验数据的意义;③ 有能力在考虑经济的、社会的、环境的、政治的、伦理的、健康与安全、可制造性、可持续性等诸多现实的限制条件下设计出满足需求的系统、部件和工艺等;④ 有能力在多学科团队中发挥作用;⑤ 有能力识别、表达清楚和解决现实中的工程问题;⑥ 有能力理解专业职责和伦理责任;⑦ 有效沟通的能力;⑧ 接受宽广的教育,以在全球的、经济的、社会的、环境的和社会的情境下理解工程解决方案带来的不同影响;⑨ 具备终身学习的需求和参与终身学习的能力;⑩ 对当代重要问题的认识和了解;⑪ 有能力在工程实践中有效使用现代工程工具、技术和技能等。[①] 这 11 项能力概括起来可分为知识应用能力、工程设计与实践能力、专业伦理、通用性知识和能力(沟通与终身学习等)。

再以美国艺术与设计专业的能力培养为例,与工程专业能力培养类似,艺术类专业也包括一般性能力的培养(沟通、交流、多学科合作能力等)、艺术理解能力、应用艺术知识的能力、艺术技能与实践能力、职业发展能力等。[②]

3) 能力层面的整合

创业能力从根本上讲是在不确定的情境下抓住机会并创造价值的能力。专业能力更偏向于在相对确定的情境下应用专业知识与技能解决现实问题的能力。无论是创业能力还是专业能力都有狭义和广义之分。广义的创业能力把管理能力、商业运营能力和创业过程性能力包含在内。广义的专业能力把通用性的知识和技能、专业技能和情商等包括在内。实际上,创业能力和专业能力在很多方面相互重合,可以相互整合和转化。比如,创业能力中的机会识别、评价和利用能力和专业能力中的问题描述、方案设计和问题解决可以相互转化和整合。创业能力中的危机管理、资源利用、人际交往、创造性地解决问题和创造价值等能力与专业能力中的项目管理、知识应用、沟通合作、问题解决和服务顾客等能力可以相互对应和整合。并且,美国高校专业能力的培养呈现出多元化的发展趋势,这也为创业能力与专业能力的整合提供了契机和可能。创业能力与专业能力的整合是适应美国创业型经济和社会发展的必然趋势。

综上所述,美国高校创业教育与专业教育在知识、思维和能力等多个方面存在整合的必要和可能,只有两者整合,才能适应高速变化发展的现实与未来。

---

① Accreditation Board for Engineering and Technology. Criteria for accrediting engineering programs 2018—2019[R]. ABET,2017:4-5.
② National Association of Schools of Art and Design. NASAD Handbook 2017—2018[R]. NASAD,2017:100-103.

3.2 美国高校创业教育与专业教育整合的目标

美国高校创业教育与专业教育整合的目标主要有三个,一是培养自我雇佣型人才,二是培养知识创业者,三是培养具备创新创业素养的专业人员。

首先,随着美国自我雇佣型经济的日益发展以及自我雇佣型职业的兴起,在培养高校学生专业能力的同时还需要培养学生自我雇佣的能力,让学生具备创立和运营以个人为主体的事业或企业的能力。

其次,美国创新型经济的核心竞争力从根本上来说是知识创业的结果。美国的研究型大学是知识创业的发起地和源泉,知识创业的前提和基础是美国高校学生对专业知识的创新型应用和转化,这得益于创业教育与专业教育的整合渗透。

最后,美国创业型经济和创业型社会的发展离不开各行各业专业人员的创新创业型活动。开发新的产品和新服务,以新的方式解决各种社会问题,促进组织的创新型变革等离不开政府、企业、社会等组织内部的具有创新创业素养专业人员的努力。在专业教育中融入创业教育的内容成为培养创业型专业人员(如创业型教师、创业型工程师等)的必由之路。

事实上,这三个目标相互交叉、紧密联系,又可以相互转化。自我雇佣型人才从事的是一个人的创新创业活动;知识创业者是创立并运营以知识应用和新产品开发为核心的新创企业;具备创业素养的专业人员是组织内部的革新者和创新者。自我雇佣者如果创新程度高、规模壮大就可以转化为知识创业者,而具有创业素养的专业人员既可以离开组织,创办新的企业或组织,也可以成为自我雇佣者。因此,这三个目标可以在同一所高校创业教育与专业教育的整合过程中同时实现。

3.2.1 培养自我雇佣型人才

1) 自我雇佣的定义

自我雇佣是指从业者自己雇用自己,通过自己创办和运营的事业获得报酬或利润,与受雇于政府或企业相对。自我雇佣按照是否公司化可以分为两种基本形式,一种是自雇式的公司,另一种是以其他法律形式存在的自我雇佣。

自我雇佣与创业既有区别又有联系。创业是指创立任何种类的新组织并创造社会价值的过程,既包括狭义的创办新企业,也包括广义的创立新事业的过程。自我雇佣是创业的一种独特方式,往往凭借个人的知识、技能、创新与创业活动等创造利润和价值。自我雇佣者根据工作任务的独立水平、自我雇佣的动机、投资资本的能力、创新性、专业水平等标准可以分为依赖性自我雇佣、兼职性自我雇佣、可重复的个人企业、创新性的个人企业、专业化的自由职业者等。① 因此,自我雇佣可以称之为个人化的创业活动。

2) 美国自我雇佣型工作的发展状况

自我雇佣是美国工作岗位的重要组成部分,自我雇佣不仅解决了个人工作问题,还可以为他人创造就业岗位。以 2014 年为例,美国的自我雇佣者占到所有就业人数的约 10%(1 460 万个),同时创造了 20%的就业岗位(2 940 万个),自我雇佣者及其创造的就业岗位合计超过 4 400 万个;并且,1990—2014 年,美国自我雇佣者的比例超过了 10%,公司化的自我雇佣者从 1990 年的 2.9%上涨到了 2014 年的 3.7%。② 因此,美国的自我雇佣者是创业者的重要组成部分,创造了大量就业岗位,为美国的创新创业和经济发展做出了重要贡献。

随着创业门槛的降低、网络平台的日益便捷和美国民众工作观的改变,美国的自我雇佣型就业将迎来大爆发。据 2021 年的调查,美国有超过 40%的工作者愿意在两年内放弃传统工作而从事全职性的自我雇佣式工作,而选择自我雇佣的原因包括受疫情的影响、寻找工作意义和满足感、身体健康与家庭因素、避免性别与种族歧视等,与获取高收入相比,寻找对职业的自我掌控感是选择自我雇佣式工作的主要驱动力。③ 这证明美国未来的就业方式将面临深刻变革,自我雇佣型职业在未来的就业市场中将占据越来越重要的地位。这给美国高校传统意义上培养雇佣型劳动者的专业教育提出了挑战。而美国高校创业教育与专业教育整合的目标之一就是为了迎接这个挑战,在新的就业形势下培养自我雇佣型人才。

3) 自我雇佣型人才的类型与能力要求

如表 3.4 所示,美国自我雇佣职业占比最高的领域主要分布在农业、医疗、艺术与创意以及其他特殊服务行业。自我雇佣职业不一定必须接受大学教育,如动物饲养员、摄影师等,但美国高校都设置了与之相关的专业。美国自我雇佣

---

① Szaban, J. & Skrzek, M. Self-employment and entrepreneurship: a theoretical approach[J]. Journal of Management and Business Administration, 2018, 26(2): 89 - 117.

② Kochhar, R. et al. Three-in-ten U.S. Jobs are held by the self-employed and the workers they hire [R]. Washington, D.C: Pew Research Center, 2015: 6.

③ FreshBooks. 2021 Annual Self-Employment Report[R]. Toronto, Ontario: FreshBooks, 2021: 3.

型人才出现两极分化的现象,一种是低学历但需要高技能,如农业类的自我雇佣;另一种需要高学历和高技能,如医疗行业的自我雇佣。依据美国劳工统计局的预测,到 2026 年,美国低学历的农业类自我雇佣的就业人数将出现大幅下滑,由 2016 年的 75 万人下降到 2026 年的 2 万人左右,大量工作将会被智能化的机器取代;而要求较高学历的个性化的医疗服务和以创意为核心的"艺术、设计、娱乐、运动与媒体"领域的自我雇佣将会大幅增长,如创意领域的自我雇佣比例到 2026 年将会高达 25%。[①] 这就对美国高校医疗专业和文化艺术类专业的教育提出了新的要求,既要培养学生过硬的专业能力,又要培养学生的自我雇佣能力,即培养以自我雇佣为目的的毕业生。

表 3.4　美国自我雇佣比例最高的前 20 种职业

	自我雇佣的百分比	职　业　名　称	相对应的高校专业
1	100%	动物饲养员	动物科学专业、生物学专业等
2	90.7%	殡葬服务经理人	社会工作专业、殡仪馆学等
3	85.4%	农场主、牧场主及其他农业类经理人	农学类专业
4	80.3%	脊骨神经医师	脊骨神经医学专业
5	78.4%	足病医师	足病医学专业
6	70.2%	模型、模具制造商(金属和塑料等)	模具制造等工科专业
7	66.9%	验光师	生物、化学、心理等专业
8	65.9%	健康诊断和治疗从业者	医学相关专业
9	63.9%	牙医	牙医学专业
10	60.6%	娱乐表演者、体育及相关工作者	表演专业、体育专业
11	60.2%	摄影师	摄影学或其他相关专业
12	58.7%	私人服务员主管或经理	与之相关的管理学专业
13	57.7%	艺术家及相关工作者	相关艺术学专业

---

① Torpey, E. & Roberts, B. Small-business options: occupational outlook for self-employed workers [R]. Bureau of Labor Statistics, 2018: 2 - 5.

续　表

	自我雇佣的百分比	职　业　名　称	相对应的高校专业
14	57.1%	景观管理和场地管理等的主管/经理	与之相关的管理专业
15	56.4%	动物驯化师	动物科学专业、生物学专业等
16	55.5%	渔民及相关渔业工作者	水产养殖专业等
17	51.2%	音乐家、歌手及其他音乐行业从业者	音乐表演等相关专业
18	48.8%	房地产评估师	建筑学等相关专业
19	46.2%	作家或其他写作类工作者	文学等相关专业
20	45.7%	房地产经理人	房地产经营等相关专业

资料来源：Katz. J. A.，Roberts. J.，Strom. R. et al. Perspectives on the development of cross campus entrepreneurship education[J]. Entrepreneurship Research Journal，2014，4(1)：13-44.

自我雇佣型人才的能力要求。除了必备的专业知识和专业能力，自我雇佣型人才还必须具备类似创业的多种能力。

第一，具备会计和营销等商业技能；第二，具备诸多如时间管理、人际沟通与激情等"软"技能；第三，自我成长和相关的研究探索能力，诸如深刻分析自我、研究所在行业领域的潜在市场以及寻求专业帮助的能力；第四，事业起步和维持运营的能力，如商业计划写作能力、相关的法律知识、建构合作伙伴的能力、持续保持竞争和适时调整的能力等。在专业教育的同时融入对这些能力的培养对学生将来选择自我雇佣的职业道路至关重要，同时这些能力的培养是需要持续自我雇佣者一生的。

3.2.2　培养知识创业者

1）知识创业的含义

以知识为基础的创业区别于传统的商业创业，知识创业的根本在于以新知识、新技术等知识资本为基础开发具有市场应用前景的产品和服务。以知识为基础的创业往往体现为创立高技术新创企业、分拆公司（corporate spin-outs）和大学衍生公司等，是创业活动极其重要的组成部分。这些高科技企业与普通的企业相比有着更高的存活率，经常依靠和吸收大量的风险资本发展壮大，往往投入巨额的研发费用并因此拥有数量众多的发明专利，从而在大大提高生产率的同时创造大量的财富和就业岗位。① 知识创业者就是从事知识创业活动的大学生、大学教师和科研人员等。

美国研究型大学是新知识、新发明的源泉和集中地。有商业潜力的新知识和新技术源源不断地在美国研究型大学中产生出来。知识创业活动高度集中在美国研究型大学。从知识创新到具有市场潜力的产品开发和销售需要创业活动来转化。美国著名研究型大学的诸多大学生利用自己的专业知识在教师及校友的协助下从事创业活动,创办了大量的高科技企业,是卓有成效的知识创业者。激发和培养一大批知识创业者,成为美国高校促进创业教育与专业教育整合的重要目标。

2)美国知识创业的发展状况

知识创业是美国创业型经济发展的核心组成部分,对经济增长和就业增长做出了极大的贡献。依据对 2018 年全球前 100 家技术领导型企业的研究发现,美国是全球高科技企业的集中地,拥有全球 45％的高科技企业。② 如苹果、亚马逊、脸书、微软、惠普等,无论在盈利水平、管理与投资信心、公司声誉,还是研发与创新水平、社会影响力、危机承受能力等方面都表现卓越。基于知识和技术的创业活动是美国经济保持竞争力的重要原因。

美国的高科技企业遍布电信、信息技术、生物医疗、服务等各个领域。高科技公司的创立与发展离不开研究型大学学生和校友基于知识的创业活动。美国大学基于知识的创业活动也是美国经济保持竞争力的重要原因。仅以 2017 年全球高校本科阶段大学生创业活动为例,在全球大学本科生创业活动中排名前 50 的高校,美国占据了 41 所,排名前 20 的高校,美国独占了 17 所,具体情况如表 3.5 所示。

表 3.5　2017 年全球大学生创业活动前 20 强高校

名次	大　　　学	国别	创业者数	创业公司数	融资额(亿美元)
1	斯坦福大学	美国	1 127	857	226.3
2	加州大学伯克利分校	美国	1 089	961	170.5
3	麻省理工学院	美国	907	780	161.12

① Hayter, C. S. Conceptualizing knowledge-based entrepreneurship networks: perspectives from the literature[J]. Small Business Economics, 2013, 41(4): 899-911.
② Thomson Reuters. Top 100 global technology leaders[R]. Toronto: Thomson Reuters, 2018: 12.

名次	大　　　学	国别	创业者数	创业公司数	融资额（亿美元）
4	哈佛大学	美国	844	750	219.22
5	宾夕法尼亚大学	美国	788	712	139.25
6	康奈尔大学	美国	721	666	147.54
7	密歇根大学	美国	689	614	94.34
8	得克萨斯大学	美国	600	551	58.63
9	特拉维夫大学	以色列	582	486	67.35
10	伊利诺伊大学	美国	506	460	63.07
11	耶鲁大学	美国	485	439	90.31
12	加州大学洛杉矶分校	美国	460	433	80.24
13	普林斯顿大学	美国	453	424	85.16
14	以色列理工学院	以色列	430	364	56.99
15	哥伦比亚大学	美国	428	396	61.86
15	威斯康星大学	美国	428	380	33.9
17	布朗大学	美国	426	388	75.96
18	南加州大学	美国	414	374	57.88
19	卡内基梅隆大学	美国	408	352	59.70
20	滑铁卢大学	加拿大	390	299	70.58

资料来源：Black，G. J.，Apfel，H. The top 50 universities producing VC-backed entrepreneurs 2018—2019[R]. PitchBook Data，2018：3 - 4.

　　美国大学生创业活动主要分布在商业服务、能源、医疗服务、IT 硬件、医药与生物技术、软件等各个领域，并且绝大多数是以知识为基础的高科技企业。这些新创企业在所在区域和全国的经济发展中发挥着相当重要的作用。因为这些新创企业是以知识创新和研发为基础的高科技企业，产品和服务的创新程度高、利润大，对所在区域经济和世界经济发挥着相当重要的作用。以斯坦福大学为例,截至 2011 年,斯坦福大学毕业生创办高科技企业数量超过 39 900 家,这些企业累计创造了约 540 万个工作岗位,产生的全球收益高达 2.7 万亿美元,相当于全球第十大经济体。[①]

美国研究型大学学生活跃的创业活动离不开学校提供的高水平的专业教育和创业教育。一方面,研究型大学在"数学、技术、工程与技术"(STEM)、计算机、商科等学科领域提供了一流的专业教育,使学生创造并利用新知识和新技术的能力极强。另一方面,美国研究型大学为学生的创业活动提供了集创业教育、风险资本支持、创业导师指导、创客空间孵化服务等于一体的健全的创新创业生态系统,如斯坦福大学和硅谷形成了良性互动的创新创业生态系统。美国高校创业教育与专业教育的整合为其活跃的创业活动奠定了坚实的基础。

3) 知识创业者的能力要求

大学生是潜在的知识创业者。以知识创新和应用为基础的高科技创业活动对知识创业者提出了很高的能力要求。知识创业者除了应具备前沿的专业知识和过硬的专业能力外,还需要具备知识转化能力,依据市场需求和新技术开发新产品的创新能力、创业能力与管理企业的能力等。

第一,能够创造社会价值的专业知识与专业能力。知识创业者除了需要具备扎实过硬的相关专业知识与能力外,还需要能够从专业知识中发现适合自身背景的创业机会,挖掘和评估相应的专业知识和技术的商业潜力,并抓住时机,实践创业机会。除此之外,知识创业者还需要具备跨领域和跨学科的知识,以提高发现、评估和实践创业机会的能力。

第二,依据市场需求和新技术开发新产品或服务的创新能力。产品开发能力是知识创业者区别于其他类型创业者的核心能力之一,围绕客户需求和新的技术发明持续不断地设计、开发、验证和改进新产品是知识创业者正式从事创业活动的核心环节。

第三,创业能力。与创新能力同样重要的是知识创业者的创业能力,如搭建与管理创业团队、商业计划书写作、市场分析、财务管理、日常运营、融资和知识产权保护、人力资本管理等各项能力。

第四,综合型的"软"技能。这类软技能包括创新思维和打破常规解决问题的能力、系统思维能力、战略与领导能力、人际沟通与谈判能力、跨学科团队合作

---

① Eesley, C. E. & Miller, W. F. Impact: Stanford University's economic impact via innovation and entrepreneurship[R]. Stanford, California: Stanford University, 2012: 6.

能力等。

第五，新创企业管理能力。新创公司的管理也对知识创业者提出了很高的要求，如促进企业快速成长的能力、知识产权保护、融资与构建公司文化等。

总之，知识创业者是通过新知识和新技术进行创业活动的，这既与专业教育有关，也与创业教育紧密相连。美国高校创业教育与专业教育整合的目标之一就是培养知识创业者，激发大学生创办以知识为基础的高科技企业，为美国经济的高质量发展和增加高质量的就业机会做出应有的贡献。

3.2.3　培养具有创业素养的专业人员

1) 创业型专业人员的含义

创业型专业人员与"内创业"的兴起紧密相关。创业型专业人员就是组织内部的创业者(intrapreneurs)，是组织内部的梦想家，在企业、政府部门、社会部门等任何组织内主动承担起创新的责任，通常也是新理念、新事物的发起人和创造者，并且是把某个创新的理念变为现实的梦想家和实践者。[①]　因此，具有创业素养的专业人员与真正的创业者一样从事创新创业活动，这样的创业型工作者可以是加入新创企业的创新者、公司内的战略管理人员，也可以是政府组织、教育组织、社会与文化组织的大胆创新者和变革者。

美国创业型专业人员分布在任何行业任何组织的内部，是其创业型经济和创业型社会发展的根本动力源泉。美国创业教育联盟（The Consortium for Entrepreneurship Education）发布了 16 个行业大类（农业、建筑业、艺术与传媒业、商业管理、教育行业、金融业、政府与公共管理、医疗业、酒店与旅游管理、公共服务、信息技术、法律、制造业、营销、科学技术、交通）中代表性的创业型职业。以教育行业为例，创业型专业人员包括各级学校的校长、主任与主管，幼儿园教师，各级学校的创业型教师，解决各种教育问题的革新者等。[②]　以创业的态度从事专业工作是美国职业发展的重要趋势，具备创业知识和创业技能成为每一个工作者必备的基本素养，也成为美国高校创业教育与专业教育整合的又一重要目标。

2) 美国创业型专业人员的发展状况

美国创业型专业人员的发展状况受到美国民众创业活动和各类组织内部

---

① Pinchot, G. Intrapreneuring: why you don't have to leave the corporation to become an entrepreneur [M]. New York: Harper and Row, 1985: ix.

② Consortium for Entrepreneurship Education. Entrepreneurial occupations in every career cluster[EB/OL]. (2015 - 09 - 21)[2018 - 11 - 05]. https://www.careeronestop.org/competencymodel/info_documents/ceeclusters.pdf.

(尤其是公司内部)创新活动的影响。依据2016年全球创业指数的调查,美国创业型专业人员的创新活动率达到7%,比其他26个创新经济体高出2%;而同期美国民众的创业率达到12.63%(其中以开发创新型产品或服务为核心的创业活动达到37%),这表明美国民众从事创新创业活动的总比例达到了约20%,远超其他发达国家。[①]

2011年,全球创业观察小组针对世界主要经济体的创业型专业人员发展状况进行了专门的调查,并发布了相关报告。该报告对创业型专业人员的定义为"组织内部追求创业机会的人,他们经常为组织开发新的产品或服务,开创新业务、新的分支机构等"。[②] 在调查的全球54个经济体中,平均3%的成年人为创业型专业人员,包括美国在内的23个创新经济体,创业型专业人员占该国成年人(18~64岁)的比例平均达到4.6%;包括中国在内的24个效率型经济体,这一比例平均为1.8%;包括巴基斯坦在内的7个要素型经济体,这一比例平均只有0.3%。[③] 这表明创业型专业人员的发展状况与经济的创新程度紧密相关,创新型经济体最高,效率型经济体次之,要素型经济体最低,具体如表3.6所示。

表3.6 2011年国际创业型专业人员发展状况

	自主创业的比例(%)	创业型专业人员的比例(%)	企业内部创业型专业人员比例(%)
要素型经济体的5个代表国家			
阿尔及利亚	9.3	0.7	0.3
孟加拉国	12.8	0.0	0.0
伊朗	14.5	0.4	0.2
巴基斯坦	9.1	0.1	0.0
委内瑞拉	15.4	0.6	0.4

[①] Kelley, D. J., Ali, A., Brush, C., et al. Global entrepreneurship monitor United States report 2016 [R]. Babson Park, MA: Babson College, 2017: 24.

[②] Bosma, N., Wennekers, S., Guerrero, M., et al. Special report on entrepreneurial employee activity 2011[R]. Babson Park, MA: Babson College, 2012: 14.

[③] Bosma, N., Wennekers, S., Guerrero, M., et al. Special report on entrepreneurial employee activity 2011[R]. Babson Park, MA: Babson College, 2012: 7 - 8.

续　表

	自主创业的比例(%)	创业型专业人员的比例(%)	企业内部创业型专业人员比例(%)
效率型经济体的 6 个代表国家			
中国	24.0	1.7	0.7
俄罗斯	4.6	0.4	0.4
巴西	14.9	0.8	0.7
南非	9.1	0.3	0.2
泰国	19.5	1.4	0.7
智利	23.7	2.6	1.8
创新型经济体的 9 个代表国家			
美国	12.3	5.3	3.4
英国	7.3	4.3	3.6
法国	5.7	3.9	2.4
德国	5.6	3.5	2.5
日本	5.2	3.1	2.7
澳大利亚	10.5	5.0	3.1
比利时	5.7	8.6	5.4
芬兰	6.3	8.0	4.9
新加坡	6.6	2.6	2.2

资料来源：Bosma, N., Wennekers, S., Guerrero, M., et al. Special report on entrepreneurial employee activity 2011[R]. Babson Park, MA: Babson College, 2012: 26-27.

从表 3.6 可以看出,美国不但在自主创业率方面高于其他创新型经济体,而且其创业型专业人员的比例上也高于创新型经济体的平均水平,企业内部的创业型专业人员也是如此。与之相比,我国的创业型专业人员占比相对较低。美国创业型专业人员在开发新产品和新服务以及促进组织创新型变革方面发挥了重要的作用,这既离不开美国企业、政府等组织内部对专业人员创新创业行为的鼓励和支持,也离不开美国高等教育系统对各个专业大学生创新创业能力与素质的培养,其中创业教育与专业教育的整合就是培养创新创业素质的重要途径之一。

3) 创业型专业人员的能力要求

同自主创业者一样,创业型专业人员需要具备多项创新创业能力。由于创业型专业人员是在组织内部进行创新或者创业活动的,创业型专业人员的能力要求与普通的专业人员的能力要求相比更高,除了要具备扎实的专业知识和专业能力外,还需要具备以下几种能力。

第一,自我激发、积极主动和持之以恒的职业态度。[①] 自我激发指的是创业型专业人员与其他受雇佣的普通员工相比,更加积极勇敢地追求自己设定的目标,而且这些目标不是被上级部门告知和分配的,甚至有些目标不属于自身的职责范围或与自身职责并不相关。而积极主动是指创业型专业人员以长远的眼光积极主动地寻求新机会、新问题和新需求等,并试图实现这些新机会、解决新问题和满足新需求。持之以恒是指创业型专业人员在追求和实现自我设定的目标的过程中能够不断克服各种障碍,保持下去。

第二,工作创新能力。具体包括能够在自己的工作岗位上发现亟待解决的问题、未被满足的需求、需要改进的工作流程等,识别或创造出适合自身的创新机会;继而积极主动搜寻和完善相关信息、大胆发挥创新思维等形成初步的创意;然后把设想中的创意设计开发为新的产品、服务、工作流程等,并根据相应的情境做出测试和调整;最后,经过大规模的推广和应用实现创新的制度化。

第三,沟通、说服与联合等人际能力。由于创业型专业人员是在组织内部进行创新活动的,他们往往需要处理好与同事和上级的关系。创业型专业人员需要就创意和创新的想法与同事、潜在的消费者等可能的支持者进行沟通,赢得管理领导层在资金、设备和人员等方面的大力支持,与组织内外部的支持者形成联盟关系,甚至在得不到支持和不被允许的情况下能够有策略地进行行动。[②]

第四,组织团队实施与运营的能力。创业型专业人员需要在组织内部成立实施小组,领导与安排相关人员围绕新的产品和服务等进行合理分工,有序地组织、实施和实现创新的长期运营,达到预期的目标。

---

① Frese. M. & Fay. D. Personal initiative: an active performance concept for work in the 21st century [J]. Research in Organizational Behaviour, 2001, 23: 133 - 187.

② Jong. D. J. & Wennekers. S. Intrapreneurship: conceptualizing entrepreneurial employee behaviour [R]. Netherlands: EIM Business & Policy Research, 2008: 25.

3.3　场域论视角下的审视与反思

本章解决的主要问题：美国高校创业教育与专业教育整合的内容和目标分别是什么？

首先，美国高校创业教育与专业教育的整合是专业知识、思维、能力与创业知识、思维、能力的全方面整合。场域与习性是双向互动的，并在本体论上呈现出对应关系。场域决定习性，习性反作用于场域。专业教育适应的场域是以专业分工为基础的现代社会，对应的生产方式是标准化的机器大生产，与之相适应的文化是专业文化。为了适应以分工、标准化、流程化为标志的场域，美国大学教育就需要培养以专业知识、能力和思维为基础的感知、思维和行动图式系统。这样的图式系统突出了以学术研究为基础的分科性和分析性，呈现出相对封闭的特征。而当今社会，随着人工智能、机器人、云计算等为标志的第四次工业革命的到来，以专业分工为基础的社会正在被创新创业型社会所替代。虽然传统意义上的专业教育还会发挥一定的作用，但固守专业教育的逻辑必将不适应社会的发展。美国创业型经济和社会的发展要求大学培养新的习性，即在传统专业知识、思维与能力的基础上整合创业知识、思维与能力。创新创业知识、思维与能力成为新时期美国大学教育所必须培养的感知、思维和行动图式系统，是新的习性，也是新的文化资本。

其次，美国高校创业教育与专业教育整合的目标是要培养自我雇佣者、知识创业者和创业型专业人员。传统专业教育只是培养具有文凭、等待接受市场检验的大学毕业生。而创业教育与专业教育的整合除了培养具备文凭的毕业生，还要培养把具备的文化资本和社会资本等及时高效地转化为经济价值和社会价值等价值的创新创业型人才。自我雇佣者、知识创业者、创业型专业人员本质上是能够发现机会、整合资源、实现机会，能够成功将自身具备的文化资本、社会资本等转化为较高的经济价值、社会价值等各种价值的新型复合人才。

第4章　美国高校创业教育与专业教育整合实施的核心要素

　　长期以来,创业教育的发展大致有两种形式。一种是学术化、学科化的创业教育,参与者多为创业研究领域的教师和创业学专业的大学生。另一种是为了培养潜在的和实际的创业者而设计开发的大量创业教育课程和实践项目,参与者多为有实践经验的企业家和有创业意愿的大学生和创业者等。创业教育与专业教育的整合是第三种,面向全校所有专业的学生,涉及工程、艺术、体育、医学等所有学科专业,以培养知识创业者、创业型专业人员和自我雇佣者为目标。

　　为了实现以上的培养目标,创业教育与专业教育的整合必须落实到具体的课程、教学和师资体系建设等要素上。美国高校创业教育与专业教育整合的课程模式主要有四种:松散联合式课程、渗透嵌入式课程、交叉整合式课程、多(跨)学科项目式课程。美国高校创业教育与专业教育整合的教学方法主要包括传统教学方法和新型教学方法。传统教学方法有讲授法、案例教学、制定商业(创业)计划、讨论法等。新型教学方法有精益创业教学法、游戏教学法、以设计思维为基础的教学法、以创业思维学习为基础的项目教学法等。美国高校创业教育与专业教育整合的师资类型包括专职型师资、融合型师资和实践型师资三种类型。

4.1　课　程　模　式

　　美国高校创业教育与专业教育整合的具体实施落实到具体的课程上,主要分为松散联合式课程、渗透嵌入式课程、交叉整合式课程、多(跨)学科项目式课程等四种形式。松散联合式课程主要指商学院或者学校层面向全校各个专业学生提供的创业辅修课程、创业证书课程等,在形式上呈现出与专业课程松散联合的关系,整合的任务由学生在学习过程中完成。渗透嵌入式课程指高校各个学院把创业教育的内容以主题、模块或其他形式渗透嵌入专业课程中,让学生在学习过程中,兼顾专业内容和创业内容。这是一种整合程度较高的课程形式。交叉整合式课程指高校某个特定的学院,如工程学院、艺术学院等,以已有的学科专业为基础开发交叉型的创业课程体系,如工程创业课程、艺术创业课程等。这类课程整合程度也较高。多(跨)学科项目式课程是指高校两个或两个以上的学院相互合作,设计开发多学科(跨学科)的创业项目课程,不同专业的学生围绕该项目课程进行合作学习,专业课程中各种项目课程成为课程整合的最佳选择。这四种课程模式实施起来,难易不同,整合程度也不同,各有利弊。

4.1.1　松散联合式课程模式

1) 基本含义

美国高校的创业教育作为一个新的学习领域从根源上发端于商学院或管理学院。但是,创业教育在发展的过程中不再局限于商学专业或管理学专业的学生,而是逐步拓展到其他学院和其他专业学生中。松散联合式课程模式,即创业教育的内容加上专业教育的内容,两者呈现出松散联合的关系(见图 4.1),一般通过商学院(管理学院)或全校层面设置的创业辅修、创业证书课程的方式实现。

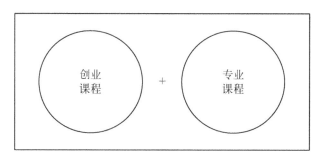

图 4.1　松散联合式课程模式

辅修或证书课程是美国高校促进跨学科教育的一种课程制度设计,要求学生在自己专业之外学习其他专业的一组课程。一般要求修满 12～24 个学分。创业辅修课程的学习一般安排在学生学习专业课程之前或者与专业课程的学习同步,学生在学习两者的过程中内在地整合创业教育与专业教育的相关内容。

松散联合式课程模式是最容易实施和开展的,只需要额外开设一组或几组创业教育的相关课程即可。美国高校的商学院或管理学院大多已设置创业学项目、创业中心、管理与创业学系、创业学系、创业学院（小型学院隶属于商学院）等。这些不同类别的组织形式成为高校创业研究和创业教育的重要基地。为了扩大创业教育的影响，美国高校绝大多数商学院或管理学院纷纷针对非商科专业的学生开设了创业辅修或者创业证书项目课程。

随着创业教育在美国高校的日益普及，创业辅修课程也逐渐成为美国各个专业学生最热衷学习的课程之一。但这种课程模式的劣势也是显而易见的，学生学习这些课程额外增加了许多负担，并且存在与专业课程相脱节的风险。此外，由于不同学院之间存在着潜在的竞争关系，美国高校部分学院不允许本学院的学生学习商学院开设的辅修课程。

为了克服以上弊端，不少美国高校选择在学校层面面向所有学生设置创业辅修（证书）课程或创新与创业辅修（证书）课程，进行统一的支持和管理，并且突出创新创业教育的内容与专业课程的内在融合。综上，目前的松散联合课程模式主要是两种类型，一是商学院开设的创业辅修（证书）课程，二是全校层面开设的创业辅修（证书）课程。

2）商学院设置的创业辅修课程

美国商学院或管理学院是创业研究、创业教育的发源地和集中地，基本上都会面向全校学生开设创业辅修课程，以满足各专业学生接受创业教育的需求。下面以美国南佛罗里达大学（University of South Florida）商学院和加利福尼亚大学圣迭戈分校（University of California，San Diego）管理学院提供的创业辅修课程为例展开具体分析。

（1）南佛罗里达大学商学院创业中心的创业辅修课程。

美国南佛罗里达大学全校的创业教育主要由该校商学院的创业中心负责实施。该创业中心成立于2002年，虽然隶属于商学院，但其成立伊始就与文理学院、工程学院、医学院和全球可持续发展学院建立了紧密的合作关系，是一个面向全校师生的具有跨学科和跨学院性质的创业教育组织。中心的使命是通过跨学科和跨部门的合作，提高全校师生识别创业机会、加速新技术商业化、创立和培育新创公司的能力，或内创业的能力。[①]

创业中心同全校各学院在创业研究、创业教育、创业实践活动支持（如成立创新创业孵化中心、举办一系列的创新创业竞赛等）等方面紧密合作。在创业教

---

① University of South Florida. Center for entrepreneurship mission[EB/OL].(2018 - 05 - 09)[2018 - 11 - 23].https://www.usf.edu/entrepreneurship/about/mission.aspx.

育方面，不仅面向商科学生提供专业意义上的创业教育，也面向所有非商科专业学生提供创业辅修课程。

创业辅修课程的教育目标包括培养学习者成功识别机会的能力、创造与创新能力、组织（营利型组织和非营利性组织）创立和运营能力、领导能力等。创业辅修课程培养的这些技能与专业教育是相互补充和相互促进的关系，明显体现了创业教育与专业教育整合发展的理念。该校的创业辅修课程不光要培养创办企业的人，更要培养能创办与运营各类组织，具备创新创业素养的人。这为创业教育与专业教育的整合提供了基础和可能性。

创业辅修课程包括三门必修课程和两门选修课程，五门课程内部紧密联系。[①] 必修课程为"创业中的商业原则""新企业创立""创业型公司中的创造与创新"。学生在第一门课程中学会理解创业与商业原则、创业领导力的含义等，掌握与未来职业发展息息相关的会计、财务、管理与营销等技能。在第二门课程中，学生学习组织创立（包括企业和非营利型组织等）的本质、过程、环境、风险和回报等各方面内容，掌握组织创立与运营的各种实践技能。在第三门课程中，学生以项目为基础学习和实践创造性地解决问题、创业型思维、精益创业方法、机会识别、客户发现、创意创造技能与知识产权保护等各种创新创造核心素养。

选修课程包括"工业工程专题研究：产品开发""风险资本和私募股权基础""小企业管理：创业"和"小企业管理咨询"四门课程，内容包括产品开发、资本融资和小企业管理等几个方面，主要是为了增加学生的选择空间，提升学习的深度。

从课程的设置，尤其是必修课程的设置中可以发现，创业辅修课程尽可能突出了创业原则和创业方法论，以及适合各种职业的创新创造能力和素养，打破了狭隘的创业教育观，为创业教育与各类专业教育的衔接整合奠定了坚实的基础。总之，南佛罗里达大学商学院的创业辅修课程的设计充分考虑了创业教育与专业教育内在整合的路径。这类创业教育的开展有利于增强各种专业人才的适应能力和创新能力。

（2）加利福尼亚大学圣迭戈分校管理学院的创业与创新辅修课程。

美国不少高校为了突出创新在创业过程中的重要作用，设置了面向全校各专业学生的创新创业类辅修或证书课程。比如，加利福尼亚大学圣迭戈分校管理学院为全校学生提供创业与创新辅修（Entrepreneurship & Innovation Minor）

[①] University of South Florida. Center for entrepreneurship course descriptions[EB/OL]. (2018 - 05 - 09)[2018 - 11 - 24]. https://www.usf.edu/entrepreneurship/programs/undergraduate/courses.aspx.

课程。

加利福尼亚大学圣迭戈分校管理学院成立于 2003 年。与传统的商学院或管理学院不同,该学院以创新创业研究和教育著称,以培养创业型和伦理型领导者为使命。学院的核心价值观是创新、创造影响、合作、正直和敢于承担风险。自创立以来,管理学院的学生和毕业的校友已创立超过 150 家高科技公司,为区域内的创新创业和经济发展做出了卓越的贡献。[①] 学院主要提供研究生层次的商科和管理学教育,本科层次面向全校提供辅修类课程,其中就包括广受学生欢迎的创业与创新辅修。

学院设置的创业与创新辅修课程为各专业学习者提供了商业与创业理论、创业实践及应用等方面的教育内容,为学生将来创立和管理企业,或从事创新创业相关的职业做充分的准备。具体的培养目标包括:各专业的学习者能够在广泛的情境下应用创业和商业原则;综合理解新创公司和成熟公司运营过程中创新的不同作用;通过体验性和应用为导向的学习,培养学生的创新创业能力和领导力;在教师的指导下,学生完善和实现心中的创意创业想法。[②] 从培养目标中可以看出,辅修课程重视创业教育与各类专业教育的衔接与整合,不仅注重培养潜在的自主创业者,也培养各行各业的创新创业型工作者。

与其他创业辅修课程不同,该辅修课程的核心是两门先后相互衔接的创新创业实践必修课程"从创新到市场"Ⅰ和Ⅱ。学生在这两门课程中先把相关的创意创业想法在全班介绍推广,然后围绕创业想法形成项目团队,紧接着把技术或非技术的想法转化为能够创造价值的新创企业。除了创新创业实践必修课程外,学习者还要必修"新创企业融资",主要学习新创企业在各阶段不同的融资方式。其他的必修课程还包括"产品营销与管理""职业中的个人伦理"或者"商业伦理和企业社会责任"等。此外,学习者还可以从"创业专题研究""社会与组织领导力""创意思维培养""协商""社会创业""产品设计与创业"等 19 门选修课程中任选两门进行学习。[③]

以上的课程设计突出了创新转化为创业的过程,这就为各个专业的学生尽

① University of California, San Diego. Rady school of management about[EB/OL]. (2017 - 07 - 10) [2018 - 11 - 30]. https://rady.ucsd.edu/about/.

② University of California, San Diego. Entrepreneurship & innovation minor program goals[EB/OL]. (2018 - 04 - 07) [2018 - 12 - 01]. https://rady.ucsd.edu/programs/undergraduate-programs/entrepreneurship-and-innovation-minor/.

③ University of California, San Diego. Entrepreneurship & innovation minor program goals[EB/OL]. (2018 - 04 - 07)[2018 - 12 - 01].https://rady.ucsd.edu/programs/undergraduate-programs/entrepreneurship-and-innovation-minor/.

可能参与其中提供了便利,也为创业教育与专业教育的衔接提供了可能。虽然不是每个专业的学生都有创业的动机,但他们都有创意能力和创新的意识。该校的创新与创业辅修课程重视领导力、协商能力、营销与管理、融资等多种创新创业能力的培养,兼顾理论与实践,内创业、商业创业与社会创业并重,突出了价值观和伦理教育。这些课程在实现创业教育相关目标的同时,也大大有利于专业教育相关目标的实现(如专业实践能力与职业伦理素养等)。

综合两所商学院不同类型的创业辅修课程可以发现,创业教育与专业教育的衔接与整合通过商学院的创业辅修课程是可以实现的,前提是突出适用于各个专业和各类职业的创新创业思维和能力。培养的人才既包括各种各样的组织创新者,也包括各行各业的创新创业型专家和自我雇佣者。

3) 美国全校层面设置的创新创业辅修课程

随着创业教育在美国高校的扩展,不再局限于商学院或管理学院,许多高校开始在全校层面推行创业教育,其中的一个表现就是在全校层面设置创业辅修课程或证书课程。与商学院或管理学院的创业辅修课程不同,全校层面的创业辅修课程在与专业教育的整合方面更加彻底,普及的范围也更广。杜克大学(Duke University)全校型创新与创业证书课程和宾州州立大学(Pennsylvania State University)全校型创业与创新辅修课程就是其中突出的例子。

(1) 杜克大学全校型创新与创业证书课程。

2013 年之前,杜克大学的创业教育分散在各学院,主要集中在商学院。2013 年,在校长和董事会的支持下杜克大学成立了支持全校创新创业活动的统筹性组织"杜克创新与创业行动中心"(Duke Innovation and Entrepreneurship Initiative)。该中心统筹管理全校层面的创业教育、创业研究、创新转化、技术转移以及社会创新与创业活动,其使命是在与各个学院紧密协作下,通过支持全校的创新与创业活动,以知识服务社会,应对日益复杂的社会挑战。[①]

杜克大学的创业教育面向所有在校学生,包括正式的创业课程、课外实践性的创业培训和各种创业体验活动(如创业实习、创业竞赛和各种孵化器项目等),目的是培养学生的创业精神、创意创造能力、创新与创业能力、勇气、承担风险、从失败中快速恢复的能力、反思力与合作能力等。[②] 杜克大学的全校型创新与

---

① Duke University. The Duke innovation and entrepreneurship initiative mission statement[EB/OL]. (2015 - 04 - 14)[2018 - 12 - 04].https://entrepreneurship.duke.edu/about/overview/.

② Duke University. About Duke innovation & entrepreneurship[EB/OL].(2015 - 04 - 14)[2018 - 12 - 04].https://entrepreneurship.duke.edu/education/about/.

创业证书课程以专业教育为基础,通过创新与创业学习,进一步培养各个专业学生探索和解决复杂问题的能力,实现知识服务于社会的目的。

为了促进创业教育与专业教育的充分整合,更好地满足不同专业学生接受差异化创业教育的需求,杜克大学全校型创新与创业证书的课程结构在一开始就设计了五种基于不同学科专业和学习兴趣的学习领域。这五种学习领域分别为媒体、艺术与娱乐领域的创业,社会创新与创业,科学、技术与工程领域的创业,人文与社会科学中的创业,自我设计的创业学习领域。每一个创业学习领域均设置了 20 多门选修课程,学生从中选择两门进行学习。这些选修课程都是与学生各自专业紧密整合的创新创业课程。如媒体、艺术与娱乐领域的创业课程包括"艺术经济学""艺术创业""体育创业与市场""媒体、娱乐与技术交叉的创新与创业""戏剧与电影艺术创业及社会政策""表演艺术的法律问题"等。社会创新与创业的相关课程有"社会创新""医疗创新评价""全球医疗问题创业型解决""开放知识与教育创新""社会创业与艺术:建构梦想"等。科学、技术与工程领域的创业课程包括"工程创新""生物医学工程设计""技术商业化基础""知识产权法"等。人文与社会科学中的创业课程涵盖"创业社会学""创业经济学""新闻的未来""组织人类学:工作场所中的人类学家""通俗小说出版与营销"等。自我设计的创业学习领域是指学生依据自身的创新创业兴趣,从以上四个创新创业路径中任选两门课程进行学习,设计专属的创新创业学习路径。①

除了学习与各自专业紧密结合的两门课程,学习者还要必修两门综合性的创新创业课程:一门是"创新创业策略",学生通过案例研究和课堂讨论学习商业与创业的基础知识以及创新创业过程中的一系列策略(如机会识别、精益创业方法、创新创业战略、营销与沟通策略等);另一门是"创新与创业顶点项目",学习者以某个原创性的项目为核心,把创新创意转化为可以市场化的产品或服务,真正体验创业过程。在正式的课程之外,学习者还必须经历两项时长分别为150 小时和 300 小时的课外创业实践活动,如创新创业实习项目、创业研究、社区服务实践活动、创业竞赛活动、参与创办企业或其他社会组织等。②

整个学习过程的先后顺序为:① 自己选择的某一学习领域的入门创新创业

---

① Duke University. Undergraduate certificate in innovation and entrepreneurship about[EB/OL]. (2018 - 01 - 06)[2018 - 12 - 05]. https://entrepreneurship. duke. edu/education/certificates/iecertificate/.

② Duke University. Duke innovation & entrepreneurship certificate[EB/OL]. (2018 - 01 - 06)[2018 - 12 - 05]. https://entrepreneurship. duke. edu/wp-content/uploads/2018/01/IE_Certificate_ProgramSum_2018-singlepg.pdf.

选修课,②创新创业策略课程,③另外一门难度加深的创新创业选修课,④课外实践活动,⑤创新与创业顶点项目课程。整个课程设计循序渐进、步步深入,包含了分科课程和综合课程,理论课程和实践课程,既充分考虑了创业教育与专业教育的整合,也充分考虑了创业教育的跨学科和实践特征。

杜克大学的全校型创新与创业证书课程得到了不同专业学习者的高度评价。比如,该校公共政策专业的大学生索菲亚·贾马尔(Sophia Jamal)讲道:"起初,我认为创新与创业证书与我的专业无关,但后来认识到该证书与公共政策专业是相互补充的关系。实际上创业技能适合于任何专业。创新与创业证书教会了我如何理解与实践公共政策领域的创新与创业活动,教会了我如何以更加宏大和综合的视角来看待和解决问题。整个证书课程的学习不仅丰富了我的教育经历,也对我未来的职业生涯和人生追求产生了深远影响。"[1]另外一名机械工程专业的女大学生也认为创新与创业证书课程扩展了自身的视野,为专业知识和技能付诸实践情境提供了绝佳的机会,特别是提高了发现客户需求的能力、解决问题的能力和创新能力等。她认为,证书课程也增强了自我理解与反思能力,让她对自身的优劣势有了更清晰的把握,对未来的人生也有了更加明确的定位。[2]

(2)宾州州立大学的全校型创业与创新辅修课程。

早在1992年,宾州州立大学商学院就开始为商科专业的学生开设了创业教育,尤其是企业内部创新创业教育。随后,其他学院也开始陆续提供创新创业教育。比如,2002年,工程学院开始面向工程专业学生提供工程创业辅修课程。2013年,商学院、工程学院、农学院、艺术与建筑学院、传播学院、健康与人类发展学院、信息科学与技术学院等七个学院共同合作,面向全校所有专业学生提供创业与创新辅修课程。文理学院和酒店管理学院随后也加入其中。宾州州立大学的创业与创新辅修课程是全校层面跨学院合作的辅修课程,经费主要来自参与其中的各个学院和教务长办公室,日常由本科生教育办公室管理。

宾州州立大学的创业教育生态系统包括学习创新创业课程、参与创新创业实践活动(创意活动、黑客马拉松、创业竞赛和创业俱乐部等)、获得资助与企业孵化支持、后续的创业网络与外部资源支持等。创业与创新辅修课程主要是为

---

① Duke University. Sophia Jamal, my entrepreneurial journey[EB/OL].(2017 - 05 - 08)[2018 - 12 - 06].https://sites.duke.edu/iesophiajamal/.

② Duke University. Emily bauman innovation & entrepreneurship certificate reflections[EB/OL].(2016 - 04 - 29)[2018 - 12 - 06].https://sites.duke.edu/ieemilybauman/connection-self-understanding/.

了提高各专业学生机会识别能力、问题解决能力、创新与创业思维能力、领导能力、管理与规划能力等职业成功发展所必备的基本素养。

宾州州立大学创业与创新辅修课程的结构是独特的,包括三门必修的核心课程和三门各自领域的选修课程。必修课程为"创业思维""创业领导力"和"新企业创建"。①"创业思维"课程通过体验性的学习机会教会学生像创业者一样思考。在"创业领导力"课程中,不同专业的学生以问题为基础,组成跨学科团队,通过完成真实项目,培养参与者的领导力和创业技能。"新企业创建"同"创业领导力"课程一样,也是一门以问题为基础的项目课程,参与者通过开发满足市场需求的新产品、制订创业计划、吸引投资者等方式体验企业的创建过程。

选修课程由参与的各个学院负责,分为艺术创业(艺术与建筑学院)、数字创业与创新(信息与科学技术学院)、创业咨询(文理学院)、食品与生物创业(农学院)、酒店管理创业(健康与人类发展学院和酒店管理学院)、新媒体创业(传播学院)、企业创建(商学院)、社会创业(工程学院人文工程项目)、技术创业(工程学院)等九个领域(见表 4.1)。学习者没有专业限制,可以任意选择一个领域进行学习,以便于不同专业学生之间的跨学科合作。

表 4.1　宾州州立大学创业与创新辅修的选修课程表

创业学习领域	学　　院	培养的目标	课　　程
艺术创业	艺术与建筑学院	培养创造和传播艺术价值,同时能够获得经济价值的自我雇佣型艺术家	艺术市场、艺术创业发展、创业与法律、艺术创业顶点项目课程(必修)
数字创业与创新	信息与科学技术学院	培养数字技术领域的创业者和内创业者	数字创业、数字创业者技术、数字设计与创新(必修)
创业咨询	文理学院	培养文理学科中的创业者和咨询者,以增进人类福祉	文理学科中的创新与创业、创业指导、以文理学科为基础的企业创建(必修)
食品与生物创业	农学院	培养农业领域的管理者和创业者	农业企业管理、食品营销、农场规划与财务管理、食品法律与管理、农业组织管理等48 门课程(选择 3 门)

① Pennsylvania State University. Entrepreneurship & innovation minor[EB/OL].(2013 - 08 - 08)[2018 - 12 - 07].https://www.enti.psu.edu/core_courses.html.

续　表

创业学习领域	学　　院	培养的目标	课　　程
酒店管理创业	健康与人类发展学院、酒店管理学院	培养酒店管理领域的创业者，该行业的管理者和创新者	酒店房地产管理、食品服务的新产品开发、酒店管理创业、收益管理、餐厅管理专题研究（选择 3 门）
新媒体创业	传播学院	培养新媒体领域的创业者、创新者、新技术利用者和伦理型实践者	多媒体新闻学原理、杂志写作、多媒体创作、无线通信行业探究、新型传播技术、互联网法律与政策、信息时代的创业（选择 3 门）
企业创建	商学院	培养新企业的创建者与管理者	新创企业管理、协商与冲突管理、发明商业化、小企业管理（选择 3 门）
社会创业	工程学院	为美国和世界各地的边远地区和落后地区培养能够通过工程设计解决这些地区问题的社会创业者和创新者	社会创业、人文工程项目、以社区发展为目的的设计、人文工程与社会创业实践经历、人文工程与社会创业的反思与研究论文（必修）
技术创业	工程学院	培养以技术为基础的创业者和内创业者	技术创业、创业与商业基础、创业者技术开发（必修）

资料来源：笔者根据网络资料整理。

从表 4.1 可以发现，宾州州立大学创业与创新辅修课程与杜克大学创新与创业证书课程在课程设计理念上类似，既充分考虑了不同专业学生创业教育的差异化需求，也为不同专业学生之间的跨学科合作提供了机会。无论是培养目标还是课程设计，创业教育与专业教育的整合度都很高。从培养目标来看，不但要培养基于各自学科专业领域的创业者，而且要培养不同组织内部的创新者和管理者（内创业者）。从课程设计上来看，参与的学院都开发了紧密结合不同学科专业领域的创新与创业课程，设计了多个学科方向的创新创业学习领域。学习这些以专业为基础的创业课程可以转换为专业课程的学分。除此之外，三门必修的核心课程是以问题为基础的创新创业项目课程，为不同专业学生相互合作体验创新创业过程提供了宝贵的平台。

宾州州立大学创业与创新辅修课程的学习效果较为显著，对学习者的前后测对比分析后发现,课程在提高学习者的创新自我效能感和创业自我效能感上发挥了一定的作用,显著提高了学习者识别机会、合作、有效沟通、忍受模糊性、做出伦理决策等多项相关的创新创业能力。[①]

综上所述,虽然创业辅修或证书课程在形式上与专业课程是松散联合的关系,创业课程并没有与专业课程实现内部整合,但通过设置包容性的创业教育目标,突出未来任何职业发展都必备的创新创业思维和能力,此种课程模式也可以实现创业教育与专业教育的有效整合。并且,全校层面的创业辅修课程通过大量开发基于学科专业的创新与创业课程和学习领域,比商学院单一的创业辅修课程,在整合程度上要更高,学习效果也更好。

4.1.2　渗透嵌入式课程模式

1) 基本含义

渗透嵌入式课程模式是指把创业教育的内容,如创业知识和创业能力等以无形渗透的方式融入专业课程,或者在已有的专业课程中设置新的创业课程模块(见图 4.2)。无论是无形渗透还是嵌入式的课程,两者最大的共同点是不独立设置新的创业课程,而是在专业课程学习的同时学习创新创业。渗透嵌入式课程模式形式十分灵活。创业教育的内容既可以渗透嵌入一门或几门专业课程中,以专业核心课程或专业选修课程的方式出现,也可以贯穿于大学四年的专业课程中,将整个专业教育的内容和创业教育的内容充分融合。

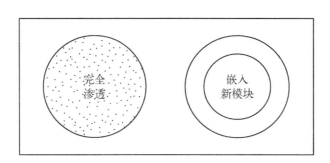

图 4.2　渗透嵌入式课程模式

渗透嵌入式课程模式的优点十分明显。因为大学本科专业教育本身较为紧

---

① Reeves M. P., Zappe S. E., Kisenwether E. C. Assessment of a new university-wide entrepreneurship and innovation minor[C]. American Society for Engineering Education 121th Annual Conference & Exposition. Indianapolis, IN, America, 2014.

凑严密,额外增加创业课程相当困难。并且,美国高校专业课程的增加和减少需要学院课程委员会和校级课程委员会的层层论证和审批,外部的专业认证委员会对专业课程的构成也有十分严苛的规定。这就为创业教育与专业教育的整合造成了许多障碍。

渗透嵌入式整合课程一方面减轻了课程内外部的审批和管理障碍,另一方面也为学生减轻了单独学习创业课程的负担,节省了学生的学习时间、精力和费用。结果显示,学习了渗透嵌入式创专整合课程的学生比单纯学习专业课程的学生具备更加积极主动的精神和解决问题的能力,承担风险和创意创新的能力,因而更可能成为创业型专业人员和自主创业者,为经济社会发展做出更大的贡献。[①]

教授渗透嵌入式课程的教师是原有专业课程的教师,而不是商学院的教师或创业实践者。专业课程教师通过创新创业渗透专业课程内容或者增加创新创业新课程模块的方式来同时教授创业教育与专业教育的内容。因此,渗透嵌入式整合课程的实施存在一定的难度,专业课程教师如何找到创业教育与专业教育内容的结合点,如何从专业教育的内容中生发或延展出创业教育的内容是课程成功与否的关键。下面以美国爱荷华州立大学(Iowa State University)全校层面的渗透嵌入式创专整合课程和纽黑文大学(University of New Haven)工程专业渗透嵌入式创业课程为例,具体分析该课程模式的运行情况。

2)案例研究

(1)爱荷华州立大学创业教育与专业教育整合的渗透嵌入式课程。

爱荷华州立大学是美国中北部的一所公立研究型大学,其正式的创业教育开始于 20 世纪 90 年代末期。1996 年,爱荷华州立大学商学院在一名当地企业家的资助下成立了创业中心,为潜在的大学生创业者和区域内的创业者提供创业培训和各种资源支持。2006 年,爱荷华州立大学的创业教育迎来了发展的转折点。考夫曼基金会给予该校 60 万美元的资金支持,用于在全校层面推动创业教育与各专业教育的整合。学校为此采取了以下几项措施:① 审查所有专业课程,设计新的课程结构,为整合创业教育内容奠定基础;② 要求全校所有专业教师积极参与设计新型整合课程,为全校教师提供学习机会,如资助各学科专业教师参加美国小企业与创业协会的培训等;③ 将整合后的创业课程对所有专业学

---

① Handscombe, R. D., Rodriguez-Falcon, E., Patterson, E. A. Embedding enterprise in science and engineering departments[J]. Education ＋ Training, 2008, 50(7): 615 - 625.

生开放;④ 商学院创业中心的教师协助其他学院的教师开发整合课程。① 美国爱荷华州立大学创业教育与专业教育的整合至此在全校范围内展开,并且开发的大多为嵌入渗透式创业课程。

渗透嵌入的类型、内容与课程的具体情况(见表 4.2)。美国爱荷华州立大学专业课程中渗透嵌入创业教育的内容主要分为三种类型。第一,简单的介绍,不过度展开,可称之为简单渗透的方式(对应表 4.2"介绍")。第二,专业课程中的重要组成部分,可称之为嵌入式整合(对应表 4.2"重要部分")。第三,专业课程中重要的主题,比如贯穿各个部分,或作为整个教学设计的原则,可称之为深度渗透的方式(对应表 4.3"主题")。专业课程中渗透嵌入的内容包括以下十个方面:机会识别(能够识别环境中别人未发现的机会并实践,能够区别创意和机会的差别等),机会评价(能够通过可行性分析、市场分析等过程评价机会的价值等),创意与创新,问题解决,风险管理,非常规行动,资源获取,不确定管理(能够在不确定和模糊的情境下愉悦地解决问题),实施变革、创业过程(识别机会、产生商业概念或模式、评估与获取资源、实施与管理、收获与退出等)。②

表 4.2 美国爱荷华州立大学嵌入渗透创业教育内容的课程举例

课程名称	嵌入渗透的创业教育内容									
	机会识别	机会评价	创意创新	问题解决	风险管理	非常规行动	资源获取	不确定管理	实施变革	创业过程
工程类专业课程举例										
工作准备研讨	重要部分	重要部分	主题	主题	介绍	无	无	无	介绍	重要部分
软件项目管理	无	介绍	重要部分	重要部分	重要部分	无	介绍	介绍	重要部分	重要部分
可持续工程与国际发展	主题	重要部分	主题	主题	重要部分	主题	重要部分	重要部分	介绍	重要部分

① Iowa State University. Iowa State University entrepreneurship—board of regents state of Iowa[EB/OL].(2006 - 01 - 10)[2018 - 12 - 10].https://www.iowaregents.edu/media/cms/isu-pdf4F95EF6D.pdf.

② Iowa State University. Iowa State University entrepreneurship—board of regents state of Iowa[EB/OL].(2006 - 01 - 10)[2018 - 12 - 10].https://www.iowaregents.edu/media/cms/isu-pdf4F95EF6D.pdf.

课程名称	嵌入渗透的创业教育内容									
	机会识别	机会评价	创意创新	问题解决	风险管理	非常规行动	资源获取	不确定管理	实施变革	创业过程
工程类专业课程举例										
工程法律	无	无	介绍	重要部分	重要部分	介绍	无	重要部分	无	介绍
工程师伦理责任	无	重要部分	无	重要部分	主题	介绍	无	介绍	介绍	介绍
工程经济学分析	无	主题	无	重要部分	介绍	无	重要部分	重要部分	介绍	介绍
技术、全球化与文化	介绍	介绍	重要部分	主题	介绍	介绍	介绍	主题	介绍	介绍
农业与生命学科类专业课程举例										
农场管理与运营	介绍	重要部分	主题	主题	主题	无	主题	介绍	重要部分	介绍
农业中的个人与领导力	介绍	介绍	重要部分	主题	介绍	介绍	重要部分	重要部分	重要部分	无
农业受众的展示与销售	重要部分	介绍	无	重要部分	无	无	介绍	介绍	重要部分	介绍
农业市场与沟通	介绍	主题	重要部分	主题	主题	主题	介绍	重要部分	介绍	介绍
动物系统管理	介绍	介绍	介绍	主题	无	无	无	无	介绍	重要部分
肉类加工	介绍	重要部分	重要部分	主题	无	无	介绍	无	介绍	重要部分
农业创业	主题	主题	主题	主题	重要部分	重要部分	重要部分	重要部分	主题	主题
设计类专业课程										
图形设计专业实践	重要部分	介绍	重要部分	主题	重要部分	介绍	介绍	重要部分	重要部分	介绍

课程名称	嵌入渗透的创业教育内容									
	机会识别	机会评价	创意创新	问题解决	风险管理	非常规行动	资源获取	不确定管理	实施变革	创业过程
设计类专业课程										
专业展示	无	无	无	重要部分	无	无	介绍	无	无	无
电脑游戏设计与开发	主题	重要部分	主题	主题	介绍	主题	重要部分	主题	重要部分	主题重要部分
以寻求资助为目的的写作	主题	重要部分	重要部分	介绍	介绍	无	重要部分	无	重要部分	重要部分
人文社科类专业课程										
全球汉语	介绍	重要部分	介绍	重要部分	介绍	重要部分	介绍	主题	介绍	重要部分
科学、技术与公共政策	主题	介绍	主题	主题	主题	主题	无	主题	重要部分	无
政府、商业与社会	主题	主题	重要部分	主题	重要部分	介绍	介绍	介绍	重要部分	介绍
消费者体验美学	重要部分	介绍	主题	介绍	无	无	无	无	无	无
全球旅游管理	重要部分	重要部分	主题	主题	无	无	无	无	无	无
餐饮服务战略管理	重要部分	重要部分	重要部分	重要部分	介绍	介绍	重要部分	重要部分	介绍	介绍
人文科学中的创业	主题	主题	重要部分	重要部分	介绍	介绍	重要部分	介绍	介绍	主题

资料来源：Iowa State University. Elective courses approved for entrepreneurial studies minor 2011—2017 catalogs[EB/OL].（2018 - 05 - 01）[2018 - 12 - 10]. https://www. business. iastate. edu/undergraduate/files/2018/05/Elective-Courses-Approved-for-Entrepreneurial-Studies-Minor-updated-5-1-18.pdf.

从表4.2中可以发现，美国爱荷华州立大学嵌入渗透式整合创业课程涉及人文社会科学类、工程类、设计类、农业与生命科学类等各学科专业，整合创新创业的专业课程主要以管理类、实践类与素质提高类课程为主。另外,创业教育内容渗透嵌入专业课程的程度也有差异。比如,渗透嵌入"工程法律"课程的创业教育内容以风险管理、不确定管理和问题解决为主,核心是管控风险和不确定性。渗透嵌入"全球汉语"课程的创业教育内容以机会评价、问题解决、非常规行动、不确定管理和创业过程为主,其核心是如何创造性地利用机会。而"电脑游戏设计与开发"课程中所有列出的创业教育内容都在该课程中占据重要的位置。

美国爱荷华州立大学创业教育与专业教育的全面渗透整合产生了积极的效果。据调查,爱荷华州立大学毕业生的平均创业率为15.8%,是美国大学毕业生平均创业率的 2 倍左右,其中设计学院的毕业生创业率最高(25.9%),其他依次为农业与生命科学学院(20.1%)、商学院(15.6%)、人文科学学院(14.6%)、工程学院(14.4%)、文理学院(12.7%)。[①]

虽然创业率只是创业教育与专业教育整合的效果之一,但从侧面反映出爱荷华州立大学所有学院各个专业的学生都能从整合渗透型创业课程的学习中受益。即使文理类专业毕业生的创业率也高达12.7%。除了创办企业和创造新的就业岗位,爱荷华州立大学的学生通过学习这些课程也为成为自我雇佣者、创业型专业人员和社会创业者打下了坚实的基础。

(2) 纽黑文大学工程专业的嵌入渗透式创业课程。

在日益复杂和变化迅速的外部环境下,美国高校工程专业的毕业生如果只具备专业技术性的知识和能力将无法适应时代和社会的要求。具备创业思维和创业技能已经成为美国工程专业毕业生必备的素质要求。因此,2010 年,科恩家族基金会资助成立了"科恩工程创业高校联盟",该联盟目前由 36 所美国高校组成,目的是培养具有创业思维和创业技能的新型工程师。[②] 纽黑文大学就是深度参与到其中且表现突出的一所高校。

纽黑文大学的工程专业教育采用了嵌入渗透创新创业教育的发展方式,以培养创业型工程师为目标。创业型工程师既具备创业型思维和创业技能,也具备专业性的工程思维和技能,并同时具备合作能力、沟通能力和专业型人格等综合素质。[③]

① Jolly, R. W., Yu, L., Orazem P. et al. Entrepreneurship and higher education: an overview of the Iowa State University alumni survey[R]. Iowa State University Department of Economics, Ames, Iowa, 2010: 17.

② Kern Entrepreneurial Engineering Network. About us[EB/OL]. (2008 - 09 - 20)[2018 - 12 - 15]. https://engineeringunleashed.com/about.aspx.

③ Kern Entrepreneurial Engineering Network. KEEN framework[EB/OL]. (2017 - 12 - 20)[2018 - 12 - 15]. https://keenwarehouseprod.blob.core.windows.net/keen-downloads/KEEN_Framework_spread.pdf.

创业思维和创业技能意味着：对外部世界持续的好奇心以及逆向思考和探索的能力（好奇心）；可以整合多方面的信息以获得洞察力，并能评估和管理风险（整合能力）；发现意想不到的机会并为他人创造价值，同时能忍受失败和从失败中学习（创造价值）。

工程思维和技能表现为发现和利用机会的能力、设计能力和产生影响的能力。发现和利用机会的能力具体是指工程专业学生识别机会，进行市场调查，创新商业模式，对市场机会进行分析与评估（从技术可行性、消费者价值、经济效益、社会收益等多维度），通过与消费者互动快速测试概念有效性的能力，以及评估政策和管理问题的能力。设计能力涵盖判断设计要求、进行技术初步设计、分析解决方案、开发新技术、创造模型或样品、验证功能等几部分。产生影响的能力包括从经济效益和社会收益的视角与他人交流工程解决方案、验证市场利益、建构伙伴关系和团队建设、识别供应链和保护知识产权等。

实际上，创业型工程师的工程思维和技能也嵌入了创业思维和创业技能的相关要素。创业型工程师就是传统工程思维与技能同新型创业思维与技能充分融合的产物。

纽黑文大学创业教育内容渗透嵌入工程专业课程的方式主要有两种，一是作为创业网络课程模块嵌入专业课程，二是作为专业课程的设计原则渗透到课程项目中。

创业教育内容作为网络课程学习模块嵌入大学四年的工程专业课程体系（见表4.3）。学生课前在网络上提前学习这些网络课程模块。正式上课时与老师深入交流，同时参与课程提供的与创业课程模块紧密相关的创新创业项目进行实践探索（项目课程）。

表 4.3　美国纽黑文大学工程专业嵌入渗透创业教育内容的课程举例

年级	课程名称	整合进工程专业课程的创业网络课程模块	专业课程中与创业网络课程模块紧密相关的项目课程
大一	工程学入门	1. 基于社会需求和商业机会产生创意 2. 培养用户意识，通过与消费者打交道迅速测试创意和概念的有效性	此课程是以项目学习为基础的课程，提倡主动学习和探索性学习。课程包含四个产品设计项目，在实践过程中学生逐渐掌握基本的工程概念。在项目学习过程中，学生需要和消费者深入交流，以便学习如何把工程设计与市场相结合

续　表

年级	课程名称	整合进工程专业课程的创业网络课程模块	专业课程中与创业网络课程模块紧密相关的项目课程
大一	项目规划与开发	1. 创新思考与积极创新创造 2. 接受失败,在失败发生时可以坚持下去并从失败中学习	以项目为基础的课程。该项目课程要求学生如何在经费和时间有限的情况下计划和实施选择的项目。网络课程模块和项目课程的整合要教会学生识别出可能存在的失败,并能够快速地应对,想出避免的方案,如果失败发生,也要能从中积累经验
大二	项目管理与工程经济学	识别机会,调研市场,建立初步的商业模型,对技术可行性、用户价值、社会收益和经济可行性进行深入分析(学习分析市场条件、确定和控制生产成本、扩大规模等)	该课程教会学生对项目管理进行经济学分析,以及在不确定和充满危机的情况下找到更有效的项目管理方式。网络课程模块和项目课程的整合要教会学生在复杂的市场条件下评估产品或服务的用户价值、社会收益和经济可行性等
大三	实验室课程	建设、维持与领导高效的团队,如设置合理的个人和团队绩效标准,以实现合理的团队目标等	该课程中包含以团队为基础的项目。网络课程模块给学生提供了理解团队动力和团队绩效的方法和指导,使他们更好地理解有效团队中个人的角色和功能。网络课程模块与项目课程的整合可以有效地提高学生的团队合作能力
大四	设计课程	1. 应用系统思维,解决复杂问题 2. 与用户建立联系并服务用户 3. 保护知识产权	该课程是毕业年的设计项目课程。网络课程模块给学生提供了系统思维训练、服务用户与保护知识产权等内容。在设计课程中,如何应用系统思维设计产品,如何满足用户需求是关键。网络课程模块与项目课程的整合可以提高学生基于市场和用户需求的应用性

资料来源:Erdil N. O., Harichandran R. S., Nocito-Gobel J., et al. Integrating e-learning modules into engineering courses to develop an entrepreneurial mindset in students[C]. American Society for Engineering Education 123th Annual Conference & Exposition. New Orleans, LA, USA, 2016.

除了表 4.3 中的 9 大创新创业网络课程模块外,纽黑文大学还有另外 9 大创新创业网络课程模块渗透嵌入工程专业课程中,分别为市场风险评估与管理、限制条件下的创新设计、风险资本与融资、综合考虑多方面因素制定商业计划、产品或服务推销,企业或事业应对多变环境的方法,创意、产品和服务的宣传和推广,解决困难复杂的伦理问题与环境问题,与企业和社区建立良好关系等。这18 个网络课程模块被充分整合到四年的工程专业课程中。这些专业课程分为专业基础课程,专业选修课程,实验与设计类必修课程,实习课程等。这些课程大多是以项目为基础的,项目的设计与实施同时也要渗透创业思维和创业技能培养。网络课程模块的嵌入渗透和专业课程中的创新创业项目紧密结合共同提高工程专业学生的创业思维和创业技能。

截至 2017 年,纽黑文大学工程专业嵌入渗透式创业课程模式已经扩展到 57 所美国高校的工程学院,并且取得了比较好的效果。25 所美国高校参与了对这一课程模式的效果调查。教授这些课程的教师一致认为,该课程模式带来了积极的效果,给学生提供了丰富的学习材料,激发了学生兴趣,拓展了学习边界,在没有牺牲其他主题的情况下丰富了课程内容。同时,参与这些课程的学生认为,创业网络课程模块很有价值,课程中的项目设计对于实践创业网络课程模块的内容非常有帮助。学习完这些课程之后,学生们的创新思维能力、控制生产成本的能力、从失败中学习的能力、推销与展示能力和系统思维能力等分别提高了 13.8%、12.1%、9%、7.2%和 3.2%。[1] 这证明纽黑文大学创业教育与工程教育的整合是行之有效的,不但成功地丰富了学习的内容,激发了学生的学习兴趣,而且提高了学生的创业思维和创业技能水平,基本上达到了培养创业型工程师的目的。

4.1.3　交叉整合式课程模式

1) 基本含义

虽然跨学科或多学科研究和教育在美国高校已经占据了一定的地位,高校内部也涌现大量的跨学科研究中心、跨学科教师团队与跨学科课程与项目等,但以学科为基础的学系和学院依然是美国各大高校的基本架构。创业教育在美国高校的发展必然要与已有的学科相互交叉和碰撞,而在组织上代表这些学科的学系和学院在这一过程中起着核心的主导作用。在美国高校创业教育的发展早期,商学院或管理学院是最早开始孕育创业教育和研究的地方,传统的金融学科、市场营销学科、企业管理等最早开始教授与创业相关的内容,带来了创业金融、创业营销和创业管理等相关课程。几乎与商学院和管理学院同步,美国高校

① Erdil N. O., Harichandran R. S., Nocito-Gobel J. et al. Impact of integrated e-learning modules in developing an entrepreneurial mindset based on deployment at 25 institutions[C]. American Society for Engineering Education 124th Annual Conference & Exposition. Columbus, Ohio, USA, 2017.

中的工程学院也开始大规模引入创业教育的相关内容,工程逐渐与创业交叉整合成为工程创业或者技术创业。之后,艺术学院、农学院、医学院、体育学院乃至文理学院等也逐渐与创业研究与教育领域相互交叉,出现了艺术创业、农业创业、医学创业、体育创业、文理创业等交叉整合型创业教育。

创业教育与专业教育的交叉整合式课程模式指高校某个特定的学院,如工程学院、艺术学院等结合自身学科专业引入或开发新的创新创业内容,最终形成相互交叉的新型创业课程,如工程创业、艺术创业与物理创业等(见图4.3)。

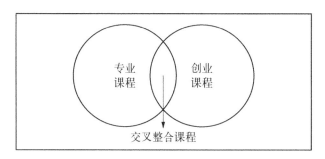

图 4.3　交叉整合式课程模式

交叉整合式课程模式与多(跨)学科项目式整合课程的区别在于其主体是一个学院努力的产物(即使这个学院得到其他学院在师资、课程等领域的支持),而不是多个学院共同合作的产物。

美国高校交叉整合式课程模式之所以能够发展起来,是因为高校内部各个学院的独立性比较强,自主权力比较大。该课程模式的优势在于某个独立的学院可以基于自身的学科发展优势或者学科发展前沿较为自主地决定与创业教育相关内容交叉整合的范围与程度。有些学科如工程学科或艺术学科已经把工程创业或艺术创业作为一个新的学科发展方向或者独立的分支学科来建设,如已经设置的工程创业专业、艺术创业专业等,但更多还是以交叉整合式的课程、辅修或证书项目的形式出现。

与渗透嵌入式课程模式一样,实施交叉整合式课程模式的教师不是商学院的教师或创业实践者,而是原有专业课程的教师。这就对师资提出了较高的要求。该课程模式首先是由对创业教育感兴趣的专业教师发起和实施的,然后逐渐带动其他教师,最后在学院内部形成相互合作和学习的教师共同体。美国高校部分学院也会在基金会或者企业家校友的支持下成立交叉整合型创业中心,如工程创业中心、艺术创业中心(学系)等,作为课程实施的组织支撑。以下选取工程创业和艺术创业两个发展最为成熟的交叉整合领域,具体分析该课程模式的运行情况。

2) 交叉整合式课程案例研究:工程创业课程

工程学科是与创业教育交叉整合程度最深、范围最广的一门学科,其整合的结果一般称之为工程创业教育或技术创业教育。工程创业和工程创业教育已经成为美国高校工程学研究和教学的重要分支,其表现之一就是供美国高校工程创业研究者和教育者发表论文的专门刊物——《工程创业期刊》(*The Journal of Engineering Entrepreneurship*)早在2009年就已经公开发行。

与商学院提供的创业教育不同,工程学院提供的创业教育具有强烈的技术与产品开发导向,工程创业课程的目的多为激发工程专业学生对创业机会的敏感度,注重在技术和产品开发过程中引入商业和创业的维度。工程创业课程既要培养工程专业学生专业意义上的技术和产品开发能力,同时也要培养学生的商业和创业技能,两者要在工程创业的课程和项目中同时实现,一般从创意开始,以设计创业计划书和投资运营结束(见图4.4)。

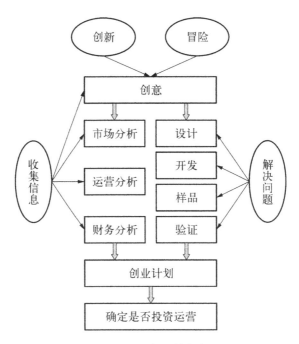

图4.4 工程创业教育含义

资料来源:Kingon,A.,Markham,S.,Thomas,R.,et al. Teaching high-tech entrepreneurship: does it differ from teaching entrepreneurship? [C]. American Society for Engineering Education 109th Annual Conference & Exposition. Montreal, Canada, 2002.

工程学院的创业课程整合程度很高，并不只是几门零散的创业课程。这些创业课程已结构化为工程创业学位、工程创业辅修、工程创业证书、专业学习方向以及其他类别（如荣誉项目、研究项目）。据美国学者对 47 所美国高校的调查，以上工程创业课程各自的比例分别为 4%（学位）、45%（辅修）、28%（证书）、6%（专业方向）和 17%（其他）。[1]

美国许多高校工程学院还专门成立了工程创业中心（项目）作为这些课程的组织和管理机构。比如，斯坦福大学工程学院成立了"斯坦福技术创业项目"（Stanford Technology Ventures Program）。该项目是工程学院的创业中心，主要为全校学生提供技术创业教育，开发的工程创业课程超过 30 门，有核心的工程创业课程教师 28 名，其他学科教师 41 名。[2] 其他的类似做法还有：伊利诺伊大学厄巴纳-香槟分校（University of Illinois at Urbana-Champaign）的技术创业中心为工程专业学生提供"技术商业化"证书课程和"创新、领导力与工程创业"学位课程，美国东北大学工程学院工程创业教育中心为工程专业学生提供"工程创业"辅修课程，北卡州立大学为全校学生提供"工程创业者"项目课程，加州大学伯克利分校工程学院的创业与技术中心为工程专业学生提供"创业与技术"证书课程，得克萨斯农工大学（Texas A&M University）工程学院为工程专业学生"工程创业"项目课程等。

伊利诺伊大学厄巴纳-香槟分校的工程创业教育既为工程专业学生提供专门的工程创业教育，设置了较为少见的工程创业学位课程，也为非工程专业学生提供相应的创新创业教育等。得克萨斯农工大学工程创业教育课程体系与课外创新创业实践活动的结合很紧密，特色突出。以下以这两所美国高校为例具体分析交叉整合式工程创业课程的实施状况。

（1）美国伊利诺伊大学厄巴纳-香槟分校工程创业课程。

2000 年以前，伊利诺伊大学厄巴纳-香槟分校的少数学院设置了分散的创业课程。2000 年之后，该校创业教育迎来了转折期。因为这一年州议会修改了伊利诺伊大学的办学章程，把促进区域经济发展增加为改校的第四个办学核心使命，与传统的教学、研究、社会服务这三大使命相并列。[3]

---

[1] Shartrand, A., Weilerstein, P., Besterfield-Sacre, M., et al. Technology entrepreneurship programs in U.S. engineering schools[C]. American Society for Engineering Education 117th Annual Conference & Exposition. Louisville, Kentucky, USA, 2010.

[2] Stanford University. Stanford technology ventures program[EB/OL]. (2018 - 12 - 16)[2018 - 12 - 16]. https://stvp.stanford.edu/about.

[3] University of Illinois at Urbana-Champaign. Transforming a larger, complex research university into a more entrepreneurial organization[EB/OL]. (2013 - 08 - 09)[2018 - 12 - 10]. https://www.kauffman.org/~/media/kauffman_org/research-reports-and-covers/2013/08/kci_uiuc.pdf?la=en.2013-8/.

　　这并不是一次简单的变革,它涉及伊利诺伊州政府大量的拨款和研发投入,意味着学校要增加高科技创新和研发领域的设备和师资。同时,这更涉及伊利诺伊大学厄巴纳-香槟分校全方位的创业转型。创新与创业作为一种文化和精神渗透到研究、课程开发与教学、社会服务与成果转化等各个方面。在创业教育领域,该校工程学院在 2000 年率先成立了技术创业中心,为全校师生提供必要的创新创业资源、创新创业技能和实践培训等,促使各个专业学生,尤其是工程专业学生,成为能够克服挑战和解决问题的创新创业者和领导者。2004 年,在考夫曼基金会支持下,伊利诺伊大学厄巴纳-香槟分校成立了"创业领导力学园"(Academy for Entrepreneurial Leadership),其使命是在各个学科专业内尽可能渗透创新和创业思维,以推动创业研究、创业学习和创业行动在全校范围内展开。[1] "创业领导力学园"和其他各个学院是紧密合作的关系,其咨询委员会的成员包括各学院院长和教师代表。工程学院的技术创业中心和全校层面的"创业领导力学园"成为推动创业教育与专业教育整合的核心组织。

　　美国伊利诺伊大学厄巴纳-香槟分校的工程创业课程体系以创新、技术商业化和工程创业为核心,注重创意到创新、创新到创业、创业到后续企业管理的全过程学习和实践,以培养技术领域的创新者、创业者和领导者为目标。技术创业中心面向工程专业学生,提供"技术商业化"证书课程和"创新、领导力与工程创业"双学位课程;面向全校学生,提供"创新"证书课程。

　　"技术商业化"证书课程注重培养工程专业学生的创意与创新能力、技术商业化能力。工程专业学生通过该证书课程学习技术商业化的全部过程。这是传统工程教育缺失的地方,也是商学院创业教育比较欠缺的地方。技术商业化证书课程的学习是比较自由的,除了一门"工程创业讲座"必修课程,其他两门皆为选修课程。但整个证书课程的学习要求很高。比如,"工程创业讲座"必修课程要求学习创业和技术商业化过程的相关内容,每周由课程教师和企业家、创业者或者技术开发人员合作授课。参与课程的学生一方面要大量阅读与讨论创业和技术商业化的材料,另一方面要聆听创业者的真实经历,与创业实践者进行面对面的交流,以加深对创业和技术商业化的理解。学生还要以小组为单位(最多三人)设计出包含新产品或新服务、商业模式和验证商业模式的技术创业计划书。

　　技术商业化证书的选修课程包括:"高技术创业入门:从创意到企业创办"

---

① University of Illinois at Urbana-Champaign. Transforming a larger, complex research university into a more entrepreneurial organization[EB/OL]. (2013 - 08 - 09)[2018 - 12 - 10]. https://www.kauffman.org/-/media/kauffman_org/research-reports-and-covers/2013/08/kci_uiuc.pdf? la=en.2013-8/.

"创新与工程设计""突破性技术开发""新创公司：注册、融资、合同和知识产权""技术创业""高科技创业营销"，以及参与学院举办的创业大赛并入围决赛（等同于一门课程）等。每门课程紧扣工程技术专业的学科特点，充分挖掘工程学科领域的商业和创业特征，以实现创业教育与工程教育的紧密整合。这些选修课程采用以创新创业项目为基础的合作学习方式进行，学习者拥有大量实践专业知识和创业知识的机会。如选修课中的"技术创业"课程，教师是创办了多家企业的住校企业家和兼职教授，工程专业学生在深入分析和探讨多个技术创业案例后，以小组为单位组成创业团队，为创立科技公司做准备。学习内容包括产品设计与开发、创业机会评价、创业团队建设、商业模式、产品制造与营销计划、财务管理、创业计划书等。[①] 目前该课程已经孵化出不少高科技公司。

　　"创新、领导力与工程创业"双学位课程是工程学院技术创业中心为各工程专业学生提供的双学位项目，旨在培养能够解决复杂工程问题的创新创业者和领导者。工程专业学生既可以与专业课程同时学习，也可以在获得工程专业学位后独立学习创新创业类课程，以获得双学位。整个双学位课程体系建立在严格的数理课和工程专业课基础上，然后增加专门的创新创业类课程，以培养工程专业学生的创业机会识别能力、创新能力、多学科工程项目管理能力、领导能力与创业能力等多种能力。"创新、领导力与工程创业"双学位课程，课程结构紧凑，创新创业课程学习不少于 31 学分，其他通识课、数理基础课与工程专业课等加起来不少于 128 学分，总学分不少于 159 学分。通识课、数理基础课、工程专业类课、创新创业类课和自由选修课大致占比为 14％、21％、39％、19％和 7％，具体如表 4.4 所示。[②]

　　表 4.4 中的数理基础课程是指数学、物理和化学基础课程，主要安排在前两年学习。专业类课程是学生从生物工程、农业工程、机械工程等诸多工程专业中选择一个专业方向进行学习。创业类课程的学习内容覆盖从创意与创新，创新到技术创业，企业创立到创业管理等创新到创业、创业到企业运营的全过程。创新创业类课程贯穿大学四年，创业课程与专业课程相互交错进行，所学专业知识直接在创新创业课程的实践中得到应用。理论与实践、专业与创业紧密融合。整个课程体系由浅入深、循序渐进，实现了创业教育与专业教育的有效整合。相

①　University of Illinois at Urbana-Champaign. Technology entrepreneurship course description[EB/OL].(2018 - 5 - 20)[2018 - 12 - 11].https：//tec.illinois.edu/academics/course/TE461.
②　University of Illinois at Urbana-Champaign. Bachelor of science in innovation，leadership and engineering entrepreneurship[EB/OL].(2018 - 05 - 20)[2018 - 12 - 12].http：//catalog.illinois.edu/undergraduate/engineer/ilee/.

应的,授课的师资除了以工程学院的教师为主体,商学院、艺术与设计学院以及其他学科的教师也参与其中。除了专业教师,创业者、企业家、风险投资者与技术专家等也是重要的师资来源。

表 4.4　美国伊利诺伊大学厄巴纳-香槟分校工程创业双学位课程一览

	第一学期课程	第二学期课程
大一	微积分 I(数理课),4 学分	微积分 II(数理课),4 学分
	大学化学(数理课),3 学分	大学物理:机械(数理课),3 学分
	大学化学实验(数理课),1 学分	专业必修课 2 门,6 学分
	工程入门习明纳尔课程,1 学分	创新、领导力与工程创业入门(创新创业),1 学分
	写作与研究(通识课),4 学分	高科技创业入门:从想法到创业(创新创业),2 学分
	通识课,3 学分	通识课,3 学分
	共计 35 学分左右	
大二	第三学期课程	第四学期课程
	微积分Ⅲ(数理课),4 学分	微分方程(数理课),3 学分
	大学物理:电子与电磁学(数理课),4 学分	其他大学物理课或大学化学 2 门,4 学分
	线性代数及其计算应用(数理课),3 学分	专业必修课 2 门,6 学分
	专业必修课 2 门,6 学分	创意、创新与愿景(创新创业),3 学分
	设计思维与需求发现(创新创业),3 学分	工程创业讲座(创新创业),1 学分
	通识选修课 1 门,3 学分	通识选修课 1 门,3 学分
	共 43 学分左右	
大三	第五学期课程	第六学期课程
	专业必修课 3~4 门,9~12 个学分	专业必修或选修课 3~4 门,9~12 个学分
	自由选修课 1 门,2 学分	自由选修课 1 门,3 学分

续　表

大三	情商技能(创新创业),3学分	突破性技术开发(创新创业),3学分
	创新与工程设计(创新创业),3学分	通识选修课1门,3学分
	共计38～44学分	
大四	第七学期课程	第八学期课程
	专业选修课3～4门,9～12学分	专业选修课3～4门,9～12学分
	技术创业(创新创业),3学分	新创企业:注册、融资、合同与知识产权(创新创业),3学分
	高科技创业营销(创新创业),2学分	可持续变革领导力(创新创业),3学分
	通识选修1门,3学分	自由选修2门,6学分
	共计38～44学分	

资料来源：University of Illinois at Urbana-Champaign. Bachelor of science in innovation, leadership and engineering entrepreneurship[EB/OL]. (2018 - 05 - 20)[2018 - 12 - 12]. http://catalog. illinois. edu/undergraduate/engineer/ilee/.

　　面向全校学生的"创新"证书突出创新能力在专业课程学习中的重要作用，以培养学生的创意能力、创新能力、产品设计与开发能力为主，创业能力为辅，最大限度与各专业课程进行整合。课程包括"设计思维/需求发现""创意、创新与愿景""突破性技术项目开发""高技术创业入门：从创意到企业创办"，以及参加两次创新创业课外实践活动。

　　(2)得克萨斯农工大学工程创业教育项目。

　　得克萨斯农工大学工程学院创业教育可以追溯至2002年的"工程创业教育经历"项目。该项目与企业合作，为工程专业学生提供结构紧凑的创业教育，学习者历经创意、市场与设计、原型开发、孵化与创业(或者技术授权)等4个阶段。[①]"工程创业教育经历"项目是如今工程创业教育项目的源头和基础。

　　工程创业教育项目的目标是通过沉浸式工程创业课程和课外实践活动，培养工程专业学生的创新能力和创业思维，最终把工程专业大学生培养成技术创业者或公司内部的技术创新领导者。整个项目继承之前项目结构紧凑的优势，

---

① Porter J., Morgan J. Engineering entrepreneurship educational experience (E4) initiative: a new model for success[C]. American Society for Engineering Education 113th Annual Conference & Exposition. Honolulu, Hawaii, USA, 2007.

分为激发创意(spark)、发现(discover,客户发现和产品开发)、准备(prepare,职业准备和创业准备)、创业(launch)等四个阶段。[①] 其突出特点是工程创业课程与课外创新创业实践项目的紧密融合。

在创意激发阶段,通过实践活动和相关课程最大限度激发工程专业大学生的创意和创新潜力。实践活动包括享誉全校的 48 小时极限设计挑战赛"阿吉斯发明"(Aggies Invent)和注重日常培养学生创意创新能力的"工程创业生活与学习共同体/社区"(Engineering Entrepreneurship Living Learning Community)。课程则包括注重培养设计能力的"设计过程"课程、侧重培养创意创新能力的"工程创新"课程、促进工程专业学生与大量技术创业者沟通互动的"工程创业时刻"课程。

在发现阶段,分为客户发现和产品开发两个紧密联系的部分,主要通过创业实践学习和课程培养工程专业学生基于客户需求的产品设计能力和产品开发能力,增强产品和技术开发的针对性和目的性,避免不顾消费者需求和未来市场应用而盲目进行的技术与产品开发。相关的创业实践学习活动包括为期 6 周的注重探索新技术市场应用前景的客户与消费者发现项目"得克萨斯农工创新团队节点"(Texas A&M I-Corps Site,由美国国家科学基金会资助,每年支持得克萨斯农工大学 30 个创业团队);每周不定期举办的侧重探索技术商业化应用的小组讨论活动,主题包括电梯游说、商业模式、融资与专利申请等;还要求学习者参加来自各技术领域的经理人与创业者的经验分享会。正式的工程创业课程为"面向工程师的产品商业化开发",既包括工程设计过程、产品开发过程等内容,也包括消费者与市场确认、消费者价值链发现与沟通技巧培养等内容,两个部分是同时进行的。

准备阶段是指为工程专业大学生创业和就业做好充分准备。准备同样分为实践活动部分和课程部分。在创业准备的实践部分,创业大学生参加创业孵化项目"Engineering Inc.",则可获得办公空间、校内外创业导师指导、创业种子资金支持以及其他一系列商业资源。在职业准备部分,工程学院为工程专业学生提供与学院聘任的实践教师充分交流的机会。这些实践教师是在工程与技术行业具有 20 年以上从业经验的工程师,学生可以通过向实践教师学习为未来职业成功做准备。正式的创业课程涵盖技术创业基础、商业运营基础与知识产权等

---

① Texas A&M University. About engineering entrepreneurship program[EB/OL].(2017 - 08 - 01)[2018 - 12 - 13].https://engineering.tamu.edu/student-life/eep/index.html.

学习内容,具体课程名称依次为"技术创业者创业基础""技术公司的销售、运营与制造"和"知识产权调查"。

创业阶段主要是指企业创立和快速成长阶段,也分为实践部分和课程部分。实践部分扩大到整个工程创业生态系统,分为推动大学生工程创业者与其他技术创业者、整个新创企业网络的合作与联系的项目,各种创业融资支持项目,加速新创企业成长的"加速器项目"等;正式的课程关注企业的创立、管理运营和安全成长,分为"公司形式、合同与专利法""技术公司的管理、领导与公司文化""网络与管理法"等课程。

从对美国伊利诺伊大学厄巴纳-香槟分校和得克萨斯农工大学工程创业课程分析来看,交叉整合式创业课程也可以做到创业教育与专业教育的高效整合,一方面,要求工程学院设计与开发新型的创新创业课程体系,如伊利诺伊大学厄巴纳-香槟分校的"创新、领导力与工程创业"课程体系和得克萨斯农工大学的"工程创业"课程体系。另一方面,创业课程与课外创新创业实践活动的紧密整合也是创业教育与专业教育整合成功与否的关键,学习者把学习到的专业知识和能力直接运用在创新创业实践情境中。而这一切都离不开高校与高科技企业和创业校友的深入合作。高科技企业和创业校友深入参与创业课程和创业实践项目的设计和实施,在资金、创业导师与实践教师、课程与项目资源等方面提供了大量支持。

3) 交叉整合式课程案例研究:艺术创业课程

艺术创业教育的根本驱动力源于艺术专业毕业生就业的窘境。2004—2013年,艺术专业毕业生的平均失业率达到 6%,是同期其他专业平均失业率的 2 倍左右。艺术职业中演员、舞蹈者、摄影师的失业率常年分别在 30%、10% 和 10%左右。[1] 艺术作为一种职业本身就偏向于自我雇佣。在竞争日益激烈的今天,艺术相关职业要想获得成功除了具备高水平的专业能力,还要具备职业规划与管理能力、市场能力、社会网络能力等。

艺术创业教育是艺术专业教育与创业教育交叉整合的产物。美国高校艺术创业教育主要分为两个流派,一个是从商学院的角度看待艺术创业教育,另一个是从艺术发展的角度看待艺术创业教育。[2] 商学院视角下的艺术创业教育与艺

---

① U.S. Bureau of Labor Statistics. Artist unemployment rates: 2009—2013[EB/OL]. (2014 - 03 - 10)[2018 - 12 - 13]. https://www.arts.gov/sites/default/files/unemployment-rates-2004-2013.pdf.

② Beckman G. D. "Adventuring" arts entrepreneurship curricula in higher education: an examination of present efforts, obstacles, and best practices[J]. Journal of Arts Management Law & Society, 2007, 37(2): 87 - 112.

术专业本身的整合程度很低,仅仅是商学院给艺术专业学生提供商学或创业学的知识和技能,与艺术专业本身不发生本质的联系。本书聚焦于艺术发展视角下的艺术创业教育,是艺术专业教育和创业教育高度整合的产物。此艺术创业教育通过设计与实施艺术创业课程和艺术创业实践项目,指导艺术专业学生以创新创业的方式进行职业管理和发展,培养艺术专业学生的创新与创造能力、职业自主能力和高度的适应能力,最终促使艺术专业学生创造出艺术价值、经济价值与社会价值等兼备的艺术文化作品。①

　　艺术创业教育的核心是通过创新创业的方式激活艺术职业。其教育理念是一种包容性和全纳性的理念,而不是狭义的创立企业。在能力培养上注重艺术专业能力、商业与创业能力、营利性技能、非营利性技能和沟通技能的整合。课程包括艺术政策、艺术文化、艺术经济、艺术创业、艺术管理以及艺术创新创业实践活动,重视创新创业与艺术专业课程的内在整合。在培养的结果上是传统艺术职业、自我雇佣型职业、非营利型和营利型艺术创业的多种组合,具体如图4.5所示。

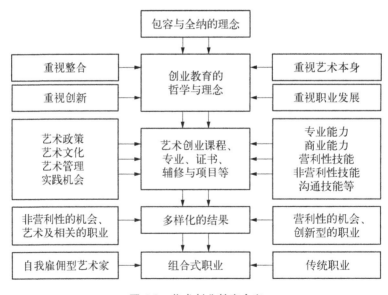

图 4.5　艺术创业教育含义

资料来源:Beckman G. D. "Adventuring" arts entrepreneurship curricula in higher education[J]. Journal of Arts Management Law & Society, 2007, 37(2): 87-112.

---

① Chang, W. J. & Wyszomirski, M. What is arts entrepreneurship? tracking the development of its definition in scholarly journals[J]. Artivate: A Journal in Entrepreneurship in the Arts, 2015, 4(2): 11-31.

美国高校艺术创业教育的历史可以追溯到 20 世纪 70 年代的艺术职业发展项目。当时艺术教育长期忽视毕业生职业发展,为了弥补这一缺陷,美国高校艺术院校开始在课程体系之内或者以课外咨询活动的形式开展职业规划与发展类的课程。[①] 而艺术创业教育主要是个人捐赠和基金会支持的结果。1996 年,伊斯曼音乐学院(Eastman School of Music)在一名慈善家支持下设置艺术领导力项目,这是美国第一个艺术创业教育项目。1998 年,科罗拉多大学音乐学院在普莱斯基金会支持下创立音乐创业中心。[②]

发展到 21 世纪,与艺术创业教育相关的专业、辅修、证书课程等逐渐增多。并且,艺术创业(教育)也逐渐成为一个固定的教学和研究领域。比如,2000 年,在美国中北学院(North Central College)第一次召开了全国性的艺术自我雇佣学术研讨会;2007 年,艺术创业教育的教师成立了艺术创业教育者联盟;2012 年和 2014 年,艺术创业教育者分别创办了专门的学术期刊《艺动:艺术创业期刊》(*Artivate: A Journal of Entrepreneurship in the Arts*)和《艺术创业教育期刊》(*Journal of Arts Entrepreneurship Education*);2016 年,有 168 所美国高校提供 372 个专门的艺术创业教育项目(学位、辅修、证书、实践项目等)。[③] 有学者对 96 所实施艺术创业教育的高校进行调查后发现,在艺术创业教育课程中,14% 是艺术创业学位课程(新专业)、14% 为艺术创业辅修课程、14% 为艺术创业证书课程、9% 为艺术创业项目课程、剩下 50% 为一门或几门艺术创业课程。[④] 下面以美国南卫理公会大学(Southern Methodist University)的艺术创业辅修课程和中央俄克拉何马大学(University of Central Oklahoma)的艺术创业学位课程为例具体分析交叉整合型艺术创业课程的详细情况。

(1) 南卫理公会大学的艺术创业辅修课程。

南卫理公会大学是美国得克萨斯州达拉斯市的一所著名私立研究型大学。该大学创业教育可以追溯到 1970 年。这一年该校商学院创立了全美第一个现代创业中心,主要为商学院学生提供如何创办企业方面的教育。21 世纪以来,

① Nambisan, S. Embacing entrepreneurship across disciplines[M]. Northampton, MA: Edward Elgar Pub, 2015: 128.
② Beckman, G. D. "Adventuring" arts entrepreneurship curricula in higher education: an examination of present efforts, obstacles, and best practices[J]. Journal of Arts Management Law & Society, 2007, 37(2): 87 - 112.
③ Arizona State University. A landscape of arts entrepreneurship in US higher education[EB/OL]. (2017 - 11 - 10)[2018 - 12 - 16]. https://herbergerinstitute.asu.edu/sites/default/files/a_landscape_of_arts_entrepreneurship_in_us_higher_education_0.pdf.
④ Korzen K. Arts entrepreneurship in higher education: preliminary inventories and examinations[J]. Journal of Arts Entrepreneurship Education, 2015, 1(1): 55 - 70.

南卫理公会大学的创业教育逐渐在工程学院、艺术学院等展开。尤其是,艺术学院专门成立了艺术管理和艺术创业学系作为实践艺术创业教育的专门组织。

南卫理公会大学艺术学院的艺术创业教育以"开始一种新运动"为口号而深入开展。这场所谓的运动为艺术专业学生提供广泛的创新创业学习机会,鼓励艺术专业学生挑战自我、承担风险、探索创新,进行深入的跨学科学习,具体包括艺术创业课程与实践、国际交流、跨学科学习、研究与创新探索、公开展览和演出等。艺术创业学习是整个创新创业教育的核心。

该校艺术学院的艺术创业教育兼顾艺术和创业,主要目的是培养具备创新创业素养的艺术家;让他们能够以创新和创业的方式创造艺术作品,改变艺术的生产和传播方式,吸引并扩大艺术消费者和顾客群体。这样的艺术家具备创新创业能力和专业意义上的艺术能力,无论是从事营利型的艺术商业和创业,还是非营利型的艺术事业,艺术创业技能都能增加艺术家职业生涯成功的机会和可能性。[1] 整个艺术创业课程体系包括艺术创业课程辅修课程和相应的实践学习要求。

艺术创业辅修课程是南卫理公会大学艺术学院艺术创业教育的核心,培养艺术专业学生的创业思维以及创办营利性、非营利性艺术机构的能力。艺术创业辅修课程体系包含4门艺术创业必修课程和2门选修课程。在"艺术管理入门"必修课中,艺术专业学生学习如何管理和运营文化艺术组织、举办大型艺术活动等;"艺术中的预算和财商"课程主要聚焦于艺术行业中的会计与财务技能;"艺术创业与吸引资本"教会艺术专业学生如何通过众筹、基金申请、活动筹款、天使投资、风险资本等方式筹集资金,并理解艺术创业过程;最后一门必修课程"艺术创业计划设计:法律、战略与实践问题"是一门实践性很强的项目课程,学习者要通过大量的阅读与讨论、头脑风暴、市场研究、访谈艺术创业者、设计艺术样品等环节设计出一份确实可行的包含概念与创意、受众对象、商业模式、团队建设、行动计划等在内的艺术创业计划书。[2] 选修课程涵盖范围很广,有"团队沟通与领导力""艺术职业实践""法律与艺术""艺术营销""社会创新与非营利性参与专题研究""媒体创业""音乐行业生产"等57门各种类型的选修课。而这些课程的教师既有艺术专业、艺术管理与艺术创业领域的专业教师,还聘请具有丰富艺术行业从业经历和创业经历的实践者作为课程教师。

---

① Southern Methodist University. Start a movement[EB/OL].(2015 - 06 - 15)[2018 - 12 - 17].https://www.smu.edu/Meadows/TheMovement/ArtsEntrepreneurship.
② Southern Methodist University. Minor in Arts Entrepreneurship[EB/OL].(2017 - 09 - 16)[2018 - 12 - 18].https://www.smu.edu/Meadows/AreasOfStudy/ArtsManagement/UndergraduateStudies/ArtsEntrepreneurshipMinor.

　　整个艺术创业课程体系涵盖艺术管理、艺术行业的财务和资本获取、艺术创业计划,以及更为细分的艺术职业发展、社会创新与创业、艺术经济、媒体创业等内容,真正做到了艺术专业教育与创业教育的深度整合。从中我们可以发现,南卫理公会大学艺术学院的艺术创业教育呈现出包容和全纳、重视整合和创新、侧重艺术本身和重视艺术专业学生职业发展的教育理念。艺术专业学生未来的职业发展机会也是多种多样的。

　　(2) 中央俄克拉何马大学的艺术创业学位课程。

　　中央俄克拉何马大学是位于俄克拉何马州的一所区域性大学,其创业教育的特色是艺术创业教育。该校认为,目前美国的高等教育机构对艺术专业学生的培养只关注专业技能,忽视商业技能和应用能力,特别是忽视创业技能的培养,结果造成一大批"失业与饥饿的艺术家"。为了克服这一弊端,中央俄克拉何马大学艺术学院决定在艺术专业技能和应用之间架起桥梁,通过艺术创业学位课程培养艺术职业领域的自我雇佣者、艺术商业领域的创业者、艺术组织的管理者、艺术职业领域的创造性工作者等。

　　中央俄克拉何马大学艺术学院的艺术创业学位课程包括通识教育、艺术创业课程和艺术专业课程等三个部分。艺术创业课程涵盖领导力、沟通、营销、会计、公共关系、艺术创业和艺术商业管理等内容。艺术专业课程分为美术、舞蹈、设计、戏剧和音乐等五个专业方向,具体见表 4.5。

表 4.5　中央俄克拉何马大学的艺术创业学位课程表

通识课程 (42~44 学分)	写作与口语交际(9 学分)
	定量推理与科学方法类课程:数学(3 学分)、生命科学(4)、物理科学(3~4 学分)
	批判性探索与审美分析类课程:审美分析(3 学分)、批判性探索(3 学分)
	美国历史与政治分析类课程:美国政府(3 学分)、美国历史(3 学分)
	文化与语言分析类课程:第二外语(4 学分)或者文化分析(3 学分)
	社会与行为分析课(3 学分)
	生命技能类课程:必修的健康课程(2 学分)、选修的生命技能课程(3 学分)

艺术创业课程 （30 学分）	公共关系原则（3 学分）；领导者的创造力培养（3 学分）
	（艺术行业）团队建设（3 学分）或者组织动态学（3 学分）
	艺术与设计领域的纸媒与营销（3 学分）；艺术与设计领域的数字媒体与营销（3 学分）
	音乐发行与出版（3 学分）或者会计初级（3 学分）
	艺术营销媒体技术（3 学分）；创意行业分析与预测（3 学分）
	设计领域创业（3 学分）或者音乐商业与创业（3 学分）
	艺术家商业管理（3 学分）
专业方向课程 （40 学分）	美术专业（Art）方向课程（40 学分）
	舞蹈专业方向课程（40 学分）
	设计专业方向课程（40 学分）
	音乐专业方向课程（40 学分）
	戏剧艺术专业方向课程（38 学分）

资料来源：University of Central Oklahoma. University of central Oklahoma undergraduate catalog 2017—2018[EB/OL].（2017 - 09 - 17）[2018 - 12 - 20].https://sites.uco.edu/academic-affairs/files/ug-catalog/degree-sheets/cfad/arts-entrepreneurship.pdf.

对以上两所高校艺术创业课程的研究可以发现，艺术创业课程更加倾向于培养艺术从业领域的自我雇佣者、艺术机构的管理者和艺术创业者等，不仅关注艺术的经济价值，也关注艺术本身产生的艺术价值和社会价值。因此，艺术创业教育课程要做到艺术与创业的真正整合，需要开发艺术文化、艺术职业发展、艺术管理、艺术经济、艺术商业模式等与艺术本身紧密结合的创业课程和实践项目，而不能简单移植商学院的创业课程。

总之，交叉整合式创业课程模式在形式上可以表现为一组或几组创业与专业交叉整合的课程、证书、辅修、学位、项目等形式。在内容上倾向于开发基于特定学科专业的交叉型创业课程体系和实践项目。在目标上是要培养传统职业领域的创新者、知识创业者、自我雇佣者等。但是不同行业专业领域有不同的侧重点，如工程创业课程倾向于培养能够把技术商业化的创新创业者，而艺术创业课程倾向于培养艺术从业领域的自我雇佣者。

4.1.4　多(跨)学科整合式课程模式

1) 基本含义

专业教育的基础是不同的分支学科或研究领域。创业教育虽然在美国高校的商学院作为一种专业教育来实施,但从本质上属于多学科教育或跨学科教育。创业教育与专业教育整合的一个重要方面就是以多学科教育或跨学科教育统整专业教育。

多学科教育是指多个学科专业的学生以某个问题或主题为中心相互合作、共同探索。跨学科教育比多学科教育更进一步,不同学科专业的学生相互合作,整合不同学科的概念、理论和方法等,共同探索某个主题或解决某个问题。虽然多学科教育与跨学科教育存在整合程度的区别,但本书中突出两者的共性,并不做绝对的区分。

多(跨)学科整合式课程模式是指多个学院(两个及两个以上)相互合作,让不同专业的学生围绕某个跨学科创新创业项目,以项目团队合作的方式进行创新创业学习的课程模式,具体如图 4.6 所示。

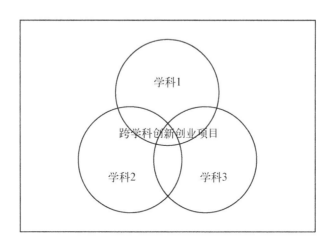

图 4.6　多(跨)学科整合式课程模式

与其他几种课程模式不同,多(跨)学科整合型课程涉及两个或两个以上学院的相互协调和合作,对整个项目的运行和管理要求较高,需要和外部企业或社会组织开展更加广泛深入的合作。专业课程体系中的顶点项目课程成为整合的最佳课程载体。此外,美国高校也会选择在专业课程体系之外以跨学科创新创业项目为载体实现创业教育与专业教育整合。

多(跨)学科整合式课程模式具备其他模式不具备的优势。首先,不同学科专业之间的合作,有利于学生整合不同学科的知识,提高跨学科思考能力,弥补单一专业教育的不足。其次,不同学科专业学生之间的合作可以弥补各自知识的欠缺,比如商科专业的学生可以弥补工程专业学生所欠缺的商业创业知识,工程专业学生可以弥补商科专业学生所不擅长的技术产品开发等。再次,不同学科专业学生之间围绕跨学科创业项目进行深度合作,可以提高学生的沟通合作能力、组织能力、人际交往能力、领导能力等能力。最后,不同学科专业学生、教师之间的合作,可以促使学生从多个视角探究问题,有利于提高他们的创意创新能力,识别和利用创业机会的能力等。

多(跨)学科整合式课程的设计和实施也存在许多障碍、难点。第一,涉及多个学院之间以及学校和企业之间的深入合作,组织与协调的难度大。大学由以学科为基础的学系和学院组织,跨越组织边界存在一定的难度和障碍。第二,跨学科创业课程需要管理人员、各个学科教师和企业等多方人员投入大量的精力和时间,费用投入高,设计和实施的难度较大。第三,不同专业学生需要面对真实的市场情境,与企业人员、市场消费者等进行深入互动,存在不确定性和不可控性。与以往固定在教室或实验室的项目课程相比,学生需要投入的精力和时间是普通课程的几倍,面临的压力也十分巨大。以下以美国理海大学(Lehigh University)的"整合产品开发"项目(Integrated Product Development Program)课程、新墨西哥州立大学和华盛顿州立大学的跨学科创业教育项目课程为例详细阐述该课程模式的具体运行状况。

2) 多(跨)学科整合式课程的案例研究

(1) 美国理海大学"整合产品开发"跨学科创业项目课程。

理海大学是位于美国东北部宾夕法尼亚州的一所顶尖私立院校,工程学和商学是其优势学科。理海大学著名的多学科创业教育项目课程——"整合产品开发"项目开始于1996年,由该校文理学院、商业与经济学院(以下简称商学院)和工程与应用科学学院(以下简称工程学院)合作建设和运营,面向这三所学院所有学生。此项目课程取得了巨大的成功,每年吸引三个学院超过200名大学生参加,他们组成约30个创新创业团队,在新创企业和大公司的经费和人员支持下,以新产品的设计、开发和商业运营等为学习内容,培养大学生参与者的创业精神、创新和创造能力。①

---

① Lehigh University. TE capstone program history.[EB/OL].(2013 - 03 - 18)[2018 - 12 - 20].https://te.lehigh.edu/tecapstone/capstonehistory.

　　"整合产品开发"项目的课程结构紧凑,创业教育与专业教育深度整合。该项目课程与其他项目课程最大的区别在于跨学科创新创业学习贯穿各专业学生的整个教育过程,分为前大学时期的职业意识培养阶段、大学一年级的新生设计项目课程阶段、大学二年级和三年级的专业能力培养阶段、大学四年级顶点项目课程阶段、研究生阶段的项目课程,具体如图 4.7 所示。

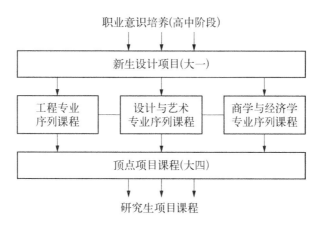

图 4.7　理海大学"整合产品开发"项目课程结构

资料来源: Ochs J. B.、Watkins T. A.、Boothe B. W. Creating a truly multidisciplinary entrepreneurial educational environment [J]. Journal of Engineering Education,2001,90(4): 577 - 583.

　　在大学入学前的职业意识培养阶段,理海大学向全美及其他国家招收高中生(尤其是少数族裔和女生代表)参加为期一个月的夏季项目课程。该阶段项目课程由文理学院、商学院和工程学院的教师共同负责。参与该项目课程的高中生会学习商业与创业课程、全球化与多元文化课程,并组成跨学科项目团队,在大学教师和企业导师的指导下解决当地企业的某个现实问题,学会团队建设、项目管理、设计有效的商业计划和营销计划等内容。在这一阶段,理海大学通过向高中生开设项目课程的方式一方面培养他们对各种职业,尤其是创新创业领域职业(如企业家、发明人、设计师等)的初步认识,另一方面以真实的企业项目为载体初步培养参与高中生的跨学科合作、沟通、项目管理、问题解决、商业计划和营销等多种创新与创业能力。

　　在大一新生设计项目课程阶段,文理学院、商学院和工程学院的学生在大学教师和企业导师指导下组成跨学科团队,先以逆向工程方法研究企业某件创新产品的原理、设计构成与生产等设计和生产方面知识和技能,再研究该产品的运营、定价、顾客与专利等销售和商业方面的知识与技能；最后综合运用产品模型、数据模型、竞争力分析等工程设计与商业知识，提高该创新产品的品质、性能和销售率等，为提高公司产品竞争力做贡献。①

在大学二年级和三年级的专业能力培养阶段，文理学院、商学院和工程学院相对独立地培养各自专业学生的综合素质和专业能力。比如，工程学院重点培养学生的数理分析能力，工程力学、热力学、材料学、机电一体化等工程基础能力，工程建模与仿真、模型与设计（包括计算机辅助设计与制造等）、原型制造等工程设计与制造能力。商学院重点培养学生在商业计划、消费者分析与竞争力、细分市场与目标市场、产品定位与营销、合作伙伴关系建构与管理、人力资源管理、财务管理、日常运营管理、组织设计与团队建设、风险预测与分析、发展战略、经济政策等各方面的能力。这些专业课程之间并不是绝对割裂的关系。理海大学三个学院的专业课程是相互开放的，学生可以选择自身专业以外的课程，以提升自身的跨学科问题解决能力。

大学四年级顶点项目课程是"整合产品开发"项目的重心所在。顶点项目课程是美国高校大学四年级常见的一种跨学科综合课程形式，既是对以往所学专业的整合运用，也是沟通大学生专业学习和未来职业的桥梁。三个学院不同专业的大学生组成跨学科团队综合运用之前所学的专业知识、商业与创业知识，开发新产品、设计新服务项目、改进生产流程、提高产品销售额等，解决公司生产运营中的真实问题，提高公司的生产率和盈利能力。

该顶点项目课程的时间跨度为一学年，项目来源于与课程合作的大企业或新创公司。三个学院的专业教师和参与其中的企业家、创业者和工程师组成学生团队的指导教师。第一个学期，不同专业的学生组成跨学科团队，首先针对合作公司预计开发的新产品进行机会扫描（从新技术、行业市场分析、消费者调查等方面进行），然后进行初步的概念设计；设计过程要综合考虑消费者需求、技术可行性、成本上可行性、审美等多方面的要求。第二个学期，学生团队要解决两个问题，一个是基于上个学期的概念设计制造出产品原型，然后根据客户需求不断开发和完善产品；另一个是要设计好商业和运营计划，如定价、营销计划、财务模型等，把产品推向市场。②

①　Streeter，D. H.，et al. University-wide entrepreneurship education: alternative models and current trends[J]. Southern Rural Sociology，2004，20(2)：44-71.

②　Lehigh University. Technical entrepreneurship program[EB/OL].(2018-09-17)[2018-12-21].http://catalog. lehigh.edu/coursesprogramsandcurricula/interdisciplinaryundergraduatestudy/technicalentrepreneurshipprogram/.

　　整个过程包含机会扫描、概念设计、产品开发与商业计划、推向市场与扩大生产、销售服务与后续支持等 5 个发展阶段(见图 4.8)。学生团队的核心任务是概念设计、产品开发与制订商业计划,但要为后两个阶段提供方案和规划供合作的公司实施。整个项目主要培养的是大学生的内创业能力。

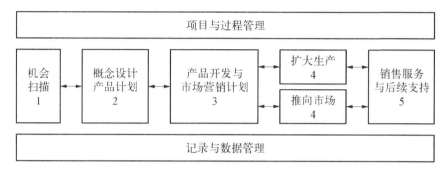

图 4.8　理海大学跨学科创业课程结构中的顶点项目课程流程

资料来源: Lehigh University. Technical entrepreneurship capstone program process[EB/OL].(2018 - 09 - 20)[2018 - 12 - 21].https://te.lehigh.edu/tecapstone/about.

　　在项目课程实施过程中,三个学院的工程学科、商学、设计学科的专业教师和企业导师全程指导学生的项目设计和实施,学生在每个阶段以书面报告、海报和口头展示等多种形式汇报项目进展,同时对项目开展全过程进行记录和数据管理。

　　理海大学"整合产品开发"项目课程延伸至技术创业工程硕士的培养过程。与本科阶段顶点项目课程侧重培养企业内创业能力不同,来自文理学科、工程学科和商学学科专业的研究生组成跨学科团队开发新的产品,申请种子基金,创办和运营新企业。

　　从以上对美国理海大学"整合产品开发项目课程"每个阶段的分析可以看出,创业教育与专业教育的整合主要发生在大学新生的设计项目课程和大四的顶点项目课程。不同专业的学生组成跨学科团队,以创业项目为中心,综合运用工程专业、设计专业、商学与管理学专业的知识和技能解决企业产品开发的真实问题。学生在整个学习过程中要同时考虑产品设计与开发、产品商业计划与市场推广等专业教育与创业教育的诸多核心知识和技能。同时,在项目学习过程中培养了专业技能意义上的"产品设计与开发"能力和商业创业意义上的"营销与运营"能力。除此之外,该项目课程也培养了大学生的跨学科知识整合能力、项目管理能力、团队建设能力、沟通能力、创造性解决问题的能力等。

总体而言,美国理海大学"整合产品开发"项目课程极具特色。整个项目课程既做到了垂直整合,也做到了水平整合。在垂直整合方面,从高中阶段的职业意识、初步的工程设计与创业能力培养做起,到大学本科第二、三学年的专业学习,再到大学第四年创新创业实践能力的培养,最终延伸至研究生培养阶段。整个整合是按照人才培养成长的规律,循序渐进、逐步实现的。在水平整合方面,文理学院、工程学院和商学院三个学院之间紧密协作,真正做到了文理学科、工程学科和商学学科的高度整合,各自开发的创业课程也是相互开放的。与校外企业合作方面,合作企业既包括众多大企业,也包括大量的新创企业。合作企业提供项目、经费和人员支持,打破了局限于教室和实验室培养人才的传统模式。学生们解决的是企业发展中新产品开发和商业运营的真实问题。

美国理海大学"整合产品开发"项目课程模式获得了《美国新闻与世界报道》和《纽约时报》等媒体的广泛关注,被誉为大学教育创新的典范。美国机械工程师协会和"美国大学发明者与创新者联盟"(现 VentureWell)授予该项目课程"课程创新奖"。总体来说,该课程模式得到了时间的检验,参与学生的专业能力和创新创业能力得到很大提高,纷纷得到雇主的认可,也涌现出大量的技术创业者。①

除了理海大学,美国还有大量高校在 STEM 专业的顶点项目课程中整合创业教育相关内容。2015 年,有学者对美国高校 138 名顶点项目课程教师进行了调查研究,得出以下几个结论:超过 80%的顶点项目课程教师认为,顶点项目课程的成功标准包括既要满足技术要求(专业教育的要求),也要满足顾客或消费者的要求(创业教育的要求);超过 50%的教师在顶点项目课程中已经整合知识产权保护、满足消费者需求和利用失败进行迭代设计等创业教育相关内容;约 20%的教师在顶点项目课程中整合了产品市场规模评估、产品商业模式、创业计划制订等创业教育相关内容。② 该研究还通过对教师的访谈研究,概括出在顶点项目课程整合创业教育内容的几种主要核心策略:重构已有的顶点项目课程或者开发新的顶点项目课程,以整合创业教育相关内容;以项目为中心组建多学

① Ochs J. B., Watkins T. A., Boothe B. W. Creating a truly multidisciplinary entrepreneurial educational Environment[J]. Journal of Engineering Education, 2001, 90(4): 577-583.
② Matthew V., Monroe-White T., Turrentine A., et al. Integrating entrepreneurship into capstone design: an exploration of faculty perceptions and practices[C]. American Society for Engineering Education 122th Annual Conference & Exposition. Seattle, WA, USA, 2015.

科或跨学科的学生团队;在整合过程中尽可能与其他学院或学系进行相互合作;尽可能给学生提供体验创业的学习机会,如创业实习与创业竞赛等。[1] 这些研究结论与理海大学的实践是高度一致的。

在专业教育的顶点项目课程中以跨学科或多学科创业项目课程的方式整合创业教育内容是创业教育与专业教育整合的重要方式。参与学院的紧密协作,校级层面的资金、文化和基础设施(场地与设备等)支持,以及与外部企业的长期深入的合作都是跨学科或多学科整合创业课程成功的重要条件。

(2) 新墨西哥州立大学和华盛顿州立大学跨学科创业项目课程。

在顶点项目课程中整合创业教育内容是专业教育课程体系之内整合创业教育的方式。美国高校也在专业课程体系之外大量设置多学科或跨学科的创业项目课程开展创业教育的方式。在这种状况下,创业教育与专业教育的整合是隐性的,参与学生在实践学习过程中自觉或不自觉地把所学专业与创业相整合。

先以美国新墨西哥州立大学的跨学科创业项目课程为例。经过长达一年半每隔几周的频繁沟通和讨论,新墨西哥州立大学的商学院、工程学院、教育学院、文理学院、健康与社会服务学院、农学与环境科学学院等六个学院共同合作成立了促进大学技术商业化、支持当地小企业发展和创业者创业的"箭头中心"(Arrowhead Center)。该中心由六个学院合作运营,每年从六个学院中招募30—35 个不同专业的大学生,组成跨学科项目团队为当地新墨西哥地区的创业者提供专业的市场分析和商业计划咨询建议。[2] 大学生参与者不但把所学的专业知识应用到创业咨询实践活动过程中,而且获得了以客户和真实问题为基础的学习机会,从而积累商业和创业的知识和实践经验。有类似做法的美国高校还包括鲍德温华莱士学院、伊利诺伊大学厄巴纳-香槟分校(公立大学)等。不同专业的学生通过应用专业知识和创业知识解决企业的现实问题,逐渐提高自身的专业能力和创业能力,在实践学习过程中实现创业教育与专业教育的潜在整合。

再以美国华盛顿州立大学的弗兰克创业伙伴项目(Frank Fellows program)为例。华盛顿州立大学每年选择 12 名商学专业和工程学专业的大三学生组成

---

[1] Matthew V.，Monroe-White T.，Turrentine A.，et al. Integrating entrepreneurship into capstone design：an exploration of faculty perceptions and practices[C]. American Society for Engineering Education 122th Annual Conference & Exposition. Seattle，WA，USA，2015.

[2] Bisoux T. Collaborative efforts[J]. BizEd，2012，2：18 - 25.

跨学科团队,合作开发一项具有商业潜力和技术潜力的新产品或新服务。整个项目由该校工程学院和商学院的教师合作指导,包括课程、体验和实践三个紧密联系的学习部分。课程学习部分包含技术创业、创新与创业、工程设计 3 门课程。体验学习部分包含为期一个月的创业讲座、前往硅谷与新创公司考察、与创业者和投资人等的沟通交流,以及为期 12 周的新创公司的实习活动。实践学习部分主要是组成跨学科团队,在一年时间内设计开发以新技术为基础的样品或产品,同时制订创业计划书,参加学校举办的创业计划大赛。① 类似的跨学科创业学习项目在美国高校已经常态化和制度化,参与的大学生在跨学科创业项目学习过程中逐渐提升应用专业知识的能力和创新创业能力,将创业教育潜在地与专业教育相整合。

对以上的案例研究可以发现,创业教育与专业教育的多(跨)学科整合式课程主要有两类。一类是在专业课程体系之内实现整合,专业课程中的顶点项目课程成为整合创业教育内容的最佳选择。另一类是在专业课程体系之外的整合,大量的跨学科或多学科创业实践学习项目是创业教育与专业教育整合的理想平台。但不管哪一种方式,以跨学科或多学科创业学习项目为基础,不同学院之间的协作和全校范围内的支持,与外部企业的紧密合作是该课程整合模式成功的必要条件。

4.1.5　课程模式的比较分析

从形式上看,松散联合式课程以创业辅修、创业证书课程的方式实现创业教育与专业教育的松散联合。渗透嵌入式课程以创新创业课程模块、创新创业新课程主题、课程设计原则或授课方法等形式实现创业教育与专业教育的内在整合。交叉整合式课程以某个特定的学科专业为基础设置新型的创业课程体系,如工程创业课程体系、艺术创业课程体系等形式,实现创业教育与专业教育的交叉整合。多(跨)学科整合式课程是以多个学院合作设置跨学科创业项目课程的形式实现创业教育与专业教育更高层次整合。

从整合程度上看,松散联合式课程的整合程度最低,渗透嵌入式课程的整合程度最高,交叉整合式课程和多(跨)学科整合式课程的整合程度次之。

从实施的难易程度上看,松散联合式课程的商学院模式最容易实施,全校层

① Washington State University. Frank fellows three-semester program[EB/OL]. (2018 - 10 - 20)[2018 - 12 - 20]. https://vcea.wsu.edu/entrepreneurship/program-overview/.

次的创业辅修或证书课程的难度较大。难度最高的是多(跨)学科整合式课程，内部涉及多个学院的合作和全校的支持，外部涉及与企业和社会组织的合作。渗透嵌入式课程和交叉整合式课程以某个特定的学院(学系)为实施主体，难度主要体现开发设计整合程度较高的交叉式创新创业课程体系，实施难度也较高。

在各自的优势和劣势上来看，松散联合式课程模式由商学院或全校层面为所有专业大学生提供创业课程，优点是容易实施、普及面较广、实施效率较高，缺点是整合的效果较难保障，主要依赖学生的整合能力。渗透嵌入式课程的优点是减轻了学生额外学习创业课程的负担，知识的内在整合程度高，缺点是对教师的要求较高，课程设计和实施的难度较大。交叉整合式课程的优点是以学科专业为基础开发新型的创业课程体系，既丰富了创业课程体系，也丰富了专业课程体系，课程的整合程度和创新程度较高；缺点是对专业课程教师的要求很高，课程的设计难度也较大。多(跨)学科整合式课程的优点是有利于促进各学科专业学生围绕创业项目进行跨学科合作，既有利于提升专业学习和创业学习的效果，也有利于提高创业的实际成功率；缺点是涉及各学院之间以及与企业的深度合作，组织协调难度大，实施难度也较大。

总之，这四种课程模式各有利弊，各高校可以根据自身的资源、条件和偏好等，选择一种或几种课程模式。

4.2　教　学　方　法

美国高校创业教育与专业教育整合既运用传统的教学方法，也运用新型的教学方法。传统的教学方法主要有讲授法、讨论法、案例教学法、商业(创业)计划教学法等，来源于商学和管理学，在创业教育与专业教育整合的教学过程中有所变化。新型的教学方法主要有精益创业教学法、游戏教学法、以设计思维为基础的教学法和以创业思维学习基础的项目教学法等。这些新型的教学方法主要是随着创业教育的发展以及创业教育与专业教育整合的兴起被逐渐应用的。

4.2.1　传统的教学方法

传统的教学方法多指授课教师沿用的专业教育的教学方法，尤其是商学和管理学专业的教学方法。这类教学方法一般以知识的传递和掌握为中心，教师控制教学过程，学生较为被动地参与教学过程，学习的场域多为固定的教室。以下以讲授法、案例教学法、商业(创业)计划教学法等为例来说明传统教学方法。

1) 讲授法

讲授法是以知识为基础的教育,教学过程以教师讲授为主。美国高校创业教育与专业教育整合过程中讲授法的发展特点是授课教师会邀请与特定学科专业相关的创业者和实践者以讲座的方式参与课程。各学科专业学生可以与这些创业者和实践者积极互动和深入交流,在知识上补充实践经验,在精神情感上获得激励。

2) 案例教学法

案例教学法是法律教育、商业教育等专业教育领域广泛使用的教学方法。案例教学方法以授课教师精挑细选真实发生的有教育意义的案例为基础,让学生详细分析、讨论、解剖案例中的核心问题,获得对案例的感性认识和理性认识,尤其注重培养学生利用案例解决类似问题的迁移能力。案例教学方法一般包含以下几个步骤:案例的选取与介绍、案例讨论、问题与分析、案例评价、行动计划和总结。[①]

案例教学方法本质上是一种培养分析概括和逻辑归纳能力的教学方法,核心是案例讨论和分析阶段。学生首先定义案例中的问题,紧接着从各个维度分析案例中问题的发生原因、解决方案以及结果等,然后设想其他的解决方案,评价所有解决方案,形成更优的行动计划,最终归纳总结出相应的规律。并且,在案例讨论和分析的过程中,授课教师经常会把学生分成小组,给予学生充分讨论和合作的学习机会。

案例教学法的发展特点是授课教师尽可能结合各自学科专业选择相应的创新创业案例,突出不同行业和不同学科创新创业教育的特殊性。如工程技术类专业会选择最新的软件开发、生物医药开发和人工智能等创业案例作为分析和研究对象。斯坦福大学技术创业课程就选择了云储存领域的"多宝箱"(Dropbox)新创公司、中小企业薪资管理领域的"Gusto"新创公司等作为课程案例。文化与艺术专业方向的创业课程会突出文化与创意行业领域的创业案例,如康奈尔大学"文创行业的创业"课程选择音乐发行、书籍出版(企鹅出版集团)、奢侈品(香奈儿)、时尚服装等10个创业案例供学生学习和讨论。人文社会科学专业类的创业课程教学会选择如尤努斯创办的用于小额信贷扶贫的"格莱珉银

---

① Erskine, J. A., Leenders, M. R., Mauffette-Leenders, L. A. Teaching with cases[M]. Waterloo, Canada: Davis and Henderson Ltd, 2003: 3-4.

行"、支持美国欠发达地区的支教项目"为美国而教"以及其他社会创业案例供学生分析探讨。除已有案例，不同专业大学生通过访谈不同行业的创业者，细致考察和记录创业者的创业过程等方式撰写新案例也成为案例教学法的最新发展趋势。

在案例教学方法应用过程中，教师从课堂的掌控者成为课程的指导者，成为学生的案例讨论和分析的"教练"。学生不仅从教师的指导中学习，学生之间相互讨论和分析案例也成为案例教学的重要组成部分。学生在案例教学过程中不仅可以得到创业知识、思维和能力的训练，也会主动思考案例与专业教育的关系，内在整合创业教育与专业教育的相关内容。

总之，案例教学既培养专业教育所重视的分析与综合能力、推理能力和理论概括能力等专业能力，也培养创业教育所重视的沟通与交流能力、团队合作能力、组织能力、表达和展示技能等创业能力，潜在地实现创业教育与专业教育的整合。

3）商业（创业）计划教学法

商业计划是创业教育重要的教学内容，也是一种教学方法。商业计划在传统商学或管理学的视角下是一种描述企业现状和规划企业未来发展的计划工具。但对于创业教育以及创业教育与专业教育的整合来说，商业计划是不同学科不同专业学生（潜在的创业者）创立企业或新组织的重要规划书，因此也被称为创业计划。创业计划一般 20—40 页，主要包含创业点子（计划中某项产品或服务），从技术、市场、资金和人力资源等角度进行的可行性评估，市场竞争力分析与定位，发展潜力与财务预测，资金、人员以及其他的资源需求，销售，团队建设与组织运营等一系列企业创立活动相关的内容。[①]

美国高校创业教育与专业教育整合下的创业计划教学突出不同学科专业和行业的特征。比如，工程技术专业类的创业计划教学突出技术或产品所要解决的客户"痛点"、技术商业化和规模化的潜力与路径、知识产权保护、创始人与股权分配、发展阶段与融资需求等，突出技术创业的特点。又如，人文与社会科学方向的社会创业计划教学突出所创企业或组织要解决的社会问题和创造的社会价值，问题解决方案的独特性和合理之处，创始人或创始团队的使命感、专长与社会交际能力，解决方案的规模化方式与组织发展战略，资助与资金需求等，突

---

① Manimala，M.，Thomas，P. Entrepreneurship education experiments with curriculum，pedagogy and target groups[M]. Singapore：Springer Nature Singapore Pte Ltd，2017：28 - 29.

出社会创业的公益性特征。

除了最常用的讲授、案例研究和商业计划等教学方法以外，传统的教学方法还包括课堂小组讨论、课堂练习、观看创业者的视频或电影、角色扮演、商业模拟等。传统教学方法的特点是在整个教学过程中重视知识和信息的传递，是以掌握和应用知识为本位的教学方法。授课教师控制整个教学过程，教师是展示者和传递者，而学生相对比较被动。但是，案例研究、制订创业计划、创业者讲座与角色扮演等教学方法也正在突破传统教学方法的局限性，注重给学生提供主动学习、体验式学习以及不同主体间合作学习的机会。并且，美国高校创业教育与专业教育整合的教学过程经常混合使用多种教学方法，一门课程的教学往往同时使用讲授法、案例研究与制订创业计划等教学方法，以实现培养学生多种能力的目标。

4.2.2 新型教学方法

新型教学方法是指突破原有的传统教学方法，注重创业教育方法与专业教育方法上的整合，突出教学方法的体验性和实践性特征。新型教学方法的核心不是知识与信息的传递，而是思维与能力的培养。教师在整个教学过程中主要发挥指导者和促进者的作用，不过度控制教学过程。学生在教学过程中处于主动参与的地位。随着美国高校创业教育的发展以及创业教育与专业教育整合的逐步深入，新型的教学方法也越来越呈现出蓬勃发展的势头。以下以精益创业教学法、以游戏为基础的教学法、以设计思维为基础的教学法、以创业思维学习为基础的项目教学法等为例来说明新型教学方法。

1）精益创业教学法

精益创业（Lean Start-Up）教学法是 21 世纪以来逐渐兴起和使用的一种新型教学方法，建立在批判传统商业计划教学方法不足的基础上，是对商业计划教学方法的发展和超越。精益创业教学法的开发者不是传统意义上的大学教师，而是有着丰富创业实践经历和大学授课经验的实践教师，其主要开发者是资深创业者和斯坦福大学兼职教师埃里克·里斯（Eric Ries）、史蒂夫·布兰克（Steve Blank）等人。

精益创业教学法批判传统管理学和商学视角下制订商业计划、开发新产品、销售产品、获得收益的线性逻辑，主张在充满变革和颠覆式创新的时代背景下，以最快的速度确定假设、迅速获取顾客反馈、快速开发等循环和迭代的方式进行创业实践活动。[①] 精益创业教学方法的主要特征是让学习者和创业者在教学过

---

① Blank, S. Why the lean start-up changes everything[J]. Harvard Business Review, 2013, 5: 64 - 73.

程中以最快的速度开发有效的产品,继而通过客户反馈完善产品和验证假设,从而获得收益。学习的场域突破了传统的教室,不断收集消费者的反馈和产品的迭代开发成为精益创业教学的关键。

精益创业教学的详细流程主要包括"概念假设—初步验证—产品开发—测试—数据分析—学习"六个紧密联系和互相反馈的环节。[1] 概念假设指创业学习者潜在的创业假设。与复杂冗长的创业计划不同,创业者的概念假设可以用一张清晰的"商业模式画布"(Business Model Canvas)表达。商业模式画布的核心是创业者先就为顾客创造的价值和服务提出假设,包括价值定位、目标客户、核心业务、关键资源、销售渠道、客户关系、收益来源、成本结构与合作伙伴等九个部分。[2] 初步验证就是创业学习者通过调查消费者的问题或需求,以最快的速度初步设计产品原型供消费者使用,从而验证解决方案的有效性,直到确定假设阶段的商业模式成立。产品开发阶段与传统持续数月的线性产品开发不同,精益创业思维下的产品开发利用最简化的可用产品(Minimum Viable Product)持续获得消费者反馈,再利用消费者的建议不断完善产品设计。测试阶段是测试所开发产品在销售过程中所带来的收益状况。数据分析与测试紧密相关,就是不断收集和分析顾客、产品、收益等有效数据,作为改进和提升的重要工具。学习是用来替代传统的业务和产品发展节点,是指在极度不确定的情境下,从真实的消费者处收集客观准确的数据,改善优化整个创业过程的持续学习能力,以获得对产品和服务的洞察,不断提高产品和服务质量。[3]

精益创业教学法既注重专业教育如工程师教育中对设计和产品开发能力的培养,也注重创业教育对商业模式、市场验证与消费者数据分析能力的培养,内在地实现了创业教育与专业教育在能力培养上的整合。与传统商业计划教学方法不同,精益创业教学方法培养大学生在快速变化、不确定的创新创业情境下快速形成假设、验证假设、迭代开发产品、推动企业或组织迅速成长的创新创业能力,更加贴近创新创业实践的现实状况。因此,在美国高校创业教育与专业教育整合的教学过程中,精益创业教学方法被普遍采用。

---

① Ries, Eric. The lean startup: how today's entrepreneurs use continuous innovation to create radically successful businesses[M]. New York: Crown Publishing Group, 2011: 81.

② Alexander, O. & Pigneur Y. Business model generation[M]. Hoboken, New Jersey: John Wiley & Sons, 2010: 20.

③ Ries, Eric. The lean startup: how today's entrepreneurs use continuous innovation to create radically successful businesses[M]. New York: Crown Publishing Group, 2011: 81.

2) 以游戏为基础的教学法

游戏是一种基于规则的正式系统,包含可变和可计量的结果,不同的结果被赋予不同的价值,参与者通过努力影响结果,从中获得乐趣。[①] 由于游戏的规则性、情境性和趣味性以及充满问题解决任务等特征,此教学法具有巨大的教育潜力。以教育为目的严肃游戏可以提升参与者的自我效能、合作与沟通能力、决策能力、探索能力、对模糊的容忍度和好奇心,还有助于提升参与者的创造力。[②]这些能力正是高校创业教育与专业教育整合要培养的。

创业游戏的类型有很多,从体力和动手制作类的游戏,到语言交际的说服游戏,再到以人际交往、角色体验为基础的团体游戏和角色模拟游戏,以及大量的视频游戏和计算机游戏(如利用"模拟人生 2:创业"游戏讲授创业过程)等。这些创业游戏能够使学生完全投入游戏的各项活动,很容易激发和调动学生的学习兴趣,学生的学习参与度和满意度也较高。在游戏过程中,游戏参与者需要识别问题、收集各种有用的信息,制订问题解决策略,同时需要考虑对手的策略和方案。这有利于提高学生的判断能力和决策能力。并且,游戏参与者在游戏过程中要形成对内相互合作、对外相互竞争的团队,作为团队的成员要形成共同的愿景、密切配合、合理分工,这就提高了学生的团队合作能力。综上所述,创业游戏能够在控制情境下提高学生的决策能力、团队合作能力、分析和解决问题能力等多种专业能力和创业能力。下面以加州大学伯克利分校工程创业课程的游戏教学方法和南卫理公会大学艺术创业课程的游戏教学法为例,阐述游戏教学法的运用过程。

加州大学伯克利分校工程创业课程游戏教学的目标是培养创业型工程师和技术创业者,其游戏教学方法的核心是假设创业教学不仅要培养知识和技能,更重要的是培养创业思维(mindset)。创业思维通过特定的行为模式表现出来。以游戏为基础的教学方法是培养创业思维和行为模式的有效工具。该校创业研究者认为,成功的创业者有以下突出的 10 种思维和行为模式:互助行为模式(愿意获得他人帮助也愿意帮助他人)、叙述故事(向投资者、消费者和员工讲故事传递重要信息)、相信他人、寻求公正、敢于失败、追求极致、多样化社交、崇尚合作、改变世界的信念、成为其他创新创业者的榜样等。[③]

---

① [美]拉夫·科斯特.快乐之道:游戏设计的黄金法则[M].蒋文斌,等译.上海:百家出版社,2005:14.

② [美]内克,格林,布拉什.如何教创业:基于实践的百森教学法[M].薛红志,李华晶,张慧玉,等译.北京:机械工业出版社,2015:26.

③ Sidhu, I., Singer, K., Suoranta, M., Johnsson, C. Introducing Berkeley method of entrepreneurship — a game-based teaching approach [C]. American Society for Engineering Education 122th Annual Conference & Exposition. Seattle, WA, USA, 2015.

　　针对这 10 种创业思维和行为模式，加州大学伯克利分校工程创业课程授课教师分别设计了大量充满挑战与互动的创业游戏，培养工程专业学生的创业思维和创业实践能力。比如，针对互助行为模式，授课教师运用"筹款游戏"，要求工程专业学生在 6 个小时内运用一切可能的方式筹集一定数额的善款，并将善款无偿捐赠给慈善机构。对于叙述故事的能力，授课教师通过图片和设置情境的方式让工程专业学生讲述有意义的故事，培养他们的构造和讲述故事的能力。又如，通过大型拼图游戏培养信任和合作能力；通过克服害怕被他人拒绝的游戏（如向陌生人借 100 美元，直到借到为止）培养敢于失败的能力和交际能力；通过电梯演讲培养学习者追求极致、敢于失败、社交与讲述故事等多种能力。一种创业游戏可以集中培养一种创业思维和行为模式，也可以培养多种思维和行为模式。最重要的是参与游戏的学习者在游戏结束后要反思整个学习过程，反思自身与成熟创业者在创业思维和行为模式之间的差距。[1] 加州大学伯克利分校的游戏教学法主要是为了培养工程专业学生像创业者一样思考和行动。

　　美国南卫理公会大学艺术创业课程也采用创业游戏教学法，如"曲别针游戏""市场反馈与快速配对游戏"与"市场需求研究游戏"等。[2] "曲别针游戏"来源于用曲别针经过数次物物交换，最终换取房屋的经典案例，主要是通过交换和交易物品充分培养艺术专业学生对物品相对价值的认识能力、融资能力、沟通能力、讲述故事与说服他人的能力等。"市场反馈与快速配对游戏"给予艺术专业学生充分的思考自由，先抛出一个问题，在没有金钱限制的状况下想创造什么，再把学生分成一对一的小组，让他们在规定时间之内描述和讨论各自的想法，之后人员变换进入下一轮循环，其目的主要是培养艺术专业学生的创意能力和沟通表达能力。在"市场需求研究游戏"中，让艺术专业学生在教学过程中走出教室，进入校园或社区随机向相遇的人询问社区或全国在艺术领域欠缺或有待改进的地方，之后学生回到教室对获得信息进行分析讨论，目的主要是培养艺术专业学生的沟通能力、挖掘市场的能力、设计新商业模式的能力等。南卫理公会大学的游戏教学法主要是培养艺术专业学生的市场敏感性、沟通能力、融资能力、创意和创业能力等。

　　以游戏为基础的教学方法以有趣快乐的方式给予不同专业大学生思考创业

①　Sidhu, I., Singer, K., Suoranta, M., Johnsson, C. Introducing Berkeley method of entrepreneurship — a game-based teaching approach[C]. American Society for Engineering Education 122th Annual Conference & Exposition. Seattle, WA, USA, 2015.

②　Nambisan, S. Embracing entrepreneurship across disciplines: ideas and insights from engineering, science, medicine and arts[M]. Northampton, Massachusetts: Edward Elgar Pub. 2015: 141.

和体验创业的机会。因此,美国高校创业教育与专业教育整合教学过程中也普遍采用以游戏为基础的教学方法。授课教师的作用是为各专业学生提供有趣、充满挑战、目标达成和与他人互动的等富有教育意义的游戏。各专业学生通过参与游戏活动提升自己的创业思维和创业行为能力。学生是整个游戏学习过程的主导者和掌控者,教师起指导和辅助作用。

3) 以设计思维为基础的教学法

设计是指人类在面对障碍和问题时生产或创造某种物品来满足人类某种需求的能力。目前设计已经从有形发展到无形,比如设计计划、系统与组织等。此时的设计就转换为一种思维。在传统设计领域之外,运用设计思维解决问题已成为一种全球运动。[①] 设计思维被广泛应用到设计教育、工程教育、医学教育和教师培养等各个领域,设计思维本身也成为重要的培养目标。

相对于其他思维方式,设计思维是态度、认知与人际关系等三方面的结合。[②] 设计思维首先面对的是模糊的、不明确的问题以及重重障碍和困难,但设计者的态度是勇敢解决这些问题,提供他人意想不到和创新的解决方案。这与创业者面临的模糊、不确定的和复杂的问题情境下识别机会与解决问题的态度是完全一致的。在认知方面,设计思维需要综合归纳推理(是什么)、演绎推理(应该是什么)和溯因推理(可能是什么),其中,溯因推理是设计思维的本质所在。[③] 通过培养学习者的溯因推理能力,学习者具备了产生创意所必须具备的猜想、试错等能力,然后通过归纳和演绎推理验证这些创意。这与创业者在创业过程中识别或创造创业机会所要求的思维和能力也是一致的。在人际关系层面,设计思维是以使用者为中心的,要深入挖掘、满足使用者的现实需求和潜在需求,提高使用者对设计的满意度。因而设计者需要具备较高的移情能力和沟通能力。创业者也需要以消费者的需求为出发点,在人际关系和移情方面,设计者和创业者所要求的能力也是一致的。

在设计过程中,设计思维包含以用户为中心、以构思为基础、以模型为驱动和以跨行业跨学科合作团队为实施主体等四个关键的原则或信条。[④] 以这四个

---

① Brown, T. Design thinking[J]. Harvard Business Review, 2008, 6: 85 - 92.
② [美] 内克·格林·布拉什. 如何教创业:基于实践的百森教学法[M]. 薛红志、李华晶、张慧玉、等译. 北京:机械工业出版社,2015:39.
③ [美] 内克·格林·布拉什. 如何教创业:基于实践的百森教学法[M]. 薛红志、李华晶、张慧玉、等译. 北京:机械工业出版社,2015:39.
④ Patel, S., Mehta, K. Systems, design, and entrepreneurial thinking: comparative frameworks[J]. Systemic Practice & Action Research, 2016, 30(5): 1 - 19.

原则为基础，设计思维本质上是一个不断迭代的过程，包括移情（深入了解用户以及他们的生活，以发现问题）、界定问题、构思、原型制作、不断测试与改进等不断循环的过程。[①] 设计思维的过程与识别创业机会、评估和实现创业机会的过程本质是一致的。设计思维有利于创业者发现和实现创业机会。设计思维与创业思维高度契合，这为设计思维应用到创业教育与专业教育整合教学过程中奠定了基础。

以设计思维为基础的教学方法就是把创业思维与设计思维紧密结合应用到创业教育与专业教育整合教学过程中，教学流程主要分为识别创业机会（设计思维的移情阶段）、分析与评估创业机会（设计思维的界定问题）、开发创业机会（设计思维的构思阶段）、提出问题解决方案（设计思维的原型制作）、测试解决方案（设计思维的测试阶段）、确立商业模式或制订创业计划（设计产品的推广与应用）等六个阶段，每一个阶段都不是线性的，而是迭代循环的。[②]

美国许多高校创业教育与专业教育整合的教学过程都采用了以设计思维为基础的教学方法，比如马里兰大学。该校以设计思维为基础的教学方法先以移情和理解他人的需求为起点，再界定需要解决的问题，接着通过头脑风暴和小组讨论等各种手段进行构思，然后设计和测试相应的产品、服务和解决方案等，最后制订出符合市场需求或社会需求的创业计划，直至最终创办企业或社会组织（与精益创业教学紧密结合）。[③]

以设计思维为基础的教学方法给予学习者探索、体验和充分互动的创业学习机会。整个教学以人的需求满足和问题的解决为中心。学生学习的场域不再只是普通的教室，而是扩大到学生可以利用各种工具进行设计制作的各种创新工作室、创客空间以及校园外广大的社会。整个教学过程以开放性的问题为引导，授课教师促进学生学习，学生完全控制整个学习过程，学生是知识的建构者和创造者，而不是被动接受者。教学过程既体现设计的思维和方法，也体现创业的思维和方法。学生的思维发展和学习过程不是分析和线性的，而是以问题解决和人的需求满足为中心不断迭代循环的过程。教学关注的是学习者在专业和

---

① Stanford University Institute of Design. An introduction to design thinking process guide[EB/OL]. (2010 - 11 - 02)[2018 - 12 - 25].https://dschool-old.stanford.edu/sandbox/groups/designresources/wiki/36873/attachments/74b3d/ModeGuideBOOTCAMP2010L.pdf.

② Kortzfleisch, H., Zerwas, D., Mokanis, I. Potentials of entrepreneurial design thinking® for entrepreneurship education[J]. Procedia—Social and Behavioral Sciences, 2013, 106: 2080 - 2092.

③ University of Maryland. Design thinking innovation and entrepreneurship academy style[EB/OL]. (2015 - 11 - 08)[2018 - 12 - 26].http://innovation.umd.edu/about/design-thinking/.

创业学习领域知识、思维、想象力和行动等多个方面的发展,内在地实现了创业教育与专业教育在知识、思维和能力培养上的整合。

4）以创业思维学习为基础的项目教学方法

创业可以被理解为识别机会和创造价值的过程。从创业的视角看,创业学习就是促进学习者获得识别和利用机会、创办和管理企业或新组织的知识和技能的过程。从学习,尤其是从体验学习理论的视角看,创业学习重在体验,是一个学习者或创业者通过体验、反思、思考和实践等学习方式,获得新知识和新能力的过程,关系到人的认知、情感、行为和意志等各个方面的发展。[①] 创业学习是以学习者的体验、行动、反思为核心的动态学习过程；在这一过程中,学习者也需要把经验和行动转化为积极的学习结果。

创业思维学习（Entrepreneurially minded learning）是创业学习的进一步深化,突出创业型思维培养。创业思维学习重视培养学生的探索与发现能力、识别机会和创造价值的能力。创业思维学习的内容是多方面的,包括知识和技能层次的识别与评价机会、分析市场数据和设计商业模型等方面；思维模式层面的创造性思维、直觉思维和基于效果逻辑的创业思维等方面；情感与态度方面的创业意图、创业自我效能感、创造价值的激情和力争卓越的倾向性等方面。创业型思维学习不局限于创业教育,注重培养各专业学生识别问题和以创新的方式解决问题的能力,注重促进学生在创新创业知识和技能、思维模式、情感和态度等各方面的发展。[②]

以创业型思维学习基础的项目教学方法内在包含了项目教学法、问题教学法（problem-based learning）、体验学习、行动学习和跨学科合作学习等各种教学方法。[③] 首先,该教学方法建立在项目教学法基础上,以创新创业项目组织教学,并且项目多来源于企业或社会亟待解决的现实问题。其次,该教学方法以问题教学法为基本依托。以创业型思维学习基础的教学方法始于学习如何发现、识别与进一步挖掘现实世界中真实存在的问题（尤其是新问题）,同时这些问题也可能是潜在的创业机会。各专业学生还要学会如何深入分析和评价这些问题,并最终找到解决方案,这个过程同时也是评价创业机会和创造价值的过程。

---

① Moustaghfir K., Širca, N. T. Entrepreneurial learning in higher education: introduction to the thematic issue[J]. International Journal of Euro-Mediterranean Studies, 2010, 3(1): 3 - 26.

② Wheadon, J., Duval-Couetil, N. Elements of entrepreneurially minded learning: KEEN white paper [J]. The Journal of Engineering Entrepreneurship, 2016, 7(3): 17 - 25.

③ Nambisan, S. Embracing entrepreneurship across disciplines: Ideas and insights from engineering, science, medicine and arts[M]. Northampton, Massachusetts: Edward Elgar Pub, 2015: 25 - 26.

再次,该教学法也是以体验学习和行动学习为基本学习形式的教学方法。各专业学生通过创新创业行动来学习,要完成调查问题、分析市场、设计产品或形成某种解决方案、创立企业或新组织等创新创业的全过程。同时授课教师要给予学习者反思自身经验的学习机会;方式是项目日志、项目阶段性汇报、书面反思、总结与小组讨论等。最后,该教学方法是以跨学科团队合作学习为基础的教学方法。不同专业大学生围绕问题和项目组成跨学科团队,以团队合作的形式进行学习。不同专业学生之间有一定的分工和合作,学习者之间有充分交流和互动机会。有时,跨学科团队合作也直接表现为跨学科创新创业团队。

以创业思维学习为基础的项目教学法综合了多种教学方法,已广泛应用于创业教育与专业教育整合的教学过程,特别是创业教育与工程技术类专业教育整合的教学中。比如,加入"科恩工程创业联盟"的 36 所美国高校在创业教育与专业教育整合教学过程中就普遍使用了以创业思维学习为基础的项目教学方法。

4.2.3　各类教学方法的比较分析

从教学理念上看,讲授法、讨论法、案例教学法、商业(创业)计划教学法等传统教学方法秉持行为主义的教学理念;行为主义教学理念下的知识是客观的,教学是知识的传递,学习是记忆、理解知识和应用知识的过程。精益创业教学法、以游戏为基础的教学法、以设计思维为基础的教学法和以创业思维学习为基础的项目教学法等新型教学方法是建构主义和社会互动主义的教学理念;建构主义和社会互动主义理念下的学习是学习者主观建构以及学习者与外部世界充分互动而产生的,教学是学生通过项目和活动等方式主动建构知识和应用知识的过程,学习是以创新创造解决问题的过程。

从教学流程上看,传统教学方法呈现出线性特征,有较为明确、稳定的一般步骤。新型教学方法的教学流程是迭代循环的,并没有严格的顺序,教学注重学生的体验、互动和反思。

从教学过程中教师和学生的关系来看,传统教学法中教师起着主导作用,控制教学过程,学生是相对被动的接受者。新型教学方法中,学生是教学的核心,是教学过程的积极参与者和学习过程的主导者,教师发挥支持、指导和促进学生学习的作用。

从教学的最终效果看,传统教学法给予学生的是抽象知识、理念、意识或计划。新型教学方法注重培养学生在知识、技能、思维、情感、意志与能力等全方位多层面的发展。

虽然传统教学方法和新型教学方法有所差异，在教学效果上新型教学方法也比传统教学方法的效果要好，但是在创业教育与专业教育整合的教学过程中，所有教学方法都是混合使用的，以充分发挥每种教学方法的优势，从而达到最佳的教学效果。

4.3　师　资　类　型

美国高校创业教育与专业教育整合的师资类型有三种：专职型创业师资、融合型创业师资和实践型创业师资。专职型创业师资是指以创业教育和创业研究为核心任务的专职教师，间接推动创业教育与专业教育的整合。融合型创业师资是指经过自己探索或校内外培训具备创业教育与专业教育整合能力的原有专业课程教师，是推动创业教育与专业教育整合的核心力量。实践型创业师资是指教授创业课程或指导学生创业的实践教师、兼职教师或创业导师，是促进创业教育与专业教育整合的重要补充力量。

4.3.1　专职型创业师资

专职型创业师资是以创业教育和研究为专职的师资类型。商学院或管理学院专职型创业教师占比最多。这与美国高校创业教育的发展历史紧密相关。初期创业教育的师资大多来自创业实践和企业管理领域的创业者和企业管理者，而且他们一般是兼职的创业导师或实践型教师身份。随着美国高校创业教育的学科化和专业化，商学院或管理学院专门研究创业和教授创业课程的教师逐渐专职化。并且，在美国许多高校商学院或管理学院内部，创业教育和研究逐渐发展成为一个独立的领域，组织和制度化的程度也越来越高，创业项目、创业中心、创业与管理学系、创业学系、创业学院（独立的创业学院极少，一般附属于商学院或管理学院）等都是创业教育和研究的专门组织形式。因此，专职型创业师资多分布在商学院或管理学院。

1）专职型创业师资的功能

专职型创业师资对推动创业教育和研究起着非常重要的核心作用，同时是创业教育与专业教育整合的重要参与者。

首先，美国高校专职型创业师资是创业领域的研究者，对创业现象本身、创业发生的环境、创业的影响、创业的过程和创业者等进行深入的研究。创业学者深入研究创业所形成的创业概念、创业理论知识体系是创业教育的基础,也是创业教育与专业教育整合的基础。没有对创业的专门化与学科化的深入研究,创业教育与专业教育的整合将失去知识基础和知识来源。创业教育只能沦为盲目的创业实践培训和对创业实践的简单模仿,创业教育也不可能与专业教育产生真正的互动。

其次,美国高校专职型创业师资是专业化创业教育的实施者和跨学科创业教育的参与者。美国高校大量的创业课程主要是由专职创业师资依据创业研究、实践经验和创业教育规律进行设计和开发的。美国高校专职型创业师资设计开发出包括创业金融、创业营销、创业管理、创业运营、风险资本、法律与创业、创业与创新经济学、公司创业、社会创业、国际创业等数十门课程构成的创业课程体系。专职型创业师资也参与设计开发与专业教育相整合的工程创业、艺术创业、环境创业(绿色创业)、媒体创业等跨学科创业课程,实现创业教育与专业教育的整合。[1]

最后,美国高校专职型创业师资是创业实践者和引领者。美国高校专职型创业师资的创业经历比例很高。美国高校超过一半的专职型创业师资至少创办过一家企业。[2] 美国创业教育较为突出的高校,如巴布森学院、休斯敦大学(University of Houston)、贝勒大学(Baylor University)、杨百翰大学、中央俄克拉何马大学、雪城大学等,所有专职型创业教师都创办、购买或运营过一家以上的企业。由于创业教育的实践性特很强,专职型创业师资有创业实践经历有利于把创业实践经验引入课堂教学,也有利于指导各专业学生创业,间接促进创业教育与专业教育的整合。

创业教育与专业教育的整合是通过专业课程、项目课程、创业实践等多种途径实现的。因此,专职型创业师资的创业研究、创业教育和创业实践都直接或间接有利于创业教育与专业教育的整合。

2) 专职型创业师资的发展状况

(1) 专职型创业师资的供给与需求。

美国高校专职型创业师资的供给与需求状况与创业教育的发展紧密相关,

① Morris, M. H., Kuratko, D. F., & Cornwall, J. R. Entrepreneurship programs and the modern university[M]. Northampton, MA, 2013: 63 - 74.
② Finkle, T. A., Stetz, P. & Mallin, M. Perceptions of tenure requirements and research records of entrepreneurship faculty earning tenure: 1964—2002[J]. Journal of Entrepreneurship Education, 2007, 10: 101 - 125.

主要分为两个发展阶段。1997—1998 学年之前,美国高校专职创业师资的供给大于需求。这时的创业教育还没有大规模发展,仅局限于商学院或管理学院,全校层面的创业教育以及创业教育与专业教育的整合还没有全面展开。而1997—1998 学年之后,尤其是 21 世纪之后,美国高校的创业教育迎来大发展阶段,专职创业师资的需求超过供给,专职创业师资供不应求。比如,2000—2005年间,专职创业师资缺口分别为 130 名、101 名、111 名、87 名、106 名、175 名,具体如表 4.6 所示。并且,美国高校专职型创业师资的职位类别分为三类:创业研究和教育作为主要兴趣领域(职位数约占 50%)、第二兴趣领域(职位数约占25%)和第三兴趣领域(职位数约占 25%)。这说明专职型创业师资的学科背景和研究兴趣是多元的。

表 4.6　美国高校专职型创业师资的供给与需求比较

学　年	职位数(个)	申请数(个)	主要兴趣职位数	主要兴趣申请数	第二兴趣职位数	第二兴趣申请数	第三兴趣职位数	第三兴趣申请数
1989—1990	26	35	5	5	12	15	9	15
1990—1991	27	46	9	3	6	23	12	20
1991—1992	18	40	12	7	3	20	3	13
1992—1993	28	56	16	6	3	23	9	27
1993—1994	27	67	18	10	6	32	3	25
1994—1995	30	89	20	15	4	45	6	29
1995—1996	38	109	20	24	9	50	9	35
1996—1997	60	85	36	19	18	35	6	31
1997—1998	92	68	50	20	26	25	16	23
1998—1999	149	54	58	16	45	10	46	28
1999—2000	228	61	92	17	67	17	69	27
2000—2001	197	67	82	15	56	25	59	27
2001—2002	175	74	54	24	65	28	56	24
2002—2003	190	79	83	31	50	19	57	29

续　表

学　年	职位数 （个）	申请数 （个）	主要兴趣 职位数	主要兴趣 申请数	第二兴趣 职位数	第二兴趣 申请数	第三兴趣 职位数	第三兴趣 申请数
2003—2004	185	98	74	35	67	33	44	30
2004—2005	212	106	94	33	65	40	53	33
2005—2006	316	141	141	33	104	59	82	49
2006—2007	263	184	111	62	82	63	64	57
2007—2008	366	231	165	90	90	87	111	54
2008—2009	265	270	128	57	63	106	74	107
2009—2010	306	181	153	42	68	48	85	91
2010—2011	283	213	149	45	41	47	93	121
2011—2012	319	245	202	51	66	54	51	139

资料来源：Finkle，T. A. An examination of the job market for entrepreneurship faculty from 1989 to 2014 [J]. Journal of Business and Entrepreneurship，2015，26(3)：55－78.

（2）专职型创业师资的学科背景。

美国专职型创业师资的学历水平很高，学科背景来源丰富。调查发现，62.9% 的专职型创业教师拥有博士学位。这当中，获得创业学博士学位的教师占 17.95%，获得战略学博士学位的教师占 34.87%，获得管理学博士学位的教师占 21.02%，获得金融学博士学位的教师占 9.74%，获得组织行为或人力资源管理学博士学位的教师占 5.64%，获得营销学博士学位的教师占 4.61%；获得领导力方向博士学位的教师占 2.05%，获得会计和国际商务方向博士学位的教师占 0.51%，获得其他如计算机、工程学、经济学、法学、心理学、生物学、医学、应用技术等方向博士学位的教师占 13.84%（注：有些教师拥有两个或多个博士学位）。①

从这些数据可以看出，美国专职型创业师资的学科背景是多样化的，创业学方向只占不足 20%，其他更多是战略学、管理、金融、组织行为/人力资源管理、营销、领导力、会计、国际商务等学科方向。这充分证明创业教育的发展离不开

---

① Kabongo，J. D.，Mccaskey，P. H. An examination of entrepreneurship educator profiles in business programs in the United States[J]. Journal of Small Business and Enterprise Development，2011，18 (1)：27－42.

商学和管理学相关学科的支持。学科背景为理工、经济学、法学、心理学、医学等的创业专职师资也占一定比例。师资学科背景的多样性为美国高校创业教育与专业教育整合提供潜在知识基础和可能性。

专职型创业师资的学科背景也反映在专职创业师资招聘要求和申请人所具备的条件上。表 4.7 为 1989—2014 年 25 年间美国专职型创业师资职位招聘的学科专业方向要求和职位申请人学科专业方向的对比（注：有的教师一人兼多个学科研究方向）。

表 4.7　美国专职型创业师资学科专业要求

学　年	职位招聘的学科专业方向要求（%）					职位申请人所隶属的学科专业方向（%）				
	创业学作为唯一领域	战略学	国际管理	组织行为或人力资源	技术与创新管理	创业学作为唯一领域	战略学	国际管理	组织行为或人力资源	技术与创新管理
1989—1990	15	69	38	7	0	0	63	14	23	3
1990—1991	28	40	12	12	0	0	80	17	15	2
1991—1992	67	40	0	0	0	0	68	33	30	3
1992—1993	65	30	26	13	0	0	73	25	21	13
1993—1994	61	22	13	4	4	0	73	30	16	10
1994—1995	74	17	9	26	0	0	71	35	19	7
1995—1996	35	21	15	18	3	3	65	32	28	8
1996—1997	37	41	22	33	8	1	73	33	26	6
1997—1998	48	65	27	27	8	1	79	40	43	9
1998—1999	47	56	27	33	15	1	74	35	15	11
1999—2000	24	37	15	18	14	1	60	30	21	16
2000—2001	26	38	28	19	16	0	76	33	19	25
2001—2002	18	50	21	19	12	3	80	28	16	20
2002—2003	25	48	16	17	9	0	72	33	25	15

学　年	职位招聘的学科专业方向要求(%)					职位申请人所隶属的学科专业方向(%)				
	创业学作为唯一领域	战略学	国际管理	组织行为或人力资源	技术与创新管理	创业学作为唯一领域	战略学	国际管理	组织行为或人力资源	技术与创新管理
2003—2004	25	51	19	9	10	2	72	30	14	25
2004—2005	22	51	18	15	11	0	68	32	16	17
2005—2006	22	46	16	17	8	0	66	26	22	32
2006—2007	23	44	29	18	9	1	73	30	18	33
2007—2008	22	45	18	22	14	2	71	31	21	23
2008—2009	20	46	20	20	16	2	70	30	17	25
2009—2010	33	37	19	21	17	2	89	49	41	48
2010—2011	46	30	15	13	9	3	77	45	41	40
2011—2012	45	33	16	20	19	3	72	41	48	38
2012—2013	52	30	14	9	7	5	64	22	22	24
2013—2014	51	25	10	10	5	5	62	20	24	23

资料来源：Finkle．T. A. An examination of the job market for entrepreneurship faculty from 1989 to 2014 [J]. Journal of Business and Entrepreneurship．2015．26(3)：55 - 78.

如表 4.7 所示，美国高校专职型创业师资职位招聘所要求的学科方向分为五大类：创业学作为唯一研究领域、战略学、国际管理、组织行为或人力资源管理、技术与创新管理。每个类别都占据一定的比例，早期(1991—1995 年)对创业研究作为唯一研究领域的需求很大，但是供给很少。因此，美国高校在1996—2009 年间调整了策略，战略学、管理、组织行为或人力资源和技术与创新管理等研究方向的招聘比例占了绝大多数。但随着创业教育的学科化和专业化，从 2009 年开始，美国高校专业型创业师资职位招聘对创业学作为唯一研究领域的需求逐渐加大，供给也有所增加。以 2013—2014 学年为例，职位招聘所要求的学科专业方向分别是创业学作为唯一领域(51%)、战略学(25%)、国际管理(10%)、组织行为或人力资源管理(10%)、技术与创新管理(5%)；职位申请者的学科专业方向分别是创业作为唯一领域(5%)、战略学(62%)、国际管理(20%)、组织行为或人力资源管理(24%)、技术与创新管理(23%)。这说明供给的学科专业方向和所需求的学科专业方向还存在较大错位;对创业学作为唯一领域的需求很大,供给相对较少。

因此,虽然美国高校专职型创业师资创业学研究方向比例有所提高,但主要还是分布在战略学、管理、金融、组织行为或人力资源管理等学科专业方向。这说明了美国高校创业教育的跨学科本质。另一方面,专职型创业师资学科背景的多样性为创业教育与专业教育的整合提供了更广泛的学科基础。尤其是,技术与创新管理学科专业方向专职创业师资已占一定比例,直接有利于创业教育与工程教育整合。

3) 专职型创业师资的发展趋势

美国高校专职型创业师资总体上还处于供不应求的阶段,对创业学作为主要研究和兴趣领域的专职师资需求很高。从长远来看,美国高校专职型创业师资有两个发展趋势:一是创业学作为主要研究和兴趣领域的专职师资将扩大供给,专职型创业师资沿着创业学学科化和专业化的道路继续发展;二是专职型创业师资在全校层面发挥创业教育的示范和引领作用,指导其他专业课程教师开展创业教育,促成校内外各部门之间围绕创新创业教育开展合作,逐步实现创业教育与专业教育的全面整合。

4.3.2 融合型创业师资

融合型创业师资是指专业课程教师中本身具备或经过校内外培训具备创业教育与专业教育整合能力的师资。创业教育对于许多专业课教师来说是一个较为崭新的领域,如何在深入了解创业教育内容的基础上恰当结合自身专业设计开发以及教授新型的创业课程对专业课程教师提出了挑战。高校提供创业教育方面的学习和培训机会,以提高专业教师创业教育与专业教育的整合能力,正成为专业课程教师职业发展的领域之一。

高校教师发展是指由高校自身或者其他组织设计的一系列旨在提高教师课程设计能力、教学能力的发展活动;教师发展贯穿教师的整个职业生涯,为了满足学生更高层次的教育需求和实现高校的育人使命。[①] 因此,高校为专业课程

---

① Fink，L. D. The current status of faculty development internationally[J]. International Journal for the Scholarship of Teaching and Learning，2013．7(2)：1-9.

教师提供针对性的创新创业教育课程与项目设计、教学方法、学习方法、创新创业项目指导、评估方式、教学反思等学习和培训机会成为推动创业教育与专业教育整合的必要举措。

　　1) 融合型创业师资的功能

　　融合型创业师资是创业教育与专业教育整合的核心力量。首先,融合型创业教师是各个学科专业教师中创业教育的先锋者和引领者。创业教育与专业教育的整合需要某些专业课程教师发挥模范和带头作用。无论是在专业课程中增加创业教育的相关内容,还是设计基于专业课程的跨学科创业课程,融合型创业教师能够突破传统专业课程的束缚,积极主动、大胆探索,尽可能地促进创业教育与各个专业教育的有效整合。同时,这些创业教育先锋教师还在全校发挥示范作用,积极影响和带动更多专业课程师资参与创业教育与专业教育的整合,形成创业教师共同体,在全校层面形成有利于创业教育与专业教育整合的氛围和文化。其次,融合型创业师资是从各学科视角研究创业和开展创业教育的重要力量。由于创业研究和创业教育的跨学科属性,各个专业课程教师依据自身学科的视角研究创业和开展创业教育,一方面有利于加深对创业和创业教育的认识,另一方面对创业教育与专业教育的整合也提供了知识基础、整合的路径与方法等。最后,融合型创业师资是技术转移和学术创业的主体。各专业教师基于学科专业知识的学术创业活动,能够促进知识的转化和应用,进而可以更好指导各专业学生基于专业知识的创新创业活动。这本身就是美国高校创业教育与专业教育整合的目标之一。

　　2) 融合型创业师资的培养途径

　　融合型创业师资的培养途径主要有三种:第一种是基金会提供的创业师资发展项目,第二种是高校提供的创业师资发展机会,第三种是专业类协会提供的创业师资发展机会。融合型创业师资发展的关键是调动和激励各学科专业教师参与创业教育与专业教育的整合,教会各学科专业教师结合各自专业设计与开发新的创业课程。

　　(1) 基金会设置的创业师资发展项目。

　　美国大量基金会在推动高校创业教育以及创业教育与专业教育整合方面发挥了关键的资源支持和能力建设作用。比如,考夫曼基金会于 2003 年发起和实施的"考夫曼校园计划"在推动创业教育与专业教育整合方面发挥关键引领作用。

　　科尔曼基金会的创业师资项目在激发和鼓励各学科专业教师参与创业教

育,提高专业课程教师创业教育与专业教育的整合能力等方面发挥了关键作用。科尔曼基金会的创业教育计划包括紧密联系的三个部分:第一部分是资助高校各专业教师改革专业课程,实现创业教育与专业教育的整合;通过这些整合课程培养大学生的自我雇佣技能、创业思维和创业能力等(领导力、战略与远见、机会识别与利用、社交与团队建设、财务管理、营销、技术利用等方面);第二部分是为各专业学生提供实践体验类和跨学科的创业学习机会,以创新创业项目课程或实践项目为载体,具体有创业竞赛、创业实习、创业指导、创业孵化/加速器项目、企业咨询项目等;第三部分是创业师资发展项目,支持各专业教师,特别是支持商学院以外的专业课程教师开发和设计整合创业教育内容的专业课程、课外实践项目,以提高大学生的自我雇佣能力和创业能力。[①] 创业师资项目是科尔曼基金会创业教育计划的核心。

依据创业教育的整合发展理念,科尔曼基金会于 2009 年发起创业师资发展项目,对象是商学院之外的各专业课程教师,如工程、音乐、戏剧、心理、法律、农业等专业教师。入选创业师资项目的专业课程教师每人从基金会获得 2 500 美元的资金支持,由入选高校一位创业教育经验丰富的教师作为师资项目主任和协调人。在这位创业教育经验丰富教师的指导下,各专业课程教师可以选择在专业课程中渗透嵌入创业教育相关内容(如在艺术专业课程中嵌入合同与知识产权保护,在工程专业课程中嵌入技术发明商业化),或者基于学科专业设计和开发新的创业课程(如工程创业课程、体育创业课程等),或者针对特定学科专业开发新的创业辅修、证书、学位、项目课程等,还可以开发基于学科专业的实践体验类创业学习项目。[②]

科尔曼基金会创业师资发展项目对参与其中的专业课教师进行长期的管理和支持。首先,在创业教育方面有丰富经验的本校教师指导下,获得资助的教师按时完成创业课程开发或创业项目设计,并及时上传到科尔曼基金会课程平台上,接受年中和年末的两次评估;其次,参加每月一次的线上创业教育学习和讨论会(线上"科尔曼基金会创业教师实践共同体"活动),了解其他专业课教师创业教育与专业教育整合的做法与经验,接受线上培训和经验分享活动等;再次,各专业课教师有机会再次得到资助参加各种有关创业教育与专业教育整合的专

① Coleman Foundation. Entrepreneurship education impact plan[EB/OL].(2012 - 05 - 10)[2018 - 12 - 18].https://colemanfoundation.typepad.com/files/entrepreneurship-education-impact-plan-1.pdf.
② Coleman Foundation. The coleman foundation faculty entrepreneurship fellows program[EB/OL].(2009 - 01 - 09)[2018 - 12 - 18]. https://colemanfoundationorg. presencehost. net/what _ we _fund/entrepreneurship/fellows.html.

业会议与工作坊;最后,得到过资助的专业课教师有义务持续参与线上经验分享与学习活动,指导其他教师(尤其是本校教师)开展整合型创业教育,也可以继续申请资助,以完善创业课程或项目。

总之,科尔曼基金会创业师资发展项目通过线上线下的创业师资培训和支持活动,旨在形成创业师资共同体,共同促进创业教育与专业教育的全面整合。

科尔曼基金会创业师资培养项目已取得广泛影响和积极效果。表 4.8 为科尔曼基金会 2009—2016 年间资助的各专业课程教师参与创业教育与专业教育整合的基本概况。

表 4.8　科尔曼基金会融合型创业师资发展项目概况

学　年	经费(美元)	学校数	人数	教师学科专业背景举例
2009—2010	缺失	14	38	新闻、服装、心理学、医学、社会学、工程、艺术、设计等
2010—2011	274 000	21	47	文理类专业、英语、舞蹈、设计、工程等
2011—2012	344 000	20	62	文理类专业、建筑、媒体、工程、计算机、法律、艺术、教育等
2012—2013	285 000	16	46	文理类专业、工程、心理、设计、医疗、艺术等
2013—2014	523 500	19	58	历史学、人类学、生物学、化学、工程、视觉艺术、音乐等
2014—2015	491 600	19	65	哲学、英语、工程、计算机、艺术、旅游、物理、营养学等
2015—2016	575 000	19	160	工程、艺术、法律、服装、媒体、农学、食品、传媒、体育等

资料来源:根据科尔曼基金会官网资料整理。

从表 4.8 可以得知,科尔曼基金会创业师资发展项目在 2009—2016 年间的投入超过 260 万美元,参与该项目的各专业教师达到 476 人,几乎涵盖自然科学类、人文社科类、理工类、农业科学类、医学类等所有学科专业类型。据 2014—2015 学年的调查,74% 的专业课教师认为,该基金会的创业师资发展项目极大地提高了他们创业教育与专业教育整合的能力,剩下 26% 的教师认为有所提高;79% 的教师认为该项目促进了高校内教师之间的较强合作,形成了关于创业教育与专业教育者整合的教师共同体。①

（2）高校设置的创业师资发展项目。

美国高校设置的创业师资发展项目主要分为两类：一类是创业教育领先高校设置的营利性创业师资培训项目，另一类是高校内部为促进创业教育与专业教育整合设置的创业师资发展项目。

第一类高校以巴布森学院为代表。巴布森学院创业教育常年排名全美第一，是美国高校创业教育的杰出代表。巴布森学院设置了面向全球的创业师资培训项目"普里斯-巴布森创业师资研讨会"。该项目开始于 1984 年，目前培训了全球 84 个国家 1 378 所高校 5 126 名创业教育教师。巴布森学院创业师资培训项目为期一周，费用为 3 150 美元，目标主要是提高各学科创业教育者对创业的认识水平、创业课程的设计能力和教学能力。该师资培训项目包含创业认识主题培训、创业课程与教学方法主题培训。创业认识主题培训主要有创业思维与行动、创业教育生态系统、创业者身份认识、设计思维与创意形成、市场测试与商业模式、创业金融、新创企业管理与拥抱失败、技术创业与社会创业等；创业课程设计与教学方法的主题培训主要分为创业课程设计与开发、案例教学、以体验学习和行动学习为核心的创业教学、浸入式创业教学、创业教学中的挑战与解决方法、创业教育中的技术应用等。② 巴布森学院创业师资培训项目突出创业思维和创业行动，创业教育教师要学会培养各学科专业学生的创业思维和创业行动能力，鼓励各专业学生大胆探索和创造机会，而不是被动地计划和等待。这与创业教育与专业教育整合的目标是一致的。

第二类创业师资发展项目是高校为了促进创业教育与专业教育整合而设置的创业师资发展计划。例如，乔治·华盛顿大学、伊利诺伊大学厄巴纳-香槟分校、北卡罗来纳农工州立大学、西弗吉尼亚大学等高校都设置了针对各学科专业教师的创业师资发展项目。创业师资发展项目一般由高校资助各专业课程教师一定额度的经费（一般在数千美元），用于设计和开发紧密结合各学科专业的新型创业课程，或变革原有专业课程以渗透嵌入创业学习模块，或开发新的跨学科创业教育项目课程等，最终实现创业教育与专业教育的内在整合。此外，参与者

---

① Coleman Foundation. Coleman fellows program to seventh year, driving entrepreneurship across campus[EB/OL].(2015 - 06 - 10)[2018 - 12 - 19].https：//colemanfoundation.typepad.com/cfi_blog/ entrepreneurship/page/2/.

② Babson College. Price-Babson symposium for entrepreneurship educators[EB/OL].(2011 - 03 - 17) [2018 - 12 - 20]. http：//www.babson.edu/academics/babson-academy/price-babson-symposium-for-entrepreneurship-educators.

还需要参加相关的创业师资培训,如巴布森学院设置的创业师资培训项目,并与校内其他创业教育者密切合作,在全校层面形成创业师资共同体。

随着社会创业教育在美国高校的逐渐普及,有些高校也开始设置社会创业教育方面的师资发展项目。比如,杜克大学就面向全校各专业课程教师,尤其是为教育学、社会科学等学科专业教师提供为期两年的社会创业师资发展项目,参与的教师要设计出社会创业与专业课程紧密整合的创业课程或创业实践学习项目。

(3) 专业协会提供的创业教师发展机会。

美国创业教育和研究者成立了大量专业协会,以促进创业研究和教育的发展。其中,影响最广泛的专业协会是美国小企业与创业协会。此外,各个学科分支领域也成立相应的专业协会,或在协会下面成立分支组织,促进创业教育与专业教育的整合,如美国工程教育学会创业与工程创新分会、美国艺术创业教育协会等专业协会。这些专业协会为各专业课程教师提供了大量的创业教师发展资源和机会。

美国小企业与创业协会(USASBE)是当今最大的创业教育和研究专业性学术组织,提供的创业教师发展机会包括成立专门分支研究小组、举办年度创业教育大会、颁发创业教育荣誉、共享课程与教学资源、组织创业教育研究、设置创业师资发展项目等方面。[①] 在组织设置层面,美国小企业与创业协会为了促进创业教育的深入发展,设置了 13 个分支兴趣小组,如公司内创业与创新、创意与艺术创业、技术与生命科学创业、社会创业、法律与创业、少数族裔与妇女创业、创业教育与教学等。这些分支机构有利于创业教育与各专业教育的深度整合。在年度创业教育大会上,大会提供短期的创业师资培训机会,诸如大会前设置的创业教育工作坊培训、创业教学体验式培训活动、所在地的创业生态系统考察学习、创业教育的研究分享和讨论等。在创业教育荣誉认可方面,协会设置了许多创业教育奖项,如年度创业教育教师奖、年度本科/MBA/博士研究生创业教育项目奖、年度创业教育创新教学奖,以及促进创业教育与专业教育整合的创业教育杰出专项奖(工程创业教育项目获奖较多)。在创业教育课程与教学资源共享方面,为各学科方向和各领域提供创业课程大纲与教学资源分享平台,并通过网络定期组织教学经验分享会和工作坊。在创业教育研究方面,专门创办了《创业教育与教学》期刊,以推动创业教育研究的深入发展。师资培训方面,协会还针

---

① United States Association of Small Business and Entrepreneurship. Introduction to USASBE[EB/OL].(2018 - 12 - 01)[2018 - 12 - 20].https://www.usasbe.org/page/intro.

对各学科专业课程的教师设置了长达八个月的创业师资培训项目,帮助各专业课教师基于所在高校的实际状况设计开发创新性的创业课程和课外创新创业实践项目。

美国工程教育学会是推动创业教育与工程教育整合的核心组织,其下属的创业与工程创新分会是支持工程创业教育教师发展的主要机构。同美国小企业与创业协会一样,美国工程教育学会创业与工程创新分会也大致是通过举办年度工程创业教育会议、设置工程创业教育奖、推动工程创业教育研究、组织工程创业教育教师培训等方式支持工程创业教育教师专业发展。工程创业教育会议是分享工程创业教育研究和教学经验的研讨会。荣誉称号方面,创业与工程创新分会与考夫曼基金会合作每年授予有杰出贡献的工程创业教育教师"技术或工程创业教育杰出奖"称号。研究方面,学会主办的《工程教育进展》(*Advances in Engineering Education*)是研究工程创业教育的重要期刊。在工程创业教育教师培训方面,分会主要通过会议研讨、课程设计工作坊、教学方法工作坊等形式培训工程创业教育师资。

美国艺术创业教育协会是支持艺术创业教育教师专业发展的重要组织。美国艺术创业教育协会也是以举办年度艺术创业教育会议、设置艺术创业教育奖、组织艺术创业教育者培训和推动艺术创业教育研究等方式来支持艺术创业教育教师专业发展。

3) 融合型创业师资的发展趋势

美国高校各学科专业教师积极参与创业教育与专业教育整合正成为创业教育的重要发展趋势。目前来看,工程类专业和艺术类专业课程教师参与最多,其他专业课程教师参与较少,整体呈现出不平衡的发展态势。美国高校融合型创业师资发展趋势体现在以下几个方面:第一,参与创业教育与专业教育整合的教师在数量上会不断增长,因为单一的专业教育将无法应对充满不确定的未来和快速变化的劳动力市场;第二,将会有越来越多的美国高校、专业协会、基金会设置创业师资发展项目,高校内部会形成创业师资共同体,以满足创业教育与专业教育整合的师资要求;第三,创业师资发展与学术创业将紧密结合,专业课教师一方面是创业教育与专业教育整合的实践者,另一方面是学术创业的实践者。

4.3.3 实践型创业师资

实践型创业师资是指教育过程中吸收的相关行业领域中有创业经验或资深实践经验的专业人员,他们多为各类创业课程和创业实践项目的实践教师、兼职教师或创业导师。实践型教师在提供资金支持、分享创业实践经验、开发与实施创业课程、指导大学生创新创业等方面发挥不可替代的作用。他们是美国高校创业教育与专业教育整合的重要补充力量。

1）实践型创业师资的功能

实践型创业师资是创业教育与专业教育整合的重要补充力量,具有不可替代的作用。首先,实践型教师往往是成功的创业者、企业管理人员、企业家、风险投资人、技术专家等,是创业教育与专业教育整合的重要资助者。其次,实践型教师积累了多年创新创业实践经验,会把不同行业不同学科领域的创新创业实践经验带到课堂中来。再次,实践型教师是创业师资的重要补充,是整合型创业课程或项目的设计者和实施者。美国不少高校的以学科专业为基础的整合型创业课程,如工程创业、艺术创业、环境创业等课程,是由相关行业领域有创业经历的创业者开发和授课。最后,实践型师资是指导各专业大学生知识创业的重要力量。实践型师资能为大学生创业者提供创业指导、创业资金、社会资源、新创企业发展咨询等,在培养知识创业者方面发挥不可替代的作用。

2）实践型创业师资的发展状况

美国高校实践型创业师资主要分为两种类型。一种是正式聘任的实践教师,成为与传统教师聘任并行的"实践型教授"（Professor of Practice or Clinical Professor）、兼职教授（Adjunct Professor）等。另一种是创业导师,分为住校创业导师和非住校创业导师两种类型。

美国高校正式聘任的实践类创业教师同样有讲师、助理教授、副教授、教授等严格的职称评定流程。实践类创业教师与高校签订合同,以兼职或全职的形式教授创业课程,其身份多为拥有硕士或博士学位的为杰出创业者和企业家、技术发明人员、知识产权律师、风险投资家等,他们一部分时间在高校从事创业教学,另一部分时间从事创新创业、企业管理、技术研发或风险投资等工作。例如,截至 2022 年,伊利诺伊大学厄巴纳-香槟分校工程学院技术创业中心正式聘任了 9 名实践类创业教师（3 名为实践类教授,6 名为实践类助理教授）,主要承担工程创业课程教学。又如,杜克大学正式聘任了 8 名实践类创业教师,其中一名专门负责环境创业课程教学。总之,实践类创业教师是大学沟通企业和社会的重要桥梁,是整合型创业课程的重要设计开发者和实施者。

创业导师指导各专业大学生开展创业实践,来源同样为有经验的创业者、企业管理人员、技术专家、投资人、知识产权律师等。据有关学者 2017 年对美国高校创业导师的调查,约 40% 的高校创业导师背景为经验丰富的创业者,约 17%

的创业导师为企业管理人员，约 10％为技术专家，约 7％为投资人，剩下 26％为其他各种类型。[①] 被指导的创业大学生中有 22％来自人文与社会科学专业、32％为商学与管理学类专业、46％为理工与技术类专业；大学生创业的领域依次为计算机硬件、软件、电子商务与网络（约 37％），生物技术与医疗（20％）、化工与材料、清洁能源、能源技术、食品与农业（14％），日常消费品（6％）与其他（23％）等；创业导师为大学生创业者提供的帮助包括关键的创业指导、社会人际网络、资源、及时反馈、个人的洞察与经验、社会与情感支持等，有助于大学生创业者避免不必要的风险和失败，提高创业成功率。[②] 从这些数据中可以发现，美国高校创业导师具有丰富的创业经验，在指导各学科专业大学生知识创业方面发挥重要作用。

虽然美国高校创业导师一般数量超过几百人，但这些创业导师是临时和不固定的。为进一步促进创业教育和支持师生知识创业，美国高校还设置了固定的驻校创业导师项目（Entrepreneur-in-Residence Programs）。美国高校驻校创业导师数量一般在 5 名以下，聘期大部分在 3 个月以上（约 50％在半年以上），每月获得几千美元不等的报酬，超过 40％的驻校创业导师指导高校师生创业的时间超过自身所有时间的五分之一。驻校创业导师除了直接指导高校教师和大学生创业；还为创业者介绍社会和市场关系、评估高校发明和知识产权的市场潜力、帮助申请专利等，在促进高校技术转移方面也发挥重要作用。[③] 因此，驻校创业导师的功能不仅是指导各专业大学生知识创业，还在营造高校创业文化、沟通高校与社会的联系、促进教师学术创业和技术转移方面发挥重要作用。

3）实践型创业师资的发展趋势

具有实践经验和行业经验的专家日益成为美国高校教师体系不可分割的组成部分。创业教育的实践性特征以及创业教育与专业教育的整合需要创业者、企业家、技术与产品开发者、投资者、律师等具有行业经验和创业经验的实践者参与。这些实践者以兼职或全职的方式成为美国高校创业师资是必然的发展趋势。从长期来看，美国高校实践型创业师资将越来越制度化和规范化，成功的创

---

① University of Michigan Ross School of Business. Mentoring in startup ecosystems[EB/OL].(2017 - 11 - 05)[2018 - 12 - 21]. https://deepblue. lib. umich. edu/bitstream/handle/2027. 42/139028/1376 _ Sanchez-Burks.pdf.

② University of Michigan Ross School of Business. Mentoring in startup ecosystems[EB/OL].(2017 - 11 - 05)[2018 - 12 - 21]. https://deepblue. lib. umich. edu/bitstream/handle/2027. 42/139028/1376 _ Sanchez-Burks.pdf.

③ Reeves, C. J., Herskowitz, O., Silvaggi, J. M. Entrepreneur-in-residence programs: one size does not fit all[J]. Technology Transfer & Entrepreneurship, 2015, 2(1): 37 - 50.

业者被聘任为实践类创业教师或驻校创业导师正成为一种常态。并且,非驻校的创业导师数量会越来越多,对创业导师的培训和管理也会加强。

4.3.4　师资类型的比较分析

从功能上看,不同的师资类型在美国高校创业教育与专业教育整合方面发挥着不同的作用。专职型创业师资主要负责专业化和学科化的创业教育,间接推动创业教育与专业教育的整合。并且,专职型创业师资的学科背景在计算机、工程、法学、心理学、生物学、医学、应用技术等学科专业方面已占一定比例。一方面,专职创业师资从本学科视角研究创业和从事创业教育,将持续深化不同各学科分支领域对创新创业的认识,这为创业教育与专业教育的整合打下广泛的知识基础。另一方面,专职型创业师资是创业课程体系的设计者和开发者,是其他专业课程教师开展创业教育与专业教育整合的指导者。融合型创业师资是创业教育与专业教育整合的核心力量,主要是指参与到创业教育过程中的原专业课程教师。融合型创业师资在基金会、高校与专业协会的支持下基于各学科专业开发和实施整合型和跨学科的创业课程或创业项目。实践型创业师资是美国高校创业教育与专业教育整合的重要推动力量。尤其是,美国高校制度化聘任的实践类创业教师把各行业、各学科专业的创新创业实践经验带到大学校园中来。同时,大量的创业导师在指导各专业学生知识创业方面具有独特优势。

从制度化水平上看,专职型创业师资的制度化水平最高,和其他学科专业课程教师一样是常规的职业发展道路。融合型创业师资的制度化水平次之,是各专业课程教师寻求教师专业发展的一个新方向;该方向是专业课教师提高创业教育与专业教育整合能力的重要途径。实践型创业师资的制度化水平最低,主要以兼职的方式参与创业教育过程,但美国通过增设实践教授序列,使之制度化水平大大提高。

4.4　场域论视角下的审视与反思

本章主要围绕美国高校创业教育与专业教育整合在课程、教学和师资队伍建设等方面的具体实施情况展开。从场域论的视角看,美国高校创业教育与专业教育的整合体现出场域跨界和融合的特征。

首先,从课程来看,创业教育与专业教育整合已打破专业课程体系的封闭性。松散联合式课程模式是在专业课程的外围以辅修或证书课程的形式与专业课程并行发展,为各个专业学生提供额外的创业教育机会。渗透嵌入式课程模式以增加创业课程模块或创业课程主题的方式"侵入"专业课程的核心,构成专业课程内在组成部分。交叉整合式课程更进一步,通过创业与专业的交叉碰撞,创业教育、创业研究和创业活动等正成为不同学科专业研究和教育的发展新方向。美国高校跨学科创新创业研究和教育已取得显著进展。多(跨)学科项目课程更是突破专业教育以学科专业为基础的线性发展逻辑,使不同学科和学院围绕创业教育与专业教育的整合进行跨学科和跨院系的合作。

其次,从教学的视角来看,专业教育的教学场域一般是固定的教室和实验室,但是创业教育与专业教育整合的教学场域突破了固定教学空间的限制,把广大的校园、企业和外部的市场都囊括在内,工作室、创客空间、孵化器和加速器等成为重要的学习场域。从具体的教学方法来看,创业教育与专业教育整合的教学重在专业教学方法和创业教学方法的整合使用,突出理论和实践的相互作用,着重培养各专业大学生的创意、创新、创造、创业的思维与能力。从师生关系上看,传统专业教育的教学中教师讲授,学生被动听讲;但创业教育与专业教育整合的教学过程,教师最重要的作用是指导和促进学生以体验和行动的方式来学习创新创业,教师自身也是创新创业的实践者;学生在游戏教学、项目学习和问题学习等过程中相互指导和共同激励,同时也发挥着教师的作用。从教学效果上看,传统专业教育只能培养专业型人才,而创业教育与专业教育的整合要培养专业知识、专业思维、专业能力和创业知识、创业思维和创业能力兼备的复合型人才,并且注重创新创业思维和能力的培养。

最后,从师资上看,专业教育的师资以专职的大学教师为主体,加上极少部分的实践导师。但创业教育与专业教育的整合需要专职教师、融合型教师(原专业课程教师)和实践教师的紧密合作。广大专业课教师需要重新学习和培训,大学还需要正式引入创业者、企业家、企业管理者、律师等作为实践型教师。实践型教师正逐渐成为大学教师的主体之一。大学专业课程教师重新学习或培训,同时大量引进社会上的创新创业实践者,正是场域跨界与融合的有力证明。

第5章 美国高校创业教育与专业教育整合的主要模式

美国高等教育系统以类型多样和竞争激烈为基本特征。不同类型和不同级别的高校在竞争激烈的高等教育系统中自主办学,彰显各自的办学特色和优势。由于在办学历史与发展阶段、人才培养理念、管理与治理方式、已有学科发展(尤其是商学与管理学学科)等方面存在较大不同,美国高校在创业教育与专业教育整合的模式上也存在较大差异。

依据组织结构和治理方式进行分类,美国高校创业教育与专业教育整合的主要模式至少存在三种:中心扩散型模式、平台协调型模式与中心统筹型模式。中心扩散型模式突出商学院作为创业教育的基地和核心作用,以商学院为中心向其他各个学院扩散创业教育,逐步实现创业教育与专业教育的整合。平台协调型模式指高校各个学院依据各自的学科专业和特色优势主动开展创业教育与专业教育的整合,同时全校层面成立的平台型组织作为协调机构,促进各学院之间的合作,以提高整合的效率。中心统筹型模式指高校整体逐渐向创业型大学转型,全校层面成立创新中心、创新与创业办公室等类似的中心机构统一管理全校创新创业活动,推动全校创业教育与专业教育的全面整合。以下以案例的形式详细阐述和分析各个模式的含义和运行状况。

5.1 中心扩散型模式

5.1.1 中心扩散型模式的含义

美国高校创业教育与专业教育整合的中心扩散型模式是指商学院内部设置的创业中心或创业学院在全校扩散创业教育,以促进创业教育与专业教育整合的模式。

商学院是美国高校创业教育的发源地,也是促进创业教育获得合法性的核心力量。在创业教育的发展过程中,首先是创业学的学科化和制度化,在商学院或管理学院内部设置创业中心、创业与管理学系、创业学系、创业学院等成为创业教育制度化的重要标志。这些组织成为推动创业学建设和创业教育发展的核心组织,在学术研究上促使创业学成为一个合法性和成熟性的研究领域,在教育上促进创业学的学科化和专业化,并设置独立的创业学本科专业和创业学研究生专业。

美国高校商学院也是在全校层面推动创业教育与专业教育整合发展的重要力量。在初期,商学院通过为其他学院的学生提供创业课程和创业实践项目等方式,吸引全校各专业学生参与创业教育,此种模式被称为"磁石"模式(magnet model)。[①] 此时的创业教育与专业教育之间并未发生真正的整合,与专业教育是松散联合的模式。创业教育的课程与各个专业课程是并行发展的关系,创业教育的课程体系往往制度化为创业辅修课程或创业证书课程。

随着创业教育与专业教育整合的深入发展,美国高校商学院在推动创业教育与专业教育整合方面逐渐发挥越来越重要的作用。美国部分高校会在创业研究和创业教育表现突出的商学院内部附设创业学院或创业中心作为全校层面创业教育与专业教育整合的代理机构,代表全校推动其他各个学院的教师实施创业教育,开发与专业课程紧密整合的创业课程。此时,组织模式从原有的"磁石"模式就转变为"中心扩散"模式。商学院不仅吸引其他学院各专业的学生学习创业课程,而且代表全校指导各个学院实施创业教育与专业教育的整合。

美国高校创业教育与专业教育整合的中心扩散模式需要具备一定的条件。首先,采用此种模式的美国高校,其商学院的创业研究和创业教育是比较突出的。在创业研究方面,一批卓越的专职型创业教师致力于前沿的创业研究,积累大量卓越的创业研究成果;在创业教育方面,设置从本科到硕士研究生,甚至博士研究生的创业学专业。其次,创业教育的理念包含范围更广,突出培养具备创业思维和创业能力的毕业生,而不仅仅是培养创办企业的人。这样的创业教育理念突出创新能力、在混乱和问题情境中识别机会的能力、适应变革、创造性解决问题的能力等适应快速变化社会的各种创新创业能力培养,为创业教育与专业教育的整合奠定理念基础。再次,要设置促进创业教育与专业教育整合的组织机构。美国高校商学院通过设置创业中心或创业学院的方式来推动创业教育

---

① Streeter, D. H. et al. University-wide entrepreneurship education: alternative models and current trends[J]. Southern Rural Sociology, 2004, 20(2): 44 - 71.

与专业教育的整合发展。比如,美国俄克拉何马州立大学在商学院内部成立了创业学院,以推动全校层面创业教育与专业教育的整合。再如,印第安纳大学商学院通过在其他学院设置附属办公室和分支机构的方式,实现创业教育与专业教育的深入整合。最后,商学院的专职创业教师和专业课程教师能够紧密合作。一方面,商学院的专职创业教师有兴趣和有激情指导其他专业的教师进行创业教育实践,同时能够尊重各学科专业的独特性和特殊需求;另一方面,各学科专业教师有意愿接受商学院创业教师的指导,并能够结合自身学科专业实际融入创业教育相关内容。

美国高校创业教育与专业教育整合的中心扩散型模式既有优点,也有缺点。该模式的优势在于商学院雄厚的师资力量为创业教育与专业教育整合提供了重要的师资保障,一流的创业研究为创业教育与专业教育的整合提供了源源不断的创业理论和知识。同时,在商学院教师的指导下,其他各个学院的教师也可以逐渐设计开发和实施基于各自学科专业的创业课程和创业实践活动。该模式的缺点在于商学院的教师不一定能充分考虑到其他学科专业的独特性和各自的需求;其他各个学科专业教师为了捍卫所谓自身学科专业的"领地",可能会抵制来自商学院的创业教育。此外,在管理和治理层面,由于商学院在人员、资源上都处于绝对的统治地位,如何确保商学院合理分配人员和资源用于创业教育与专业教育的整合,以及确保商学院教师与其他各个学院教师的顺利合作都存在较大挑战。[①]

5.1.2 中心扩散型模式案例:俄克拉何马州立大学

俄克拉何马州立大学是位于美国中南部的一所公立旗舰大学,创建于 1890年,属于赠地大学系列,在卡内基高校分类体系里是研究活跃度较高且具有博士学位授予权的大学。在竞争激烈的美国高等教育体系中,俄克拉何马州立大学处于相对劣势的地位,但其创业教育非常突出,在创业教育与专业教育整合方面走在前列,是中心扩散型模式的杰出代表。

1) 历史回顾

俄克拉何马州立大学的创业教育发展经过了四个阶段,最后一个阶段是创业教育与专业教育大规模整合阶段。1978 年,俄克拉何马州立大学商学院设置

① Morris, M. H., Kuratko, D. & Pryor, C. Building blocks for the development of university-wide entrepreneurship[J]. Entrepreneurship Research Journal, 2014, 4(1): 45-68.

了第一门创业课程,标志着该校创业教育的诞生。从 20 世纪 90 年代开始,俄克拉何马州立大学的创业教育进入创业学专职教师加盟发展阶段,在校友、企业咨询委员会、部分教师和学生的合力驱动下,商学院聘任了一名全职的创业学教师。在这位全职创业学教师的带领下,商学院开发了四门创业课程。2002 年,管理学系为教师开辟了创业学研究和教学的职业发展方向,又聘任了两名全职创业学教师以及几名兼职创业学教师。该校创业教育的第三个发展阶段是创业教育和研究的学系化和学院化。2008 年,商学院设置创业学学系;2009 年,创业学系升级为创业学院(School of Entrepreneurship,隶属商学院)。与此同时,创业教育也走上制度化的发展道路,2008 年,商学院开设创业学本科专业和 MBA 开设创业学方向;2009 年,设置创业学硕士学位和创业学博士学位课程。从 2009 年开始进入第四个发展阶段,创业教育与专业教育大规模整合,全校十几个学科内部深入开展创业教育,创业学院增加了一个组织机构"跨学科创业学园",设置了专门的创业师资培训项目,大量开发基于学科专业的整合型创业课程等。

俄克拉何马州立大学创业教育发展是循序渐进的过程。该校创业教育和研究发展的成熟为创业教育与专业教育的整合奠定了基础。实际上,俄克拉何马州立大学创业学院肩负两重使命。第一重使命是专业化、学科化的创业教育和创业研究,通过本科硕士博士阶段的创业学学位体系培养自主创业者和创业研究者。第二重使命是承担起在全校推动创业教育与专业教育整合的任务,在全校层面激发各个专业学生的创业激情、营造创业文化,最重要的是培养全校所有专业学生的创业思维和创业行动能力。

2) 整合的理念

俄克拉何马州立大学创业教育与专业教育的整合建立在广义的创业含义基础上。该校对创业的定义和认识相当广泛,认为创业不是发生于人生特定阶段的事件,而是一种人生哲学,贯穿人的一生。[①] 创业作为一种人生哲学,具体表现为一种思维方式和行动方式,包括态度和行动两个组成部分。持有创业人生态度的人相信自身可以影响变革,拥抱创新与变化,认为到处都存在机会以及有待改善的空间,能够积极接受失败并从失败中学习。在行动方面,拥有创业行动能力的人能够勇敢追逐机会,持续地产生创意和创新,灵活应用各种资源,面对

---

① Oklahoma State University. About us school of entrepreneurship[EB/OL].(2017 – 11 – 20)[2018 – 01 – 08].https://business.okstate.edu/entrepreneurship/about-us/index.html.

困难坚持不懈的同时能够采取灵活应对策略,管理与化解危机,提前规划与制定愿景,建立与维持高效的社会网络,保持专注但能够灵活适应,大胆创新实践等。

创业作为一种人生哲学既渗透于生活的方方面面,也渗透在人生各种职业发展的各阶段。在生活中,可以用创业的视角和思维处理个人家庭问题、社区参与、个人社会关系、理财、人生变故等各方面。在职业发展方面,创业型职业包括创办企业、从事社会创业活动、继承与管理家族企业、收购与管理企业、在公司内部作为创业者、以创业的态度对待自己的职业等各种类型。因此,俄克拉何马州立大学创业教育与专业教育整合的核心理念是培养各专业大学生在人生和职业发展的每个阶段以一种创业的方式思维和行动。俄克拉何马州立大学创业教育的理念足够宽泛,把所有专业学生都包含在内,这是创业教育与专业教育整合的前提。同时,该校的创业教育理念也非常具体和深刻,分为态度和行为能力层次,为创业教育与专业教育的整合提供了充足的内容。

3) 组织结构与治理方式

俄克拉何马州立大学创业学院虽然在行政上隶属于商学院,但运营相对独立。创业学院是管理全校创业教育以及创业教育与专业教育整合的核心机构,隶属于创业学院的创业中心组织和管理全校师生的创业实践活动以及与创业相关的社会服务活动。创业学院还有四个彼此之间相互影响的重要组成部分:一是核心的创业学师资团队,负责专业化的创业教育和创业研究,同时指导和支持全校层面创业教育与专业教育的整合;二是跨学科创业"学园"(Academy),主要负责全校层面创业教育与专业教育的整合;三是创新研究院(Institute),其鼓励和支持全校层面的创新教育和创新研究活动;四是技术创业项目,主要利用创业学院的资源促成大学专利和发明等的商业化,具体如图 5.1 所示。除了创业中心是独立运作的实体机构,其他的跨学科创业"学园"、创新创造研究院等都是虚体机构,由一名相关领域的杰出教授作为主要负责人维持运营,其他教师参与其中。

俄克拉何马州立大学创业学院在组织结构上既包含了传统意义上以学科为基础的学系、学院等垂直的组织结构,也包含了跨学科性质横向发展的组织结构。因此,区别于以往的单纯以学科研究和专业教育为核心职能的学系或学院,创业学院内部的跨学科创业"学园"、创新研究院和创业中心是面向全校师生创新创业教育和实践的横向组织机构,代表创业学院向其他各个学院扩散创新创业的精神、文化和实践,从而尽可能促进创新创业教育与专业教育的深度整合。俄克拉何马州立大学创业学院垂直与横向发展的矩阵式组织结构特征决定了其治理方式。

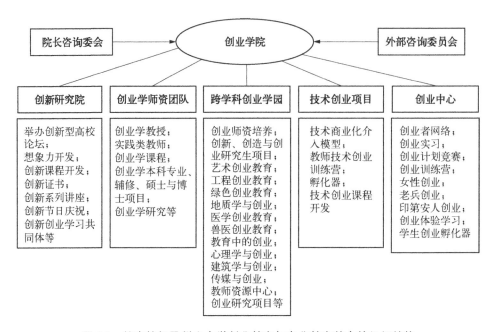

图 5.1　俄克拉何马州立大学创业教育与专业教育整合的组织结构

资料来源：Morris，M. H.，Kuratko，D. F.，& Cornwall，J. R. Entrepreneurship programs and the modern university[M]. Northampton，MA：Edward Elgar，2013：33.

　　该校创业学院在行政上由商学院管理，但负责全校的创业教育，校董事会和全校高层领导全力支持创业学院的发展。在治理方式上，创业学院由内部和外部两个咨询委员会对重大发展事宜进行决策。内部咨询委员会主要由俄克拉何马州立大学各学院院长组成，定期召开会议共同协商全校层面的创业教育以及创业教育与专业教育整合的相关事项。外部咨询委员会由 14 名成功的企业家和 1 名资深律师组成，每年召开两次会议，主要为创业学院的发展提战略指导、咨询建议、资金与资源支持等。

　　4）课程与实践活动

　　（1）创业教育与专业教育整合的课程。

　　俄克拉何马州立大学创业教育与专业教育整合的课程主要包括面向非商科专业学生的创业辅修课程和基于各个学科专业开发的整合型创业课程。除此之外，创业学院设置的二十几门创业学核心课程也对全校所有专业学生开放，供学生自由选择。

　　首先，创业学院专门针对非商科专业学生设置了创业辅修课程。创业辅修课程与专业课程是相互补充的关系，主要是为了培养各个专业学习者的创业思维和创业行动能力,以及把创业思维和创业行动能力应用到各种职业发展中的能力,最终目的是激发学习者的内在创业潜力,以创新创业的态度对待自己的职业和人生。创业辅修课程主要由 3 门创业核心课程和 2 门选修课程组成。3 门创业核心课程为"创业思维和行动""会计""微观经济学入门"(或"工程经济学分析"或"农业经济学入门");2 门选修课程从"女性与少数族裔创业""企业创立:前 100 天""新创公司运营""战略与创业管理""公司创业""小企业与家族企业运营""创业与艺术""社会创业""绿色创业""创业与新技术""风险资本"等 15 门创业课程中选择。[①] 俄克拉何马州立大学创业辅修课程的基础是创业思维和创业行动能力的培养,同时涵盖了不同类型和不同领域的创业,如自主创业、公司内部创业、家族企业继承、社会创业、艺术创业、绿色创业等,使学习者尽可能结合自身专业进行学习。

其次,创业学院与其他不同的学院合作,开发设计了大量渗透和融入创业理念的新型专业课程。这些创业课程涉及工程技术与创业,艺术学与创业,绿色创业,健康科学中的创业、创业与建筑学、创业与设计学、创业与地质学、运动学与创业、教育与创业、会计与创业、创业与心理学、传媒学与创业等十几个学科领域,具体如表 5.1 所示。

表 5.1 俄克拉何马州立大学创业教育与专业教育整合的课程举例

课程或项目名称	涉 及 的 专 业	课 程 目 标	体验式学习机会
工程创业课程(1 门);创业方向的顶点项目课程;嵌入创业学习模块的工程类专业课程	工程类专业	培养具备创业思维的工程师	促成大学的研究和发明的商业化;运作新产品开发;参与创业计划竞赛等
创业与艺术(1门)	艺术、音乐与戏剧等专业	培养艺术专业学生在艺术职业生涯发展过程中应用创业思维和创业核心概念的能力	艺术、音乐与戏剧等不同专业的学生合作参与当地社区的艺术项目
绿色创业(1门)	农学、生物学与环境科学等专业	开发新的绿色环保型产品与服务,成立与运营绿色环保组织	绿色创业的实践项目;绿色环保相关技术的商业化

① Oklahoma State University. Minor in entrepreneurship for non-business undergraduate students[EB/OL].(2017 - 12 - 01)[2018 - 01 - 10]. https://business.okstate.edu/entrepreneurship/academics/undergraduate/minor-non-business.html.

课程或项目名称	涉及的专业	课程目标	体验式学习机会
健康科学中的创业(1门);卫生保健管理专业新增创新创业方向(专业方向)	医学类专业、卫生管理类专业等	医疗卫生行业中的创业与社会创业,重视培养学生的创新能力	参与生物医药领域的创新产品开发与商业化等
创业与建筑课程(1门);嵌入创业学习模块的相关建筑学专业课程	建筑学专业	建筑领域的创业活动;企业创立与运营过程对建筑环境的塑造和影响	建筑设计竞赛;国外学习经历;建筑领域的创业等
服装与室内设计领域的创业与产品开发(1门);嵌入创业学习模块的相关设计类专业课程	设计类专业课程	注重培养设计类专业学生针对特定市场产品开发的能力和创业能力	设计类竞赛;参与创业计划竞赛等
创业与地质学家(1门);地质学研讨课程中嵌入创业学习模块	地质类专业	培养地质类专业学生的创业思维能力	参与石油化工领域的创新创业活动
运动创业课程(1门)	体育类专业	培养体育专业学生和运动员的创业思维和创业能力	体育领域的创新创业活动
变革当地一所内城高中为创业磁石型特色高校项目	教育类专业	培养教育类专业学生的教育变革与创新能力	学生参与到该项目中来;教育志愿服务等
会计学审计与创业方向(专业方向)	会计专业	为初创企业和创业者专门培养的会计师和审计师	新创企业咨询项目;参与创业计划竞赛;创业实习等
创业与心理学课程(1门);健康改善专业课程嵌入创业学习模块	心理学类专业	从心理学科的视角研究和认识创业	心理咨询;参与相关的社会创业项目等
媒体创业课程(1门)	传媒类专业	培养传媒类专业学生的创业思维和创业能力	媒体领域的创业与社会创业活动

资料来源:笔者根据网站资料整理。

　　从表 5.1 可以看出,俄克拉何马州立大学创业教育与专业教育整合的课程既包括以创新创业为专业方向的学位课程和嵌入创业学习模块的专业课程,也包括交叉整合的新型创业课程和项目课程等多种类型。课程重视培养各个专业学生的创业思维和创新创业能力，同时课程本身给予学生多种类型的创新创业体验学习机会，以实现课程设置的目标。

（2）与专业课程学习并行的创业实践学习。

俄克拉何马州立大学创业体验学习活动贯穿四年本科专业教育的全过程，创业教育深入渗透进专业教育。大学新生第一年，各个专业学生可以选择学校提供的各种创业体验学习活动，如聆听各种有关创新创业的讲座与研讨会，入住集生活、学习、创新创业于一体的"创新、创造与创业"宿舍，加入创业俱乐部等。其中，"创新、创造与创业"宿舍又被叫作生活与学习共同体，学生来自全校各个不同专业，除了学习相关的创新创业课程，每周还要参加至少 10 个小时的共同体学习活动；学习者不仅要以创新创业方法解决各自学科领域的难题，还要以创新创业思维和行动以跨学科团队合作的方式解决来自企业、社会和公共服务领域的各种真实问题和挑战。[①] 专业学习的第二年，各个专业学生可以选择学习创业辅修课程，在创业导师指导下参加学校举办的创业计划竞赛，主持创业者讲座或对创业者进行访谈。专业学习的第三年，学习者可以选择学习更多的创新创业课程，参加学校举办的"创业周末"活动，申请成为该校面向老兵、女性和当地居民等举办的创业培训项目的志愿者或为当地企业做咨询；也可以参加全国性的创业竞赛，作为大学生创业团队入住创业孵化器等。专业学习的第四年，学习者可以申请新创公司的创业实习项目，或加入大学的技术商业化团队，也可以参与辅助南非当地人创业的海外实践学习项目等。俄克拉何马州立大学创业体验学习活动给予各个专业学生真正实践创新创业的机会。参与创新创业实践学习活动也是各专业学生应用专业知识和专业能力解决复杂问题的重要机会。

5）师资团队建设

高质量的师资队伍是实施创业教育与专业教育整合的前提和基础。俄克拉何马州立大学创业学院拥有高水平的创业学全职教师 9 名，其中 5 名为终身教授。创业学全职教师除了进行常规的创业学教学和研究外，还负责帮助和指导其他学院开展创业教育与专业教育的整合。其他学院也会高度配合这一工作。比如，教育学院、健康科学学院为创业学全职教师专门设置了办公室，以方便他们指导本学院创业教育与专业教育整合的相关工作。除了创业学专职教师，创

---

① Oklahoma State University. CIE: the creativity, innovation, and entrepreneurship learning community[EB/OL]. (2018 - 08 - 20)[2019 - 01 - 11]. https://business.okstate.edu/entrepreneurship/cw/cie.html.

业学院还聘请 4 名有着丰富创业经验的创业者作为全职的"实践教师"(Clinical Fauclty)负责创业课程的教学、创业培训、指导各专业大学生的创业实践等。

如何调动创业学以外学科教师积极参与创业教育与专业教育的整合是一大难题。俄克拉何马州立大学实施了专门的创业师资项目(Riata Entrepreneurship Faculty Fellows Program)。该项目开始于 2009 年,具体做法是给予全校所有学科专业教师与创业学院联合聘任(joint appointment)的机会,联合聘任时间为 2~3 年。申请者可以选择结合自身学科专业开发融入创业学习内容的新课程或改造专业课程,开展与自身学科紧密相关的创业研究,结合自身学科进行与创业相关的社会服务活动或技术转移活动。具体如表 5.2 所示。

表 5.2　俄克拉何马州立大学创业教育与专业教育整合的教师活动举例

年　份	参与教师的学科专业	具　体　表　现
2009—2012	化学	促进化学领域研究的商业化;支持化学专业学生的创业活动
	戏剧	开发与教授一门艺术创业课程
	信息工程	开发一门软件领域创业的课程;支持软件工程专业学生创业活动
	公共健康	致力于公共健康领域创业的研究;开发一门公共健康创业课程
	酒店管理	开发一门酒店管理创业课程
	教育心理学	把创业学习模块嵌入教育学院开设的领导力辅修课程
	家庭医学	致力于个人与家庭保健领域的创业活动研究
	兽医	与创业学院联合开发本科生和研究生层次的兽医创业专业
2014—2015	生态学	可持续生态农业项目,指导农民利用生态方法降低化肥使用
	艺术学	撰写艺术创业书籍
	室内设计	开发"室内设计与创业"课程体系
	材料科学与工程	推动聚合物和复合材料相关研究的技术转移
	服装设计与纺织科学	推动服装设计领域的创业

续　表

年　份	参与教师的学科专业	具　体　表　现
2014—2015	生物系统与农业工程	开发一套新的小麦生物精炼系统
	建筑学	在建筑学院和创业学院之间建立起跨学科的学术合作关系；开发一门"建筑、房地产开发与创业"课程
2017—2018	艺术学	开发艺术创业证书课程体系；从事艺术创业研究；教授艺术创业课程
	媒体设计	从事数字媒体新技术领域（虚拟现实、增强现实等）的教学与研究
	艺术学	利用虚拟现实技术推广俄克拉何马州创业者的新产品
	农业教育	开发撒哈拉以南非洲农业创业者培训项目；开展农业创业教育研究
	室内设计	对创业者联合办公的环境进行深入研究
	建筑学	致力于建筑设计领域创业的研究和教学；与学生团队一起开展社区设计项目

资料来源：笔者根据相关网站资料整理。

这些参与创业教育或研究的专业教师已形成紧密的共同体，每年以论坛的形式汇报和分享各自开展项目的进展和经验，持续推动各学科专业的创业教育课程开发、创新创业研究和成果转化等，最终实现创业教育与专业教育全方位的深度整合。

6）资金保障

俄克拉何马州立大学创业教育与专业教育整合的资金来源是多方面的，包括私人、校友与基金会的捐赠，大学拨款，政府拨款，设置的盈利性项目和企业赞助等。[1] 首先，校友和基金会的捐赠是非常重要的资金来源，如两名俄克拉何马州立大学企业家校友一次性捐赠 5 700 万美元用于全校创业教育以及创业教育与专业教育的整合。学校每年还从全国各个基金会获得大约十几万美元的资

---

[1]　Morris，M. H.，Kuratko，D. F.，& Cornwall，J. R. Entrepreneurship programs and the modern university[M]. Northampton，MA：Edward Elgar，2013：262 - 267.

金。其次,俄克拉何马州立大学会根据创业课程的学习人数给予创业学院一定的经费拨款。每年学习这一课程的人数约在 1 600 名,近年人数呈现上升趋势。再次是来自美国小企业局、国家科学基金会、教育部、商务部、国防部等部门的政府拨款,这部分资金主要是为老兵创业培训项目、妇女创业培训项目以及技术商业化项目等服务的。最后,创业学院本身也有许多项目是收费的,也带来一定的收入。比如,针对区域创业者的创业培训项目和企业咨询项目等。此外,创业学院的企业家咨询委员会中有众多的企业家也会提供一定的资金支持。

7) 创新创业生态系统

俄克拉何马州立大学创业教育与专业教育的整合离不开整个区域创业生态系统的支持。创业生态系统分为校内和校外两个部分。

校内的创业生态系统除了创业学院、创业中心和其他各个学院外,还包括全校技术转移和创业的管理组织"俄克拉何马州立大学研究基金会",为全校师生提供知识产权保护和技术转移指导的"技术开发中心",学校专门创立的旨在孵化大学衍生公司的"牛仔技术有限责任公司",全校层面为区域企业提供各种测试、合作研发、技术转移和培训等服务的"海尔梅里奇研究中心";各学院层面为区域企业提供合作研发、技术指导、培训、技术转移等服务的各种创新中心,如工程学院为服务区域中小型制造企业而成立的"产品开发中心",农业科学与自然资源学院针对农产品和食品企业成立的"食品与农产品创新中心"等。[①]

校外创业生态系统主要由政府部门、基金会、支持创新创业的非营利机构、提供资金的天使投资人联盟等组成。政府部门主要是俄克拉何马州科学与技术促进中心,该中心通过支持当地企业的基础研究和应用开发型研究,促进区域创新型经济的发展。俄克拉何马州的"泰勒家族基金会"和"凯瑟家族基金会"也大力资助区域的创新创业活动、区域创业生态系统的形成和完善。非营利性类机构主要指州商会、以新创业企业投资和孵化为宗旨的非营利型公司如"i2E"、众创空间"36 度北"和一些支持创新创业的协会类组织等。提供创新创业资金支持的机构主要是注重投资早期技术开发的两个天使投资联盟,其中一个天使投资联盟主要由俄克拉何马州立大学的校友投资人组成。除政府部门和商会,以上所有支持区域创新创业的组织和机构都位于俄克拉何马州立大学附近。

俄克拉何马州立大学创业教育与专业教育的整合是在区域创业生态系统中

---

① Oklahoma State University. Oklahoma State University entrepreneurial ecosystem[EB/OL]. (2013 - 11 - 08)[2019 - 01 - 15].https://business.okstate.edu/entrepreneurship/osu-entrepreneurial-ecosystem. html.

运行和实现的。由学校内部的创业学院、创业中心、研究会、技术转移中心、技术商业化公司、企业服务中心和各个学院的创新创业中心等组成的校内创新创业组织网络是创业教育与专业教育整合的重要内部保障。由政府、企业、基金会和其他非营利型组织组成的区域创业生态系统是创业教育与专业教育整合的重要外部保障。

5.2 平台协调型模式

5.2.1 平台协调型模式的含义

平台协调型模式是指高校多个学院内部结合自身学科专业设置创业教育项目、创业中心或创新中心，同时全校层面成立平台型组织进行协调，促进高校创业教育与专业教育整合的形式。

虽然商学院或管理学院是美国高校创业教育的发源地和创业学科建设的核心，但创业教育早已不再局限于商学院或管理学院。美国各个高校的工程学院、设计学院、农学院、计算机学院、医学院等科学技术类学院，以及艺术学院、文理学院、法学院等都在逐渐结合自身学科专业的特点，为满足不同学科专业学生对创业教育的独特需求，不断深化创业教育与专业教育的整合。其中，工程学科是最早与创业教育相整合的学科。早在 20 世纪 80 年代中期，已有超过 18 个工程学院提供与工程专业结合的创业课程，并突出技术创业的特征。[①] 其他突出技术应用和创新发明的学院，如计算机学院、设计学院、农学院等也紧随其后发展结合各自学科专业的创业教育，不断在专业教育课程中融入创业学习内容。21 世纪初期，美国许多大型基金会如考夫曼基金会、科尔曼基金会等开始大规模促进高校创业教育与专业教育的整合，尤其注重推动商学院之外的其他学院深入开展跨学科性质的创业教育。美国高校的文理学院、艺术学院、法学院、教育学院、传媒学院等非科学技术类的学院也开始为各自学院的学生提供与专业教育相整合的创业教育。

创业教育不再局限于特定的学院，高校各个学院结合自身学科专业多中心开展创业教育的模式被称作"放射型"模式（radiant model），与"磁石型"模式相对。[②] 创业

① McMullan，W. E.，Long，W. A. Entrepreneurship education in the nineties[J]. Journal of Business，1987，2(3)：261-275.

② Streeter，D. H.，et al. University-wide entrepreneurship education：alternative models and current trends[J]. Southern Rural Sociology，2004，20(2)：44-71.

教育"放射型"模式的优势在于创业教育不再是商学教育的翻版,注重结合各自学科专业的特征,有利于创业教育与专业教育的深度整合,但最大的缺点就是在全校层面缺乏协调和合作。平台协调型模式就是为了克服"放射型"模式的这一缺点,在全校层面成立相应的平台型组织进行协调,深化学院间和不同部门之间的合作。康奈尔大学就是平台协调型整合模式的突出代表,全校 12 个学院都开展创业教育,全校层面也成立"创业康奈尔"作为平台型协调机构,深化创业教育与专业教育的整合。其他类似的美国高校还包括斯坦福大学、麻省理工学院、杜克大学、伊利诺伊大学厄巴纳-香槟分校等。

平台协调型整合模式的实施需要具备一定的前提条件。首先,采用该种模式的高校一般有民主管理和共同治理的传统,各个学院及学系具有相当程度的办学自主权。这些自主权不仅表现在课程设置、教学活动和学术研究方面,还表现在发展规划、人事聘用和资源配置等方面。大学内部各学院高度的办学自主权是各学院主动开展创业教育与专业教育整合的前提条件。其次,从各学院毕业的大学生对自身所属学科和学院的归属感较强,在捐赠时一般直接将资金归于所归属的学科和学院,在创业教育方面更是如此。美国高校各个学院的毕业生在支持创业教育发展时经常捐赠给特定的学科专业,这直接促进了创业教育与特定专业教育的整合。最后,跨学科教育和跨学科研究成为美国高校日常运行的常态。不同学院教师和不同部门人员围绕创业教育教育和研究紧密合作,形成跨学科育人平台,不断深化创业教育与专业教育的跨学科整合发展。

与中心扩散型模式一样,平台协调型模式存在优势,也存在劣势。该模式的优势在于创业教育与专业教育整合的主动权掌握在各学科专业教师手中,各学科专业教师可以设计开发出真正结合自身学科专业特点和教育传统的创业课程和创业实践学习项目,能够促进创业教育与专业教育的真正融合。同样,平台协调型模式也存在不少弊端。比如,多个学院同时进行创业教育,可能存在相关课程和项目设置重复、资源过于分散,以及协调难度大、效率不高等缺点。

5.2.2　平台协调型模式的案例:康奈尔大学

康奈尔大学创办于 1865 年,是一所私立研究型大学,同时也是一所赠地大学,得到纽约州政府长期的资金支持。因此,康奈尔大学在坚持私立办学的同时,兼有公立的特点,办学体制具有创新性和独特性。康奈尔大学同时也是常青藤高校联盟成员之一,以其卓越的研究水平和高质量的教学水平享誉世界。在创业教育方面,康奈尔大学是最早在全校各个学院推行创业教育的高校之一,是创业教育与专业教育深度整合的平台协调型模式的杰出代表。

1）历史回顾

康奈尔大学创业教育大致经过了三个发展阶段。20 世纪 80 年代，是其创业教育的起步期，在几名校友的资助下，少数几个学院开始进行创业教育的探索；20 世纪 90 年代，其创业教育进入全面发展时期，全校各个学院的教师加入创业教育过程，创业教育与专业教育开始整合；21 世纪以来，创业教育深化发展，创业教育与专业教育整合进入制度化的发展阶段，全校层面的协调治理平台成立。

康奈尔大学正式的创业教育项目开始于 20 世纪 80 年代，是众多毕业校友捐赠支持的结果。1980 年，康奈尔大学两名企业家校友向商学院捐赠了一个创业学教席。该教席的获得者大卫·本·丹尼尔（David Ben Daniel）教授开始向商学院本科生和研究生提供独立的创业课程，他也因此被称为康奈尔大学创业教育之父。从此，发端于康奈尔大学商学院的创业教育开始产生连锁反应。1982 年，一名企业家校友向农业与生命科学学院捐赠一个面向全校本科生的创业教育项目；该创业教育项目为本科生开设创业选修课程和创业讲座，并资助大学生创业活动。20 世纪 80 年代以来，陆续有基金会和企业家校友向全校或者特定的学院捐赠创业学教席或创业教育项目。

1992 年，康奈尔大学创业教育进入全面发展时期，全校层面创业教育与专业教育逐步整合。其中标志性的事件是两名企业家校友不分学科专业面向全校所有教师设置创业教席，资助时间为 3 年，各学科专业教师皆可申请改革专业课程，以渗透嵌入创新创业学习内容；也可基于特定学科专业开发新的创业整合型课程；或直接从事学术创业活动。同年，商学院、农业与生命科学学院合作，为全校本科生提供"创业教育与个人创业项目"，其他学院的教师、各专业大学生和校友等也陆续参与进来。1993 年，在一名企业家校友的支持下，工程学院设置专门针对工程专业学生的工程创业教育项目。

进入 21 世纪，康奈尔大学创业教育进一步深化发展，创业教育与专业教育整合逐渐制度化。2000 年，在一名企业家校友资助下，康奈尔大学创立"康奈尔创业者联盟"组织，以连接企业家校友、投资者、大学生创业者、校外创业者、技术开发人员等不同创新创业者群体，为所有这些创新创业者提供创业支持服务。2004 年，在 9 位学院院长的大力支持下，"创业教育与个人创业项目"升级为全校性的创业教育平台"创业康奈尔"（Entrepreneurship at Cornell）。2006 年，两名企业家校友资助酒店管理学院设置"酒店管理创业中心"，为酒店管理专业学生提供针对性的创业教育。2008 年，为加速大学生的创业活动，面向全校学生的创业加速器项目创立。2014 年，康奈尔大学全部 12 个学院院长加入"创业康奈尔"治理委员会，这标志着创业教育与专业教育整合扎根于全校各学院。①

2）整合的理念

康奈尔大学创业教育与专业教育整合的理念既有共性的一面，也有差异性的一面。从整体上讲，康奈尔大学创业教育与专业教育的整合是要培养能够应用创业思维，开展创业行动，解决经济挑战和社会挑战的创新创业型大学毕业生。此类毕业生包括创办企业的人，企业或其他组织内部的创新创业者，解决社会问题和环境问题的创新创业工作者，以及能够对创新创业生态系统做出贡献的任何类型工作者。

从共性上来看，康奈尔大学创业教育与专业教育的整合要培养具备创新创造思维和能力，在各行各业开展各种创新创业实践，最终解决各种社会问题的新型复合人才。

由于康奈尔大学的创业教育是从不同学院逐步发展起来的，工程学院、商学院、酒店管理学院、农业与生命科学学院都各自设置了独立的创业教育与研究中心。因此，创业教育与专业教育整合紧密结合了各自学科专业的特性，其理念也彰显出差异性的一面。比如，工程学院创业教育与工程教育的整合是要培养创业型工程师，注重培养工程专业学生对不同类别技术行业的宏观判断能力、技术评估能力、产品开发能力、产品商业化能力等。再如，酒店管理学院（已经合并到商学院，但独立运行）的创业教育突出了服务行业的特点，培养能够充分运用现有资源创造服务价值的新型人才，从而为消费者和顾客提供更高水平的服务；整合突出酒店管理专业的特点，而不仅仅是创办新的企业。②

3）组织结构与治理方式

康奈尔大学创业教育与专业教育整合的核心组织是"创业康奈尔"平台。"创业康奈尔"并不是一个科层制组织，而是一个协调全校各个学院创业教育活动，促进创业教育与专业教育深度整合的平台型组织，具体如图 5.2 所示。

"创业康奈尔"的组织使命是激发和培育康奈尔大学师生的创业精神，支持

---

① Cornell University. Entrepreneurship at Cornell a timeline of milestones in our history[EB/OL].(2014 - 03 - 17)[2019 - 01 - 13].http://eship.cornell.edu/wp-content/uploads/2014/03/Timeline-for-EaC.pdf.

② Olsen, M. K., Mykletun, R. J. Entrepretality: entrepreneurship education in the hospitality industry [EB/OL].(2012 - 09 - 29)[2019 - 01 - 19].http://scholarship.sha.cornell.edu/articles/35.

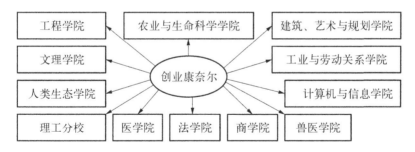

图 5.2　康奈尔大学创业教育与专业教育整合的组织结构

每个学院、任何学科领域、人生每个阶段"康奈尔人"的创新创业活动。[①]

　　"创业康奈尔"具有连接、整合与协调全校创业教育活动,促进创业教育与专业教育深度整合的功能。"创业康奈尔"在全校层面连接各学院和各部门的创业教育或创业支持活动,还通过举办创业竞赛、实施创业实习项目、运营孵化器、提供创业导师指导服务、举行校内外创业者联盟活动等方式,促进大学生创业者与外部的校友、企业家、创业者和投资人深度连接和合作。"创业康奈尔"还是一个整合机构,其整合全校所有与创业教育或创业相关的核心资源,避免了资源的过度分散。"创业康奈尔"还协调各个学院的创业教育活动,向各个学院分配开发整合型创业教育课程或创业实践项目的经费,避免课程或项目的重复设置。此外,"创业康奈尔"还是全校创新创业文化的重要营造着,每年代表全校在 4 月份定期召开校友、教师、学生、社区人员与创业支持者等数百人参加的为期 3 天的创业大会,庆祝全校创业教育和创业活动成果,商讨进一步深化创业教育与专业教育整合以及完善创新创业生态系统的措施等。创业大会期间,学校举办创业计划竞赛决赛,颁发康奈尔大学生年度创业者奖,开展创业加速器项目总结汇报会等一系列的创新创业活动。

　　"创业康奈尔"作为一个平台型组织,由全校 12 个学院院长组成治理委员会(governing board),为全校层面创业教育与专业教育的整合提供资金支持和战略指导;由约 100 名康奈尔大学杰出校友(绝大多数为企业家校友)组成咨询委员会,为全校层面创业教育与专业教育的整合提供咨询建议、资金支持和指导服务等。[②]"创业康奈尔"的日常管理和运营由 8 名人员组成,分别设置 1 名主任、1 名管理助

① Hoskinson, S., Kuratko, D. F. Innovative pathways for university entrepreneurship in the 21st Century[M]. Emerald Group Publishing Limited, 2014: 231.

② Yujin Oh. Student entrepreneurship at cornell university: a case study[D]. Cornell University, 2017: 63.

理、1 名文秘和 5 名项目主任(如创业实习项目主任、主管孵化器的主任等)。

4) 课程与实践活动

(1) 创业教育与专业教育整合的课程。

康奈尔大学创业教育与专业教育整合的课程包括面向全校本科专业学生的创业与创新辅修课程和各个学院开发的与专业整合的创业课程。面向全校学生,康奈尔大学共设置了 125 门与学科专业高度整合的创业课程。所有这些创业课程建立在专业课程基础上,不仅培养大学生创办企业的能力,更培养大学生的创业思维和问题解决能力。

首先,康奈尔大学创业与创新辅修课程为不同专业大学生进行跨学科合作学习提供了机会。辅修课程的主要目的是促使各专业大学生成为未来职业发展中的变革者和创新者,能够以创业思维和创业行动解决经济和社会难题。创业与创新辅修课程包括创业基础课程、团队与人员管理类课程、创业实践课程、与学科专业整合的创业课程等四部分组成,要求学习合计 17 个学分的课程,具体如表 5.3 所示。

表 5.3 康奈尔大学创业与创新辅修课程构成

类 别	学分要求	课程名称	目 标
创业基础课程	3 学分	创业的基础视角与当代问题	让学生了解创业在社会中的作用,对创业有基础性的了解
团队与人员管理	2 学分;6 门课程中选 1 门	领导与管理团队;职业关系管理;组织领导力;领导力理论与实践;组织管理与领导;服务业领导力	掌握在团队中如何领导与管理的理论知识与实践能力
创业实践课	3 学分;5 门课程中选 1 门	创业营销与战略;商业模型创新与设计;新企业创立;创业过程中的困境解决策略;工程创业	要求不同专业大学生组成跨学科创业团队,探索创业机会,挖掘与研究客户,制定创业计划,创立企业,进行书面和口头汇报展示
与专业整合的创业课程	9 学分;选择 3 门课程	选择 3 门整合自身学科专业的创新创业课程	结合学科专业学习不同行业和不同组织情境下的创业与创新过程;满足学生特定的需求或兴趣

资料来源:根据相关网站资料整理。

其次,康奈尔大学各个学院结合各自学科专业开发设计了大量创新创业类课程。某些学院还提供学位课程,如商学院和酒店管理学院提供创业学方向的本科学位,工程学院提供创业辅修学位。康奈尔大学各学院开发的创业课程数量差异很大,开展创业教育较早的学院如酒店管理学院、工程学院、农业与生命科学学院、人类生态学院的创业课程较多,其他学院如文理学院、法学院、兽医学院等创业课程较少,具体如表 5.4 所示。

表 5.4　康奈尔大学创业教育与专业教育整合的课程举例

学　院	课　程　举　例	涉及的专业	课　程　目　标
酒店管理学院	餐饮行业创业与概念开发; 餐厅创业; 服务行业商业模式与创业计划; 消费者行为分析; 服务业领导者商业沟通; 服务行业战略财务管理; 饥饿、健康与社会创业等 20 几门课程以及创业方向的本科学位课程	酒店管理专业	培养酒店服务与餐饮服务行业的高效管理者、创业者、变革者和社会创业者
工程学院	创业入门;工程创业型实践; 工程师创业管理;工程创业; 跨学科设计等 6 门课程以及工程创业辅修学位课程	所有工程类专业如生物工程、化学工程、计算机科学、电气工程、环境工程等专业	培养工程技术领域的创业者和创新者,具备知识产权保护、识别与评估创业机会、技术评估、产品开发与商业化、金融、会计与财务等多种知识和能力
农业与生命科学学院	生命科学创业:过去、现在与未来; 现代医学商务; 农业市场分析;食品行业动态; 食品开发;品牌化与品牌管理; 发明与技术商业化; 妇女、领导力与创业; 社会创业者、创新者与问题解决者等十几门课程	农学类与生物学类专业,如食品科学、农业科学、生物科学等	培养农业与生命科学专业学生的创新能力、产品开发能力、技术商业化能力、商业管理能力与创业能力等
人类生态学院	通过设计创造不同; 专业实践、伦理与创业; 时尚产品管理;全球时尚业管理; 时尚、媒体与技术; 创业实证研究; 医疗保健行业的挑战与趋势; 创业者卫生实施规划基础; 养老及相关设施的规划与运营等 9 门课程	设计与环境分析、时尚设计与管理、纤维科学与服装设计、医疗保健政策、人类发展等	培养设计、医疗保健等人类生存与发展领域的管理者、变革者和创业者

续　表

学　院	课　程　举　例	涉及的专业	课　程　目　标
文理学院	创业中的经济社会学； 种族与社会创业； 食物正义和城市改革等3门课程	经济学、社会学、美国研究、人类学、公共政策学等	从经济学、社会学、人类学、政策学等多学科的视角分析和研究创业；推动社会创业实践
工业与劳动关系学院	创业者与创业型组织； 创新管理； 创业与小企业； 新兴市场中创业者的人力资源管理等4门课程	工业与劳动关系	从工作、就业与劳动力问题等视角来研究和学习创业
法学院	交易与承包的经济结构； 交易实践：并购交易； 初创公司与风险融资：原则与实践； 高速增长型企业的法律知识； 企业上市与并购流程等5门课程	法学	学习创业领域的各种交易、投资、业务增长与上市等方面的法律与经济知识
兽医学院	实践管理	兽医	从创业和职业伦理两个视角来学习职业实践管理

资料来源：笔者根据相关网站资料整理。

如表 5.4 所示，康奈尔大学创业教育与专业教育整合的课程具有以下几个特征。第一，课程数量多，涉及的学科专业多，专业与创业之间的整合程度较高。第二，每门课程都给予学生大量的创新创业体验学习机会，如制订商业模式与创业计划、进行市场分析、设计与产品开发、社会创业实践、创立企业等。第三，重视社会创业、女性创业、可持续发展与人类健康等议题，重视通过创新创业解决人类社会的各种挑战。第四，课程的跨学科程度高，一门课程往往涉及多个学科，并围绕核心问题整合多个学科的知识。

（2）与专业课程紧密结合的创业实践学习。

康奈尔大学创业实践活动深度结合各个学科专业，这一方面有利于专业课程的学习，另一方面有利于培养学生的创业思维和创业能力。康奈尔大学创业实践活动是体系化的，包括各种类型的创业计划竞赛与创新竞赛、创业实习项目、创业加速器项目、孵化项目、社会创业实践项目等。

在竞赛方面，康奈尔大学创业计划竞赛分为面向全校本科生的"创业想法大赛"（Big Idea Competition）和面向纽约州高校所有大学生的创业计划大赛，部分学院独立开展本学科专业和行业的创业计划竞赛。康奈尔大学全校本科生"创业想法大赛"针对处于"点子"阶段的创业项目,比赛不需要创业计划书,分为营利型商业创业类和非营利型社会创业类两种类型,学生的很多创业想法来源于专业课程学习中的实践项目或研究项目。面向纽约州高校所有学生的创业计划大赛针对已经注册为新创公司的创业团队,项目多来源于已经商业化的研究生科研项目。学院层面的创业计划竞赛有酒店管理学院的"酒店服务业创业计划大赛"、工程学院的"工程创新大赛"等。

除了创业计划竞赛,康奈尔大学为了进一步促进各专业学生的创新创业能力,还设置了不同主题的"黑客马拉松"竞赛,由不同专业的本科生和研究生等组成跨学科团队在 48 小时内开发设计出有市场潜力的创新产品或服务。竞赛主题设置依据不同学科领域发展前沿和亟待解决的经济社会挑战,如"酒店服务业""动物保健""医疗技术""金融科技""虚拟现实设备""数字技术""数字农业""人口贩卖问题"等,一方面紧密结合了不同学科专业,另一方面鼓励大学生跨越学科边界组成跨学科团队。

康奈尔大学暑期创业实习项目开始于 1991 年。不同学科专业大学生可以在每年暑假申请到初创公司进行为期 10 周的带薪实习活动,每年实习人数为 70 人。申请者严格按照学科专业与初创公司配对,并且必须参与初创公司的日常运营和创新项目运作过程。实习大学生把课程中学到的专业知识和创新创业知识应用到实习过程中,有望在将来成为商业界的领导者、创新者和创业者。

康奈尔大学创业加速器和孵化器项目分为全校层面和学院层面两个级别。全校层面的创业加速器项目名为"创业实验室"(eLAB),为大学生创业团队提供为期一年的创业支持服务,具体支持包括免费办公空间、企业家一对一创业指导、5 000 美元的种子资金支持、价值 2 万美元的免费法律咨询服务、产品原型测试服务、康奈尔大学校友网络的各种创业资源支持等。创业加速器项目结束的演示日,创业团队将向 400 多名投资人展示成果,以获得投资机会。完整参加创业加速器项目并成功创办企业的大学生创业团队可获得 5.5 个学分。

康奈尔大学全校层面的创业孵化器是汇集全校所有创业活动和创业实践学习的创业中心(eHub),是一个开放互动的创业空间。该中心面积超过 15 000 平方英尺(约 1 394 平方米),不仅为创业会议、各种创业讲座、创业工作坊、小组学习、创业计划竞赛和"黑客马拉松"竞赛、创业加速器项目等提供空间场所,还专门针对大学生创业者提供创业指导、资源获取、客户发现、市场推广、法律服务与品牌打造等一系列的创业孵化服务。

除全校层面,学院或学科层面的创业加速器项目和孵化服务也很多。比如,"高新技术创业实践中心"专门支持工程、数字技术和物理科学领域的大学生创业。"康奈尔生命科学创业孵化器"专门支持生物技术领域的大学生创业。"康奈尔食品创业中心"专门支持食品领域的大学生创业。康奈尔大学的农业与食品科技园也是支持农业、食品与生物技术领域大学生创业的重要组织。学校之外还有大量的商业孵化器供大学生创业者选择。

康奈尔大学也是社会创业教育领先的高校,为在校学生提供了大量社会创业实践学习机会。如面向全校师生的"社区参与研究和服务学习"项目;面向全校本科生为期两年的"社会问题解决方案研究与实践项目";资助 MBA 学生在非营利性组织的实习项目;法学院妇女与正义中心师生与外部法律专家、非政府组织联合为大学生提供的妇女和女童权益保护实践学习项目;工业与劳动力关系学院为本科生提供社区服务和实践学习融合的服务学习项目等。此外,康奈尔大学在校大学生成立了大量的社会创业类社团,如社会创业社团、社会企业咨询社团、可持续设计社团、可持续创业社团等。这些社团组织开展社会创业讲座、工作坊和小组讨论等,支持非营利企业和社会组织的咨询项目和研究项目以及其他促进可持续发展和社区发展的设计项目等。

5)师资团队建设

康奈尔大学创业教育与专业教育整合的师资团队建设起源于校友捐赠的资助项目。1992 年,四名企业家校友面向全校所有专业教师设置创业教席,资助教师基于各自学科专业开发新的创业课程,在专业课程中整合创业学习内容,开展相关的创新创业研究。创业教席项目总共资助了 19 名不同学科专业方向的教师开展创业教育或研究。虽然该资助项目已经停止,但影响深远,直接推动了创业教育与各学科专业教育的整合。

1994 年,两名企业家校友又为教授创业课程的各学科教师设置了研究生助教项目。每名教师获得 1 500～3 000 美元的资助用于支付助教费用。在研究生助教的帮助下,各专业教师教授创业课程或开发新的整合型创业课程。此助教项目一直延续至今,每年资助 7～8 名教师。

康奈尔大学各学院常年教授创业课程(大多数为与专业相整合的创业课程)的专职教师数量在 60 名左右。其中,农业与生命科学学院 13 名,商学院 12 名,酒店管理学院、工程学院和法学院各 6 名、工业与劳动关系学院 5 名,人类生态学院 4 名，建筑、艺术与规划学院 3 名，文理学院和兽医学院各 2 名。[1] 康奈尔大学还聘请了 6 名拥有丰富创业经验或企业管理经验的实践教师教授创业课程。"创业康奈尔"定期召集各学院创业授课教师和实践教师商议和讨论创业教育与专业教育整合方式，以及其他创业教育和创业支持活动事宜。此外，还有约 50 名住校创业导师指导各专业大学生开展创新创业活动。

6）资金保障

康奈尔大学创业教育与专业教育整合的资金来源是多方面的，包括各学院创业教育专项经费、校友捐赠、企业赞助和基金会捐赠等。首先，每个学院都会上交一定的创业教育经费给"创业康奈尔"平台，用于该平台组织的日程运营、新课程开发、创业师资培训、创业实践项目开展等。其次，"创业康奈尔"咨询委员会有超过 100 名企业家校友组成，每名成员会捐赠大量资金。再次，"创业康奈尔"还从不少企业获得赞助经费，每家企业可以选择资助 1 万、2 万，或 3 万美元。最后，考夫曼基金会、科尔曼基金、卡普兰家族基金会和黑石慈善基金会等都对康奈尔大学创业教育有数额不等的捐赠。其中，黑石慈善基金会最多，为 450 万美元，由康奈尔大学与其他三所学校共享。

7）创新创业生态系统

康奈尔大学创业教育与专业教育整合离不开整个创新创业生态系统的支持。康奈尔大学整个创新创业生态系统涵盖校内、创业校友网络和区域等三个紧密联系和互相作用的部分。校内创新创业生态系统包括各类创新创业中心、创业加速器和孵化器项目、科技园、技术授权中心和各类创业资金支持项目等。比如，创业中心（eHub）为全校创业活动提供空间和其他各种创业支持。"社会变革行动中心"开展社会创业教育。"创业实验室"（eLAB）为全校创业学生提供长达一年的创业加速器项目；数字技术、硬件、生命科学、农业技术等方向也提供相应的创业加速器项目。各个学科方向也提供专门的创业孵化服务和科技园入住服务，如康奈尔生命科学创业孵化器、康奈尔大学农业与食品科技园。其他创业支持还有促进大学技术转移与商业化的"技术授权中心"；由 MBA 学生运营的早期阶段风险投资基金，以及其他各类天使投资和中后期风险投资基金等。

创业者校友网络由康奈尔大学创业者联盟、康奈尔大学硅谷创业校友会、康奈尔大学湾区创业校友会等组成，是链接和沟通校内外大学生创业者，形成创业

---

[1] Cornell University. Entrepreneurship@ Cornell faculty［EB/OL］.（2013 - 09 - 19）［2019 - 01 - 16］. http://eship.cornell.edu/eship_magazine/Eshipmag2013/.

生态系统的重要一环。

区域部分主要是指在美国科学基金会支持下，康奈尔大学联合区域内的罗切斯特大学和罗切斯特理工学院组成的"创新合作网络"，致力于大学研究成果的商业化和支持师生学术创业。与"创新合作网络"紧密合作的纽约州南部创业孵化器联盟(共有 6 个商业孵化器)也是区域创业生态系统的重要组成部分。

康奈尔大学创业教育与专业教育的整合是在大学内部和外部构成的整个创新创业生态系统中实现的。

5.3　中心统筹型模式

5.3.1　中心统筹型模式的含义

中心统筹型模式是指高校整体上正向创业型大学转型，全校层面设置创新与创业办公室作为推动创业教育与专业教育整合的中心机构。与中心扩散型模式突出商学院的核心带动作用和平台协调模式突出各学院的自主能动作用不同，中心统筹型模式彰显大学作为一个整体的作用，学校领导层自上而下推动全校层面创业教育与专业教育的整合，突出的表现就是创新创业办公室负责人直接向校长或负责教学的教务长汇报。

采用此种整合模式的美国高校多采取创业型大学发展战略，创新创业活动成为整个大学使命、日常运营和大学文化的组成部分。除了促进创业教育与专业教育的整合，创新与创业办公室还负责管理和支持创新与技术商业化活动，促进师生学术创业，营造创新创业文化，与企业和社区紧密合作建设创新创业生态系统等。因此，中心统筹型模式也可以被称为创业型大学模式。创业教育与专业教育整合作为创业型大学建设的组成部分，与全校层面的创新创业活动相互促进，是更为彻底的一种整合方式。

美国至少存在两类创业型大学：一类是先天型创业大学，比如斯坦福大学、麻省理工学院等，这类大学具备创新创业的"基因"，创新创业活动根植于大学创办和发展的历史中，是师生日常活动的必然组成部分；另一类是后发型创业大学，比如亚利桑那州立大学、佛罗里达州立大学等，这些大学本身不具备创新创业"基因"，但通过各种变革措施走向创业型大学发展道路。后发型创业大学一方面是为了应对州政府大规模缩减拨款造成的办学经费紧张困境，另一方面要通过创新创业变革，增强大学的竞争力和吸引力。后发型创业型大学的建设过程是整个大学组织结构与领导方式、研究方式和目的、教育方式与目、大学文化和日常运营等多个层面的整体型变革。创业教育与专业教育的整合是整个创业型大学建设的必然组成部分。采用此种模式的美国高校有亚利桑那州立大学、北卡罗来纳大学教堂山分校、俄亥俄州立大学、佛罗里达州立大学等。其中，以亚利桑那州立大学最为突出，声称建设"新美国大学"，竭力向创业型大学转型，创业教育深入渗透所有专业课程中。

中心统筹型模式的实施需要具备以下几个前提条件：首先，高校要制定和实施创新创业发展战略，使创新创业成为高校办学使命的重要部分。其次，高校的领导层和管理层要高度认同创业价值观，大力支持全校层面的创新创业教育和创新创业活动。再次，所有教师都参与创业型大学建设过程中，尤其是深度参与创业教育与各学科专业教育的整合。最后，在组织机构上，学校层面要成立专门的创新与创业办公室（或其他类似机构如创新办公室、创新与经济发展办公室等），负责全校层面的创新创业活动以及创业教育与专业教育整合。

当然，中心统筹型模式与其他模式一样，既有优势，也有缺陷。该模式的优势在于大学整体的创业型变革为创业教育与专业教育的整合提供了良好的基础和环境。全校层面设置中心统筹机构有利于统筹全校的资源，避免重复设置创业教育项目，最大化整合的效率，制度化程度也更高。并且，几乎所有学科的教师都要参与创新创业活动，创业教育能够深入各个学科专业教育内部，参与整合的教师人数和受益学生数最多，整合力度也最大。缺陷在于由于涉及全校层面文化变革和组织结构变革等，实施难度大，需要的资源也很多。由于全校层面自上而下推动创业教育与专业教育整合，各学院自主权可能会受到损害，也无法充分发挥商学院的带动和引领作用。以下具体以亚利桑那州立大学为例详细分析该模式的实施过程。

5.3.2　中心统筹型模式的案例：亚利桑那州立大学

亚利桑那州立大学是位于美国西南部的一所研究型公立大学，创办于 1885 年。从 2002 年开始，其以"建设新美国大学"为口号走上创业转型发展道路。目前，该大学的创新创业转型已初见成效，连续多年被《美国新闻与世界报道》评为最具创新力大学第一名，在研究、创新创业活动和创业教育等方面表现突出。

1）历史回顾

亚利桑那州立大学创业教育经过了三个发展阶段。第一个阶段从 2002 年开始，"新美国大学"发展战略提出。这为后期创业教育与专业教育的整合奠定了良好的发展环境。但此阶段的创业教育主要分布在商学院、工程学院等少数几个学院,创业教育还未在全校普及。第二个阶段从 2006 年开始到 2011 年结束,亚利桑那州立大学入选为"考夫曼创业校园计划",得到考夫曼基金会 500 万美元资助,学校自身又筹集 2 500 万美元用于支持全校层面的创新创业教育,尤其是创业教育与专业教育整合。再加上"新美国大学"建设的深入发展大大促进了两者的整合。第三个阶段是后资助阶段,"新美国大学"建设以及创业教育与专业教育整合持续深入发展。亚利桑那州立大学创业教育在全校层面的整合发展伴随"新美国大学"建设过程,两者是相互促进的关系。

2002 年,迈克尔·M.克罗(Michael M. Crow)成为亚利桑那州立大学校长,上任伊始就提出要把这所公立研究型大学塑造成为一所有竞争力的创业型大学,并提出了"新美国大学"建设计划。"新美国大学"建设计划的核心是通过大学的创新创业活动,解决社会问题,为公共利益服务,包括八项建设原则:第一、与地方发展协同,融入所在区域的经济与社会、文化发展;第二、通过满足社会需求,变革社会;第三、重视创业,激发师生应用知识,鼓励创新创业活动;第四、开展能够解决社会问题和产生影响力的研究;第五、促进学生成功;第六、跨越学科边界,促进跨学科研究和教育;第七、通过社会创业活动,服务社会;第八、全球参与。[①] 从这些建设原则可以看出,亚利桑那州立大学要把创新创业教育嵌入整个大学的文化与运行过程中,创业教育与专业教育整合也成为必然的组成部分。这一时期的某些改革已为创业教育与专业教育整合奠定了良好的基础。比如,亚利桑那州立大学打破学科为基础的学系,把已有分散的学系重组为跨学科或超学科的小型学院,如人类演化与社会变革学院、艺术、媒体与工程学院、技术与创新学院等。[②] 这为创业教育与不同学科专业教育的整合提供了跨学科的基础和环境。但是,这一阶段的创业教育仍然属于少数学生,并且分散在商学院和工程学院等少数学院,课程一般为商业类课程和创业基础课程,与专业课程并未发生真正的整合。

2006 年,亚利桑那州立大学入选"考夫曼创业校园计划"。之后一直到 2011年,亚利桑那州立大学创业教育与专业教育整合进入快速发展阶段,"新美国大学"建设也促进了这一整合进程。首先,创业不仅嵌入大学的发展战略,还深入每个学院的发展中,该校由一名副校长专职负责全校各种类型的创新创业教育

① Crow, M. M. & Dabars, W. B. Designing the new American university[M]. Baltimore: Johns Hopkins University Press, 2015: 242 - 243.
② Capital, E. D., et al. Intellectual transformation and budgetary savings through academic reorganization[J]. Change: the magazine of higher learning, 2009, 41 (4): 18 - 27.

和创新创业活动。其次,全校所有学院都参与到创业教育与专业教育整合过程中来,提供创业课程的学系数量超过 39 个。[①] 再次,各学科专业教师都参与创业课程的设计与实施。创业教育几乎贯穿所有学科专业教育,包括人文与社会科学、艺术学科、工程与技术学科、法学、医学与新闻等各学科专业,并向大学生提供多种类型的创业学方向学位课程、辅修与证书课程,全校各类创业课程数量超过 85 门。最后,亚利桑那州立大学设置了系列课外创业实践学习活动,给予各专业大学生直接运用专业知识和创新创业知识的机会。

2010 年,亚利桑那州立大学正式成立创新与创业办公室,负责全校层面的创新创业教育和创新创业活动,进一步深入推动创业教育与专业教育的整合。"新美国大学"建设也取得了重大进展。比如,2016—2019 年《美国新闻与世界报道》连续四年评选亚利桑那州立大学为最具创新性的大学。

2）整合的理念

创业在亚利桑那州立大学不是一门课程或者创业项目,而是作为一种思维渗透大学的方方面面。亚利桑那州立大学创业教育的目标不仅仅是培养创办企业的人,还要培养具备创业型思维的人。这为创业教育与专业教育的大规模整合奠定了理念基础。

亚利桑那州立大学认为,创业型思维中的"创业"是通过设计、创造和创新等方式解决问题的过程,而不是狭义的创办企业;"思维"是一种态度和动机,具体是指对尚待解决的问题具有好奇心,能够与他人连接和合作,并最终创造价值的过程。[②] 正如亚利桑那州立大学一位助理副教授所说:"在当今这个时代和经济发展状况下,大学毕业之后找到一份工作度过余生已经不可行了。你不得不持续不断地变化甚至变革。假如你能够以一种创业的思维和视角看待事物、创造性地解决问题,那么你将领先别人一步,也将使我们的国家持续领先。"[③]

具体来说,亚利桑那州立大学的创业型思维首先是一种内在的好奇心,真正关心他人的处境和未被解决的问题,能够从问题和困境中识别机会。其次,创业型思维也是一种连接和合作思维,愿意并擅长与不同背景、不同学科和不同经历

① Schneider, M. Kauffman campuses initiative: a study that explores the phenomenon of cross-campus entrepreneurship[D]. University of Pennsylvania. 2015: 172.
② Arizona State University. Entrepreneurial Mindset[EB/OL]. (2010 - 05 - 20)[2019 - 01 - 20]. https://entrepreneurship.asu.edu/learn≠mindset.
③ Arizona State University. Entrepreneurship and the shaping of a new American university[EB/OL]. (2013 - 08 - 01)[2019 - 01 - 02]. https://www.kauffman.org/~/media/kauffman_org/research%20reports%20and%20covers/2013/08/kci_asu.pdf.

的人合作,以获得多样化的反馈或资源等。最后,创业型思维的核心是创造价值,用创新的方法解决问题,创造和设计出有应用价值和市场需求的产品或服务。因此,创业型思维内在地与新时代背景下的专业教育紧密相连。培养具备好奇心、擅长合作、创造价值创业型大学生是亚利桑那州立大学创业教育与专业教育整合的根本目标。

3) 组织结构与治理方式

亚利桑那州立大学推动创业教育与专业教育整合的核心组织是创业与创新办公室。创业与创新办公室的使命是激发全校的创新创业文化,支持全校各学科专业师生的创新创业教育和活动,最终实现创业教育与专业教育的深度整合。

创业与创新办公室是实施"新美国大学计划"发展战略的核心机构,服务对象包括全校师生、校友与社区人员等,功能是多样化的。首先,创业与创新办公室是全校创业教育与专业教育整合的支持与管理组织,倡导以培养创业型思维贯穿所有相关创业课程和专业课程,指导和支持各个学院实施与所有学科专业深度整合的创业教育和创业实践学习活动。其次,创业与创新办公室还是全校各个专业师生创业实践活动的支持机构,与全校其他各个部门积极合作,为师生创新创业活动提供创业导师指导、各创业阶段的资金支持、创业空间支持和技术商业化服务等。再次,创业与创新办公室是校内外创新创业者共同体的主要建设者,通过负责管理和支持全校各种创业大学生社团、举办创新创业教师研讨会、开展校内外创业者联盟活动等把校内外创新创业者连接起来。最后,创业与创新办公室还是支持区域内青年、女性和高中生等各种人群创业教育和创业活动的重要机构,是区域创业生态系统的重要建设者。因此,亚利桑那州立大学创业与创新办公室不仅是推动创业教育与专业教育整合的核心组织,还是支持全校乃至区域创业教育和创业活动的枢纽。

创业与创新办公室在组织结构上隶属于"知识创业开发"办公室。知识创业开发办公室是管理全校所有创新和创业活动的核心机构,由一名副校长专职负责。知识创业开发办公室下设研究与创新办公室、创新与创业办公室、校企合作与战略合作办公室、国际开发办公室、技术转移办公室等,主要功能是促进大学研究创新与知识开发活动,支持和管理全校的创业教育和创业活动,与政府、企业和社区保持战略合作伙伴关系,促进和支持全校技术转移与国际开发活动。[①]

---

① Arizona State University. Knowledge enterprise development units[EB/OL].(2012-09-10)[2019-01-23].https://research.asu.edu/ked-units.

　　创新与创业办公室负责全校层面的创业教育与支持师生各个阶段的创业活动,同时指导各个学院结合不同学科专业开展有针对性的创业教育。因此,创新与创业办公室上接知识创业开发办公室,与全校乃至区域的创新创业活动紧密相连;下与各个学院密切协作,实现创业教育与专业教育的深度整合,在组织上起到了承上启下的作用,具体如图 5.3 所示。

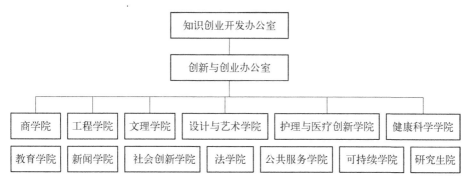

图 5.3　亚利桑那州立大学创业教育与专业教育整合的组织结构

　　创业与创新办公室在运行过程中采取了类似公司的项目经理人制,设一名助理副校长作为整个办公室的负责人,设 8 名项目经理分别负责创业课程与教学、创业实践学习、创业加速器、青年创业和社区创业等领域。另外设 15 名工作人员负责全校创新创业设备与项目协调、日常运营与管理等工作。创业与创新办公室充足的人员配置是全校创业与专业教育整合的重要保障。

　　4)课程与实践活动

　　(1)亚利桑那州立大学创业教育与专业教育整合的课程,主要有三种类型:第一类是面向所有大一新生的创业入门课程,第二类是商学院为全校各个专业学生提供的创业与创新证书课程,第三类是各学院或学院之间合作设置与不同学科专业紧密整合的创新创业类课程。

　　第一,亚利桑那州立大学各专业大学生都要学习一门创业入门课程。该课程向学生介绍亚利桑那州立大学的创业文化和创业学习资源。学习者主要了解创业的含义,辨析创业与创新的紧密关系,探讨创业与自身专业教育和人生的关系,学会用创新创业的视角分析问题,从创业的视角出发做好自身的学习规划和人生规划等。此课程的目的在于激发各专业学生的创业意识和创业精神,教会各专业学生以创业的态度规划、度过自身的大学生涯以及未来的人生。

第二，创业与创新证书课程是创业核心课程与各学院不同学科专业方向创业课程相结合的结果。创业与创新证书课程要求必修"创业原理""创意与创新""创业与价值创造"三门课程，选修学各自学科专业领域的创新创业类两门课程。[①] 可供选择的方向包括商业创业、艺术创业、社会创业、生物医学创业、过程创新、新产品开发、可再生能源创业、数字媒体创业、新闻与大众传媒创业、公共服务领域的创业等十几个，可供选择的课程超过 85 门。

第三，亚利桑那州立大学各学院或学院之间合作设置了大量与不同学科专业紧密整合的创新创业课程。创新创业的相关内容几乎与所有专业教育实现了某种程度的整合。并且，不少学院已提供以创新创业为方向的学位课程。比如，工程学院的"技术创业与管理"学位课程，理学院的"生物技术与生物创业"学位课程、设计与艺术学院的"数字文化创业"学位课程（图像信息技术方向）、护理与健康创新学院的"医疗保健创业与创新"学位课程、法学院的"创业法律与战略"学位课程等，具体如表 5.5 所示。

表 5.5　亚利桑那州立大学创业教育与专业教育整合的课程举例

学　院	课　程　类　型	涉及的专业	课　程　目　标
文理学院	生物技术与生物创业方向学位课程；政治创业证书课程；美国印第安人可持续创业课程（与可持续学院合作）	生物学、政治学、社会学、美国印度安人研究、跨学科研究等	培养生物技术领域的创业者、创新者与管理者；培养公共政策领域的创新者与社会创业者；培养致力于印第安人居住地的社会创业者等
工程学院（与商学院合作提供）	技术创业与管理方向学位课程；为工程专业学生提供技术创业、技术创新、社会创业、创新与运营管理等四个专业方向课程（学生也可以选择技术创业、技术创新为第二专业方向）	所有科学类、工程类与技术类专业	培养科学与工程技术领域的创业者、产品开发者、管理者、市场分析师与投资人等

① Arizona State University. Entrepreneurship and innovation, certificate[EB/OL]. (2017 - 04 - 21)[2018 - 01 - 23]. https://webapp4.asu.edu/programs/t5/majorinfo/ASU00/BAKEICERT/undergrad/true.

续　表

学　院	课程类型	涉及的专业	课程目标
设计与艺术学院	艺术创业证书课程;数字文化创业方向学位课程(与工程学院合作);文创与文化领导力硕士	所有艺术与设计类专业	培养艺术与设计领域的创新型工作者、自我雇佣者、创业者与管理者等
护理与医疗创新学院	医疗保健创业与创新方向学位课程;医疗创新辅修课程	医疗保健与护理类专业	培养医疗保健领域的变革者、创新者、创业者与管理者
健康科学学院	行为健康创业、创业与价值创造(探讨营养、食品服务与保健或保健传播领域的创业)等课程	公共健康、营养学、运动学等	培养健康科学领域的创业者
公共服务学院	社会创业与社区发展证书课程(研究生层次)	社区资源与开发、非营利组织领导力与管理(研究生层次)	培养社区发展和非营利型组织方面的创新者与社会创业者
新闻学院	媒体创业;数字媒体创业;新媒体创新与创业实践(学生来自多个专业)等课程	新闻传播类	培养新闻传播领域的产品与服务的创新者和创业者
可持续学院	可持续发展与创业;全球影响创业(解决全球贫困问题);社会创业等课程	可持续发展	培养可持续发展领域的社会创业者
法学院	创业法律与战略法学硕士学位课程	法学	培养创业领域的法律从业者或创业者
教育学院	创业型教育者课程	教育类	培养教育行业的领导者、创新者和创业者

资料来源:笔者根据相关网站整理。

从表 5.5 可以看出,亚利桑那州立大学创业教育与专业教育整合最突出特征是课程的制度化程度高,本科(或研究生层次)的创新创业学位、辅修、证书课程较多。这主要是由于亚利桑那州立大学已在全校层面开发设计出深度整合不同学科专业的创新创业课程体系。如技术创业与管理课程体系由技术创业、创意与创新、设计方法论与创业战略与创新等 17 门课程组成;艺术创业课程体系由艺术创业、艺术政策、艺术商业管理等 17 门课程组成。其中的一些课程是学院与学院之间不同学科教师合作的结果,学生也来自多个专业,跨学科整合程度很高。并且,课程给予学生体验创新和创业过程的大量实践学习机会,如制订创业计划、设计开发样品、进行市场研究与参与社区服务学习等。

(2)与专业课程学习紧密联系的创业实践学习,也分为三种类型:第一种是全校层面面向所有学生的创业实践学习项目,第二种是各个学院结合不同学科专业实施的创业实践学习项目,第三种是注重社会解决和公共利益的社会创业实践学习项目。

首先,亚利桑那州立大学为全校学生提供了从创意和创业精神激发,到创新能力培养,再到企业创立和后续的孵化支持等一体化的创业实践学习项目。

亚利桑那州立大学非常重视培养学生的创意能力,其中标志性的项目就是"10 000个问题解决方案"。该项目实际上是一个供全校学生、教师、职员、校友和外部社会人士发现社会问题并提出解决方案的创意分享和合作网络平台。除了创意能力培养,在创业意识激发和创业知识的学习方面,学校设置了"创业学校"(Startup School)项目,面向对创业感兴趣的学生提供一系列关于如何创业的免费网络课程,包括定义与识别问题、制订商业模式、创业计划写作、市场调查与研究、创立企业等,供学习者自主学习,教师多为商学院的资深教授。

在创新能力培养方面,亚利桑那州立大学设计与艺术学院、工程学院和商学院合作面向全校学生设置了"创新空间"(InnovationSpace)项目,为来自多个学院的跨学科创新学生团队提供空间、资金、设备与研发支持等。跨学科学生创新团队需要在一年时间内开发设计出具有市场价值同时能够真正满足社会需求的产品原型,指导教师来自全校各个学院的资深教师和企业界的设计师、产品开发专家等,资金多来自企业赞助。

在企业创立和后续的运营成长方面,亚利桑那州立大学通过举办创新创业竞赛、设置学生创业支持计划和创业孵化项目来支持学生创业。亚利桑那州立大学每年都会举办创新创业大赛,以问题、解决方案、竞争力优势、商业模式和创业团队为评价标准,决赛获奖者可获得1万美元的创业资金支持,并优先入选学校创业支持计划。创业支持计划则分为前后相接的两个创业支持项目。前一个项目名为"创业冒险"(Venture Devils),为大学生创业者提供创业空间、创业培训、导师指导、资金等在内的创业支持服务,进入门槛较低。后一个项目名为"埃德森学生创业计划",进入门槛较高,对象为"创业冒险"项目中较为优秀和突出的大学生创业团队。在2006—2018年间,亚利桑那州立大学已经支持了超过300个大学生创业团队。这些大学生创业团队还可入驻学校的创业孵化器,进一步获得后续的创业支持。

其次,亚利桑那州立大学各个学院结合特定的学科专业为学生提供了大量创业实践学习项目。比如,工程学院提供的社会创业项目"服务学习中的工程项目"。工程专业学生与其他学科专业学生组成跨学科团队,通过服务学习的方式为学校、政府、社会组织等非营利型组织或机构解决工程技术类问题,并且解决方案要具备创业性特征,即能够盈利或自我维持。整个项目持续一到四年,项目参与者经历可行性论证与项目计划、项目设计、项目实施等一系列流程,以服务学习、以人为中心的设计、社会创业为基本框架,综合应用所学的专业知识和创业知识,真正解决现实中的社会问题。[1] 许多工程学科的教师为了培养大学生的设计能力与创业能力等会选择在专业课程中渗透此项目。又如,设计与艺术学院专门为艺术设计类的创业大学生提供有针对性的艺术创业孵化服务,包含种子基金、艺术创业培训课程、导师指导、向投资者展示等。比如"戏剧组织与管理""音频技术与职业管理"等专业课程的教师会选择把艺术创业的孵化服务与这些课程实施相结合。[2] 另外,法学院的教师多与专利律师合作,指导法学院的学生为该校的发明人或大学生创业者申请专利保护,法律专业学生也可以获得专利申请、授权和诉讼等方面的实践经验。

最后,亚利桑那州立大学为全校学生提供大量的社会创业实践学习项目,并为此专门成立"创变者中心"(Changemaker Central)。中心主要为全校学生组织各种志愿服务、社区服务、社会创业项目、领导力培训项目,举办社会创业竞赛,提供社会创业空间服务等,最大限度激发各专业学生的社会创业热情。

5)师资团队建设

亚利桑那州立大学创业教育与专业教育整合的师资团队建设开始于"考夫曼创业校园计划"。该计划实施的 2007—2012 年,在考夫曼基金会的资金支持下,亚利桑那州立大学每年都会资助全校教师基于不同学科专业开发跨学科性质的创业教育课程与实践项目,或从事创业研究,每人获得的资助金额从 2 000 美元到 4 万美元不等。上文中的许多创业课程和创业实践学习项目都是这一资助的结果。这一资助项目产生了深远的影响,资助之前全校参与创业教育的各学科教师数量只有 29 人,资助之后全校参与创业教育的各学科教师数量达到 324 人。其中,商学

① Arizona State University. Engineering projects in community service[EB/OL].(2009 - 01 - 16)[2018 - 01 - 24].http://epics.engineering.asu.edu/epics-gold/.

② Kauffman Foundation. Entrepreneurship and the Shaping of a New American University[EB/OL]. (2013 - 08 - 05)[2019 - 01 - 26]. https://www.kauffman.org/-/media/kauffman_org/research-reports-and-covers/2013/08/kci_asu.pdf.

院管理与创业学系的专职创业学教师的数量约为 60 人,占比 18.5％;工程、艺术、护理等非商科方向专业课程教师 264 人,占比 81.5％。该资助项目结束之后,创新与创业办公室以定期举办创新创业教育研讨会和讨论会的方式,推动全校教师围绕创新创业教育进行互动交流、学习和跨学科合作。研讨会的主题包括创业课程开发、教学方法与创业研究等。除此之外,工程学院从 2016 年开始获得科恩基金会工程创业课程改革项目的资金支持,工程专业教师把创业思维与创业能力整合到工程专业课程中;每个课程改革项目资助 12 000 美元,目前已资助 38 个课程改革项目,如"把创业思维整合进机械工程课程中""在设计课程中嵌入创业思维"等。

除了校内教师,创新与创业办公室以制度化形式大量聘任创业者、企业家、发明人、设计师与社会活动家等作为创新创业课程的实践教师,还专门聘请了46 名创业导师,指导大学生创业。

6) 资金保障

2007—2012 年间,亚利桑那州立大学创业教育与专业教育整合的资金来源主要是考夫曼基金会的资助和学校配套的资金,共计 3 000 万美元。该资助计划结束以后,资金的来源趋于多样化,主要包括基金会的资助、企业的赞助、校友的捐赠和学校的拨款等。这与其他高校的经费来源类似。

从 2017 年开始,亚利桑那州立大学发起了一场声势浩大的资金筹集运动,拟到 2020 年筹集 15 亿美元(截至 2019 年已筹集到 16.9 亿美元),用于保障学生入学、促进学生成功、提升学术创业能力、资助研发与创新、增进社区服务、增强全校体育运动竞争力等六大办学目标;每个类别都有不同经费筹集目标,其中与创业教育与专业教育整合相关的目标是促进学生成功与提升学术创业。[①]"促进学生成功"这一目标已筹集到 1.7 亿美元,主要是为大学生提供真实情境中应用所学知识的机会,培养学生的领导力、变革社会的能力和创新创业能力等,创业教育与专业教育的整合处于核心的资助地位。而"提升学术创业能力"这一目标已筹集到 1.8 亿美元,主要是为了聘任更多一流的教授,资助年轻教师职业发展,用于学术奖励,聘任驻校艺术家与创业者诸如此类的实践型教师等,这将有利于创业学以及创业教育与专业教育整合领域的师资建设。这些捐赠人为毕业校友、企业、基金会以及个人等,每年捐赠的人数与单位超过 10 万个,足以体现美国社会捐赠办学的传统。

① Arizona State University. Engineering projects in community service program[EB/OL].(2017 - 12 - 09)[2018 - 01 - 24].https://giveto.asu.edu/about-campaign.

7）创新创业生态系统

亚利桑那州立大学创业教育与专业教育整合离不开整个创新创业生态系统的支持。

第一，"新美国大学"建设的各项目标不仅使创新创业活动上升为全校的发展战略和使命，还让创业精神和创业文化深入渗透到大学的"肌理"中。不管是大学日常运营，还是人才培养，以及教师从事研究、技术转移和学术创业等不同种类的活动，各个方面都渗透和体现着创业精神和创业文化。

第二，全校层面的知识创业开发办公室及其下属部门是全校创新创业活动的核心管理和支持组织。其中，创新与创业办公室负责全校乃至区域的创新创业教育和创业支持活动，并且与各个学院密切协作，促进创业教育与专业教育的深度整合。

第三，在支持创立企业或者侧重社会公益的非营利性组织方面，创新与创业办公室与校内外各个机构密切协作，构建了创业导师支持网络、资本支持网络、创新创业空间网络和技术商业化网络等。以创新创业空间网络为例，有侧重创意培养的移动活动空间"创意盒子"；提供各种 3D 打印设备、激光切割机与电子设备等先进工具的侧重原型制造和测试的"海登图书馆创客空间"和"钱德勒创新中心"，侧重数字媒体产品开发的"新媒体创新创业实验室"，侧重全新医疗技术和医疗方案开发的"医疗创业加速器实验室"等。

第四，亚利桑那州立大学非常重视与校内外各种机构的合作，以完善区域的创新创业生态系统。比如，创新与创业办公室设置了大量面向区域内女性创业者、青年创业者和高中生等各类人群的创业培训和创业教育项目。又如，亚利桑那州立大学与各区域的图书馆和促进经济发展的政府部门深度合作，在全美发起"创业服务联盟"，为各地的创业者和小企业主提供继续教育、创业导师指导、创业空间等在内的各种创业支持服务。亚利桑那州立大学也是美国国家科学基金会支持的"创新团队"网络的成员之一，支持该校大学科研人员加速技术转移，以促进区域创新经济的发展。

5.4　各种模式之间的比较分析

本章选取俄克拉何马州立大学、康奈尔大学和亚利桑那州立大学三所大学为例，分别对创业教育与专业教育整合的中心扩散型模式、平台协调型模式和中心统筹模式进行了较为详细的研究。从这些案例分析中可以发现，这三种整合模式在基本含义、历史发展、培养理念、组织结构与治理、课程与实践活动、师资团队建设、资金保障、生态系统以及优缺点等各个方面既存在共性，也存在差异，具体分析如表5.6所示。

表5.6　美国高校创业教育与专业教育整合模式的比较

	中心扩散型模式	平台协调型模式	中心统筹型模式
基本含义	以商学院为中心在全校扩散创业教育，逐步实现与专业教育的整合	全校多个学院实施创业教育与专业教育的整合，同时成立平台协调机构	整体向创业型大学转型，在全校层面成立核心机构统一管理和统筹创业教育与专业教育的整合
代表院校	俄克拉何马州立大学	康奈尔大学	亚利桑那州立大学
历史发展	创业教育在商学院首先取得大发展，设置从本科到研究生层次的创业学学位，然后逐渐扩散到其他学院	一开始，多个学院实践与各学科专业整合的创业教育；经过一定的发展阶段，各学院逐步合作，在全校层面成立平台协调机构	学校一开始制定了创新创业发展战略，并成立中心机构管理全校创业教育；创业教育与专业教育的整合随着创新创业发展战略的实施和中心机构的推动而逐步实现
培养理念	创业作为一种人生哲学	培养能够解决社会经济挑战的创新创业型人才	培养具备创业思维的人才
组织结构与治理方式	商学院内部成立创业学院或创业中心作为扩散创业教育的核心机构	多个学院内部成立创业中心或创新中心，全校层面成立具备协调功能的平台型机构	全校层面创业型大学建设，由专职校领导负责的创新与创业办公室或创新中心
课程与实践活动	创业辅修、嵌入创业模块的专业课程、新的交叉整合式课程等多种类型，实践学习侧重多种形式的创业体验	设置了大量与学科专业紧密整合的创新创业课程体系；创业实践学习与专业课程也有所整合	整合课程的制度化程度最高，表现为大量的新型创新创业学位与证书课程；创业实践学习与专业课程整合程度也较高
师资团队建设	创业学专职教师较多，其他学科教师通过资助项目逐渐参与其中	来自不同学科专业背景的教师较多，创新创业成为不同学科专业的研究方向与教学方向	全校参与创业教育与专业教育整合的人数很多，但缺乏核心凝聚力

续　表

	中心扩散型模式	平台协调型模式	中心统筹型模式
资金保障	资金来源多样,捐赠、基于学生人数的全校拨款、基金会与企业赞助等	资金来源多样,各学院的专项经费、校友捐赠、企业赞助和基金会捐赠等	资金来源多样,基金会、校友捐赠、企业赞助等
生态系统	校内校外形成紧密联系的创业生态系统	与区域紧密协作形成突出创新的创业生态系统	通过大学变革带动整个区域,形成完善的创业生态系统
优势	商学院作为创业教育的大本营,在研究、知识储备、师资等创业教育的专业性和科学性上具备优势	各学院可以真正依据各自学科专业的特点融入创业教育相关内容	能够真正彻底变革院校的文化、运营方式和教师的教学方式等,普及的教师和学生最多
缺陷	商学院掌握所有资源,其他学院的教师可能会有较大的抵触情绪	需要耗费较多的资源,协调难度大,效率不高	从整体上变革学校实施难度很大,需要长期的投入

通过对以上三种模式的比较分析可以看出,三种模式在培养理念、资金保障和生态系统建设方面差异不大,培养理念上都侧重创业思维和创业能力的培养,资金的来源呈现多样化,都重视校内外创新创业生态系统建设;而在基本含义、组织结构与治理方式、课程与实践活动、师资建设等方面存在较大差异。

虽然三种模式各有优缺点,但不同的高校适合不同的发展模式。中心扩散型模式适合创业学发展比较成熟、声誉较好,并且商学院愿意承担向全校传播扩散创业教育任务的院校。平台协调型模式适合在共同治理方面有着悠久历史、学院办学自主权较高,并且各学院都有结合自身学科专业开展创业教育动力的高校。中心统筹型模式适合计划在战略和使命层次向创业型大学转型的高校,并且这一长期的改革举措要取得大学管理层和全体教师一致的认同和支持。

5.5　场域论视角下的审视与反思

本章围绕美国高校创业教育与专业教育的整合的几种较为成熟的模式展开对比研究。从场域论的视角来看,美国高校创业教育与专业教育的整合模式从根本上是由不同高校的特点和发展状况所决定的。也就是说,从根本上受制于大学这个固有的场域。

不同的大学有着不同的发展历史、文化、运行方式和治理方式等,大学本身构成了特定的场域。处于美国高等教育金字塔顶端的一流研究型大学,如哈佛大学、斯坦福大学、康奈尔大学等,在管理与治理方式上最突出的特点是共同治理,各个学院的自主权很大,并且以学术自由和教授治校著称。因此,这类一流的研究型大学基本上都选择了平台协调型整合模式,各学院依据自身的优势和学科特点开展创业教育与专业教育的整合,并成立平台机构进行协调。值得一提的是,这些一流研究型大学商学院的学术声誉并不高。比如,哈佛大学商学院在成立初期,招聘教师困难,许多教师并不愿在商学院任教。

而另一部分美国州立研究型大学或者资源并不那么充沛的私立研究型大学,为了克服州政府拨款和外界捐赠收入减少的困境,也为了能够从整体上增强学校的竞争力和吸引力,走上了向创业型大学转型的发展道路。这些高校在管理和治理方式上,力求在尊重原有学术自由和机构自治的基础上以创新创业的精神引入强有力的公共治理和校长领导。[①] 因此,这些高校选择了以中心统筹的方式推动创业教育与专业教育的整合。随着创业型大学建设的逐步深入,整合也逐渐深入。

还有部分美国高校把创业教育和创业研究作为高校的优势与特色来发展。虽然整体上,高校的学术声誉、研究实力和人才培养水平没有其他研究型大学好,但其创业教育和创业研究的优势非常明显和突出。再加上全校层面如果超越传统意义上对创业的狭义理解,认识到创业教育不只是培养创办企业的人,而是培养具备创业思维和创业能力的大学毕业生,那么这类高校就可能选择以商学院为中心扩散创业教育,实现创业教育与专业教育的整合。

---

① 梅伟惠.构建自适应知识企业:"新美国大学"理念及其运作[J].高等教育研究.2017(12):108-113.

第6章 美国高校创业教育与专业教育整合的特征与启示

前文以俄克拉何马州立大学、康奈尔大学和亚利桑那州立大学为例,对美国创业教育与专业教育整合的三种模式进行了较为详细的研究。本章主要围绕美国高校创业教育与专业教育整合的特征进行阐述,并就其中带给我们的启示做一些探讨。

6.1 特 征

6.1.1 健全的保障体制

美国高校创业教育与专业教育整合的有效开展离不开政府、社会与高校相互合作所建构的保障体系。与欧盟国家政府主导不同,美国高校创业教育与专业教育的整合过程中,社会与高校共同发挥了核心作用。美国各级政府主要起到了外部支持和引导作用,社会各类机构和校友发挥了核心的支撑作用,而高校则是主动的实施者。

1) 政府部门的支持与引导作用

第一,美国联邦政府和州政府都把促进创新创业作为经济发展的核心动力之一,出台了大量促进创业型经济发展的政策与战略,推动了美国经济的创新创业转型。美国创业型经济大发展所引发的劳动力市场变革是创业教育与专业教育整合的前提和基础,也是整合的根本动力。

第二,美国联邦政府各个部门都参与到支持创新创业活动中来,包括支持创新创业的小企业管理局和美国商务部下属的创新与创业办公室,以及其他联邦政府部门如财政、农业部、劳动部、能源部、教育部、卫生与公共服务部、国防部、国土安全部、国家科学基金会(独立的联邦机构)等。不同政府部门之间的合作为高校创新创业活动和创新创业教育的开展提供了坚实保障。尤其是代表不同行业的政府部门如农业部、能源部等都在各自领域内发起了相关的创新创业活动或创新创业教育，直接有利于创业教育与专业教育的整合。

第三，美国联邦政府先后出台了两个全国性的创新战略和创业战略。创新战略侧重基础研究领域的投入，关键新型技术的布局与开发，加快技术转移，助推私营部门的创新，激发全社会的创新活力等。创业战略涵盖创业资本、创业教育、消除创业障碍、创业孵化服务、促进技术转移和创新、优化创业环境、营造良好的创业文化等各个方面。这两大创新创业战略的出台与实施助推了创业教育的深化发展，突出了以创新为基础的创业教育。

最后，美国州政府出台的综合型创新创业政策直接促进了高校创业教育与专业教育的整合。美国很多州政府把高校纳入经济发展战略和创新创业政策的制定与实施过程中，使促进区域创新型经济发展也日益成为美国高校的新使命。并且，许多州直接制定了从幼儿园到高中，乃至大学的创业教育实施标准，创业教育与各学科专业教育的整合是其中非常重要的内容。

2）社会各类组织和校友的核心支撑作用

美国高校创业教育与专业教育的整合从根本上来说是由基金会、各类专业型协会、校友以及企业等社会各类组织和人员联合推动的。这些组织和人员是创业教育资金的主要提供者，基金会、校友、非校友类企业家为美国高校广义上的创业教育（包括整合）提供了超过60％的资金。[①] 这些组织和人员也是创业研究、创业师资培训、创业孵化等项目和计划的主要发起人和组织者，是高校创业教育与专业教育整合的重要推动力量。

第一，美国各类基金会是创业生态系统的重要建设者，是创业教育与专业教育整合的重要推动力量。美国有100多个不同类型和不同规模的专门支持创新创业活动的基金会。这些基金会相互合作构建起包含创业研究、创业教育与培训、创业政策分析、各类人群创业活动支持、创业资金支持、创业孵化等全方位的创业支持体系。这一方面直接促进了美国创业学学科的形成和创业教育的制度化发展，另一方面大力支持了大学生的创新创业活动，从而为创业教育的进一步发展奠定了基础。

考夫曼基金会、科尔曼基金会和摩根基金会等是创业教育与专业教育整合的直接发起机构和推动者。比如，考夫曼基金会支持美国不同类型的18所高校

---

① George Washington University Center for Entrepreneurial Excellence. The national survey of entrepreneurship education an overview of 2012—2014 survey data[R]. 2014: 22.

实施的"考夫曼校园计划",核心理念就是在全校范围内面向各个专业学生开展创业教育,推动创业教育与专业教育的深入整合。该计划从 2003 年开始,历时十年,参与计划的高校在整个过程中不但实现了创业教育与专业教育的有效整合,而且起到了很好的示范和引领作用,直接和间接影响了成百上千所美国高校加入创业教育与专业教育的整合。科尔曼基金会按照与考夫曼基金会类似的理念发起和实施的创业师资培养项目影响了一批又一批专业课程教师通过不同的方式开展创业教育与专业教育的整合。摩根基金会重点资助美国文理型院校开展创业教育与文理教育整合的试验,也起到很好的效果和示范作用。

第二,美国各类创新创业专业协会是创业教育与专业教育整合的重要助推力量。比如,美国小企业与创业协会、美国管理学会创业学分会、美国创业教育联合会等侧重创业学术研究、创业教育标准的制定与实施、创业课程的设计开发等,为创业教育与专业教育的整合奠定了基础。又如,工程教育协会创业与工程创新分会、艺术创业教育协会、"VentureWell"等专业类组织分别在促进创业教育与工程教育、创业教育与艺术教育、创业教育与 STEM 教育的深度整合方面发挥了重要作用。这些协会实际上也是美国高校创业教育与专业教育整合发展成熟的标志和象征,来自不同学科背景的学者和教师围绕创业教育与专业教育的整合展开研究和教学实践等,逐渐形成学术与实践的共同体,在促进相关的学术研究、师资培训、课程建设和教学能力提高等方面发挥着十分重要的作用。

第三,包括校友在内的企业家、创业者等是美国高校创业教育与专业教育整合的重要推动者。校友长期以来是美国高校办学重要的资源提供者和参与者。在创业教育以及创业教育与专业教育整合方面,包括校友在内的企业家与创业者是资金的主要提供者,是实践型教师和创业导师的重要来源,是创业学院、创业中心等创业教育咨询委员会的核心成员。

包括校友在内的企业家、创业者、风险投资者、技术开发专家、律师等是美国高校创业教育以及创业教育与专业教育整合的重要参与者。他们是创业竞赛的评委,是学生创业实习的指导者,是创业训练营、创业加速器项目、后期的创业孵化项目的创业导师和投资人等。并且,校友对所属的学系和学院的感情更深,成为推动高校各学院结合各自学科专业开展创业教育的重要力量(如康奈尔大学的企业家校友)。包含校友在内的企业家与创业者等也是高校创业教育咨询委员会的核心成员,为创业教育与各学科专业教育的深度整合提供资金、指导与咨询建议等。

此外,高新技术企业、新创企业也是美国高校创业教育与专业教育(特别是工程技术类专业)整合的助力者,是各种创业体验学习项目的重要资助者,为各类创新创业课程项目提供资金、企业导师和项目问题等。

3) 美国高校的主动实施

美国高校是创业教育与专业教育整合的主动实施者。首先,提供创新型的、与专业整合的创业教育项目已经成为美国许多高校吸引优秀生源的重要手段。具体表现就是这些项目频繁出现在学校的官方网站、招生手册与特色课程单上。同时这些项目也成为吸引企业家校友捐赠的重要展示成果。其次,美国在领导与管理层面高度重视全校层面创业教育与专业教育的整合。这表现为由副校长或教务长等学校高级领导专门负责全校的创新创业教育。比如,亚利桑那州立大学设置了专门负责全校创新创业活动的副校长职位。再次,美国许多高校设置了让不同学科教师参与创业教育的资助与培训项目,大力资助与支持不同专业教师结合各自学科特点进行创业课程开发、创业实践项目设计与创业研究等。最后,创新创业活动日益成为美国高校发展战略与使命的一部分。创业教育与专业教育的整合成为美国高校向创业型大学转型的重要组成部分。

6.1.2　包容多元的培养理念与目标

美国高校创业教育与专业教育整合的观念前提是包容多元的培养理念与目标。在培养理念方面,核心理念包括:突出创业含义的发展性、包容性和个性化,突出整合含义的多样性与灵活性,重视社会创业等。在培养目标方面,体现出多样化的特征,既包括培养知识创业者,也包括自我雇佣型劳动者和创业型专业人才。

1) 包容多元的培养理念

其一,突出创业含义的动态发展性。美国高校创业教育兴起于 20 世纪 40 年代,经历了较为充足的发展时期。在创业教育的初期,创业的含义是创办并运营小企业。20 世纪 80 年代,随着美国社会创业型经济的发展以及高校创业教育的学科化和专业化,创业的含义开始突出创办具有高附加值并且能够快速增长的企业这一特征。进入 21 世纪,随着美国高校创业教育与专业教育的整合,创业的含义扩大为"过一种创业型人生"。创业不仅仅是创办企业,更是以创业思维和创业能力去应对不确定的未来,解决复杂问题,充分实现人生价值。因此,扩大化后的创业含义才可以与各种专业教育相整合,并与一切职业和所有人紧密相关。

其二,突出创业含义的包容性和丰富性。为了促进创业教育与专业教育的有效整合，就要突出创业含义的包容性和丰富性。美国高校创业教育的实践者普遍采纳的是广义，而非狭义的创业。他们普遍认为，创业是发现问题，利用知识和资源识别机会乃至创造机会，通过个人行动和团队合作实施变革与创新，并最终创造多样化价值的过程；是一个通过创新创业解决问题，服务和变革社会的过程。因而，创业本身的包容性很强，要求学习者具备面向未来、承担风险、应对危机、自信与乐观、持之以恒、积极主动、领导与管理能力、沟通与交际、创意与创新能力等思维方式和行动能力。这些创新创业思维方式与能力适应于所有职业和所有人。美国高校创业教育与专业教育整合的实质就是把这些创业能力和创业思维整合到所有专业教育中去，培养具备创新创业素养的毕业生。美国高校创业教育与专业教育的整合为实践和应用专业知识和专业能力等提供了最好的平台，大大促进了理论与实践的结合。创业教育与专业教育的整合就是引导学生利用专业知识和专业技能去解决各种各样社会问题，创造经济价值、文化价值、社会价值与生态价值等多种价值的过程。各专业学生在整个学习过程中，既增强了自身各种创新创业能力，也为未来就业和创业做好充分准备。

其三，突出创业含义的个性化。美国高校创业教育与专业教育整合的过程中都尽可能突出各自学校的特色与优势，尽可能彰显不同学科的特征。首先，每一所美国高校都依据各自学校的发展定位、发展历史与人才培养理念等对创业下了极具特色的定义，这为创业教育与各个专业教育的整合奠定了基础。比如，俄克拉何马州立大学把创业作为一种人生哲学，既渗透到人的职业发展全过程，也渗透到生活的各个方面。康奈尔大学把创业定义为以创新创业的方式解决社会挑战的过程。又如，亚利桑那州立大学则把创业嵌入学校的发展使命和文化，使培养具备创业型思维的人才成为全校共识。其次，美国各高校创业教育与专业教育整合最大程度彰显了各个学科专业的特征。这为不同学科教师参与到创业教育实践过程提供了可能。比如，工程学科突出培养工程专业学生把新发明与新产品商业化的能力，艺术学科突出培养艺术专业学生的职业发展能力和自我雇佣能力，人文与社会学科突出培养各专业学生的社会创业能力等。创业教育要想真正实现与专业教育的整合就必须找到与每个学科专业的结合点，并以此为突破点整合渗透创业教育的相关内容。

其四，突出整合含义的多样性与灵活性。专业教育作为较为成熟的人才培养体系，呈现出较高的制度化特征。创业教育与专业教育整合势必要建立在专业教育的基础上。美国各高校采取了灵活多样的整合方式，目前来看，至少包含四种。第一种是松散联合的方式，通过为各专业学生提供创新创业相关的辅修课程或证书课程,实现与专业教育的随机整合,整合的程度较低,创业教育与专业教育是简单相加的关系。第二种是渗透嵌入的方式,创业教育的内容作为独立的模块或主题等渗透嵌入已有的专业课程中,整合程度较高。第三种是交叉整合的方式,创业教育的内容与某个学科专业相互交叉整合,形成独立完善的以该学科方向为基础的创业课程体系,如工程创业课程体系、艺术创业课程体系等,整合程度也很高。第四种是跨学科整合的方式,多个学院相互合作共同设计多个学科专业大学生共同参与的跨学科创新创业项目,是一种新型高效的整合方式,突破了原有学科边界的束缚。因此,整合的含义和形式是多种多样的,每一种整合方式都各自有优势和劣势,都为不同学科专业学生学习创业教育提供了多种多样的机会。

其五,重视社会创业。美国高校在推动创业教育与专业教育整合的过程中,普遍把社会创业作为一个方向和类别整合到相应的课程和实践中去。社会创业是指以创新创业的方式解决失业、贫困、教育与落后地区发展等各种各样的社会问题。不同类别的专业教育如工程类、医学类与教育类专业教育本身就要解决相应的社会问题。因此,社会创业是创业教育与专业教育整合绝佳的出发点和落脚点。事实上,美国许多高校已经把社会创业作为"元职业"(meta-profession),即与所有职业和所有人紧密相关。面向所有专业学生,与专业紧密结合的社会创业课程或项目在美国高校已经成为一个普遍的现象,也日益受到各个专业学生的欢迎。美国各高校重视通过社会创业教育培养富有社会责任感,能够以创新创业的方式解决社会问题的新型人才,以避免创业教育过度功利化。这也是大学承担社会责任和为社会公共利益服务的一种体现。

2) 包容多元的培养目标

与培养理念一致,美国高校创业教育与专业教育整合的培养目标也是多元化的。从大的类别来看,培养目标包括自我雇佣型人才、知识创业者和具有创新创业素养的专业人才。

其一,随着新技术的普及,创业门槛的降低,劳动力市场的变革等,自我雇佣式就业日益成为美国社会重要的就业方式。越来越多的美国人放弃传统雇佣型职业,选择自雇式就业,创办自雇式企业,或以其他形式实现自我雇佣。并且,许多专业教育如农业类、医疗健康类、艺术设计创意类等专业教育本身自我雇佣的比例就很高。因此,在已有的专业教育中融入创新创业内容,培养自我雇佣型人才日益成为美国高校创业教育与专业教育整合的重要目标。

其二,具有新知识和新技术的知识创业者是美国创业型经济发展的核心动力。美国高校在专业教育中整合创业教育另外一个重要目标就是培养知识创业者，提高各学科专业学生转化新知识和新技术的能力，以提升整个经济与社会的创新水平，造就更多高质量的就业岗位，而不只是教会学生经商或创办企业。

其三，美国已发展成为急速变革和高度不确定的创业型经济体和创业型社会，各行各业都需要具备创新创业素养的专业人员去引领变革和持续创新。因此，培养具有创新创业素养的专业人员也成为美国高校创业教育与专业教育整合的另一重要目标，如培养创业型工程师、创业型教师和创业型行政人员等。

其四，美国高校创业教育与专业教育整合的培养目标还包括家族企业继承者与管理者、投资人、技术发明人、社会创业者等其他各种类型。

总之，美国高校创业教育与专业教育整合的培养目标既涉及传统职业的创新创业转化，也涉及自我雇佣式就业和知识创业等新型的就业方式和职业方式。

6.1.3　高效的运行体系

美国高校围绕创业教育与专业教育的整合已经构建起完善高效的运行体系，包括支持型的领导与管理层，合适的组织运营模式，完善的课程体系与灵活多样的教学方式，高质量多样化的师资体系，充足的资金保障，健全的创新创业生态系统支持等。

1）支持型的领导与管理层

美国高校创业教育与专业教育的大规模整合离不开全校层面领导与管理层的大力支持。首先，美国绝大多数高校都把促进全校层面的创新创业活动以及为所有专业学生提供有针对性的创业教育纳入办学使命和发展战略，从使命和战略的高度保障创业教育与专业教育的整合。其次，美国高校全校层面的创业教育和创新创业活动得到了董事会和校长的大力支持，并且一般由教务长或副校长专门负责全校的创新创业教育，部分高校还设置了专门的创新与创业办公室进行统一管理。最后，美国高校各学院的院长和系主任也是创业教育与专业教育整合的核心支持者。总之，创业教育与专业教育的整合需要全校各级领导与管理层团结一致、合力推动，才能实现理想的效果。

2）合适的组织运营模式

合适的组织运营模式是美国高校创业教育与专业教育整合发展的重要影响因素。从目前来看，组织运营模式主要有中心扩散型组织模式、平台协调型组织模式和中心统筹型组织模式。

平台协调型组织模式是美国高校创业教育与专业教育整合最为普遍的一种

组织运营模式。该模式以高校内部各个学院积极主动实施创业教育与专业教育的整合,全校层面成立平台机构进行协调为表现形式。其合法性在于每一个学院可以充分发挥各自的优势与特色,各学科教师可以获得较高的自主权,真正结合每个学科专业的特点融入创业教育相关内容,设计出真正结合本学科专业特点的创业课程体系与实践项目。因此,学院办学自主权较高,并且倾向于依据不同学科专业的内在逻辑实现与创业教育与专业教育整合的高校多采用这种模式。

中心扩散型组织模式是美国高校创业教育与专业教育整合较为普遍的一种组织运营模式。该模式以附属于商学院的创业学院或创业中心作为创业教育与专业教育整合的核心机构为标志,其合法性在于商学院或管理学院建立起从本科到博士的创业学学科体系,以创业学学科为基础与各专业教育相整合可以获得充足的知识储备和专业的师资支持。因此,创业学势力强,并且其他各个学院愿意接受商学院创业学教师指导的美国高校多采用这种模式。

中心统筹型组织模式是美国高校创业教育与专业教育整合较为特殊的一种组织运营模式。该模式以高校整体向创业型大学转型,全校层面设置统一管理和促进创业教育与专业教育整合的核心机构(如创新与创业办公室)为表现形式。其合法性在于从院校文化、运营方式、组织机构、人才培养方式、课程与教学体系等方面进行整体变革,可以彻底实现创业教育与专业教育的整合。因此,计划从根本上实现创业型变革的美国高校倾向于采取这种模式。

这几种组织运营模式各有优缺点。美国各高校普遍依据自身的办学历史和定位、已有人才培养的特点、创业教育发展的基础、师资储备等选择了适合自身的组织运营方式。

3) 完善的课程体系

美国高校创业教育与专业教育整合的课程体系分为三个层次,一是创业课程,二是整合型课程,三是创新创业课外实践课程。

首先,在创业教育与专业教育整合之前,各高校一般由商学院或管理学院开发一系列的创业课程。这些课程一方面是学科化创业教育的课程核心,另一方面也是全校各专业学生可供选择的创业课程。这些创业课程包括创业基础、创业机会识别、创意与创新、创业计划、创业营销、创业融资(风险资本)、创业管理、创业实践等一系列课程。这些创业课程体系是整合的知识来源和基础,也是整合的最基本的支撑。

其次,各高校围绕创业教育与专业教育整合已构建较为完善的课程体系。

一是松散联合式的，面向全校学生开设的创新创业辅修和证书课程。二是渗透嵌入式的，创业教育与专业教育渗透融合。三是交叉整合式的，创业教育与专业教育交叉整合。高校依托具体的学科专业，开发出工程创业、艺术创业等交叉型创新创业课程体系，以及依托学科专业础设计出创新创业的专业方向、双学位、辅修学位等。四是跨学科或多学科课程，创业教育与专业教育跨学科整合。在原有专业的顶点项目课程之内或在专业课程之外，以跨学科创新创业项目的形式聚集多个学科专业学生，各专业大学生通过跨学科合作充分运用专业知识和专业能力、创新创业知识和创新创业能力，解决复杂问题。所有这些课程体系虽然整合程度和形式各异，但都贯穿大学生的整合学习生涯，与专业课程是充分互动和高度渗透的关系。并且，这些课程内在包含创新创业项目，为学生实践和体验创新创业提供了大量机会，如市场研究、新产品开发、社区服务学习、新创企业咨询等。

最后，创新创业相关的课外实践学习活动构成了实践课程体系，与专业课程的整合度也很高。这些创新创业实践学习活动包括创业讲座与研讨会、各种形式的创业竞赛、创业实习、创业夏令营培训、产品设计与开发项目、创业加速项目和创业孵化项目、社会创业项目等。一方面，创新创业课外实践活动从创业意识激发、创意与创新能力培养，再到创新创业实践等构成了前后相接的实践学习体系。另一方面，这些创新创业课外实践活动与专业课程是充分融合的关系。各类创新创业实践学习活动贯穿专业课程学习的前中后，充分给予各专业学生运用专业知识和创新创业知识解决问题、创造价值的机会。比如，各种创业竞赛就是大学生从学科专业和创新创业两个角度出发，设计出创新的产品或服务，并通过市场研究等找到最佳的商业模式。再如，学生参与的不同类型创业项目会得到校内外创业导师的充分指导、种子基金与天使资金等各类资金的支持、免费的创客空间、各类咨询服务和研发支持等。这既是不同专业学生真正运用专业知识和创新创业知识的过程，也是大学生围绕各种问题和未被满足的需求真正创造价值的过程。

总之，创业课程、整合型课程与创新创业课外实践活动三者相互交融共同构成了美国高校创业教育与专业教育整合完善的课程体系。

4）灵活多样的教学方式

美国高校创业教育与专业教育整合的教学方式是极其多样的。既包括讲授法、案例教学法、商业（创业）计划教学法、课堂小组讨论、课堂练习、观看创业者的视频或电影、戏剧、角色扮演、商业模拟、辩论等传统的教学方式，也包括精益创业教学法、游戏教学法、以设计思维为基础的教学法、以创业思维学习基础的项目教学法等新型的教学方法。

从总体来看,创业教育与专业教育整合的教学方式以各种类型的创意、创新、创造、创业活动体验为核心。整个教学过程开始于复杂模糊和不确定的问题,需要学习者通过各种各样的创新实践行动,以小组合作的创新创业项目为载体,从多学科或跨学科交叉的视角出发,综合利用多种专业知识和创新创业知识,创造性地分析问题和解决问题,并最终创造价值。学习者从实践行动中学习,从与教师、同伴、企业家、技术专家等不同人群的充分互动中学习,从项目的迭代设计和实施中学习,更是从失败和反思中学习。

不同的教学方式有不同的侧重点,传统的教学方法侧重知识、技能与意识等方面的培养。新型教学方法侧重思维、能力、情感与意志等更深层次的培养。在教学实践过程中,教学者可以依据具体的课程与教学目标选择相应的教学方式,也可以组合运用多种不同的教学方式。更重要的是,授课教师除了专业课程教师,教师还来自企业和社会上具有创新创业实践经历的创业者、企业管理人、发明人、设计师、投资人等。

5) 高质量多样化的师资体系

美国高校创业教育与专业教育整合的师资包括三种类型:一是专业化学科化的创业师资,二是实施创业教育与专业教育整合的学科专业教师(在本书称为融合型师资),三是创业者、企业家、技术专家、知识产权律师等实践型师资。

不同类型师资在创业教育与专业教育整合过程中起着不同的作用。创业学专职教师是学科化专业化创业教育和研究的主体,是创业教育与专业教育整合的间接力量。融合型师资是创业教育与专业教育整合的核心力量。实践型教师是创业教育与专业教育整合的重要补充,是支持各学科专业大学生创业的核心力量。

不同类型师资有着不同的来源渠道和培养发展路径。创业学专职教师多是与创新创业紧密相关的博士毕业生,其博士学科方向主要分为三大类:一是创业学方向的博士,二是战略学、管理、金融、组织行为/人力资源管理、领导力、会计、国际商务等商学或管理学科方向的博士,三是计算机、工程、法学、心理学、生物学、医学、应用技术等学科的博士。虽然美国高校创业学专职教师与其他学科专业一样遵循制度化的师资发展路径,从事学科化专业化的创业学研究、教学和实践,但突出特征是有创办或管理企业经历的教师比例很高。

融合型师资主要是拥有其他学科专业背景同时开展创业教育与专业教育整

合的大学教师。专业课程教师可以获得基金会、高校和专业类协会提供的多种创业师资发展和培训机会。其中高校设置的创业师资发展项目是各专业教师开展创业教育与专业教育整合的关键，全校逐步形成创业教师发展共同体。此外，这些具有很强学科专业背景的教师也是学术创业的主体，既可以把相关行业的创新创业经验融入课程，也是大学生知识创业的榜样和重要支持者。

实践型师资主要是高校以全职聘任或兼职聘任的形式引进的具有丰富创新创业实践经验的创业者、企业家、投资人、技术专家、律师等人员。值得注意的是，美国高校已经专门为实践型教师设计出新型师资聘任制度，形成了实践型讲师、实践型助理教授、实践型副教授和实践型教授的教师晋升体系。实践型创业师资也接受美国高校在课程设计、教学方法等方面的专门培训和指导，以增强教育教学能力。

专职型创业师资、融合型创业师资和实践型创业师资构成了美国高校创业教育与专业教育整合的高质量多样化的师资体系。

6）充足的资金保障

美国高校创业教育与专业教育整合的资金充足，且来源多样化。首先，资金来源多样化。资金由基金会捐赠、校友捐赠、企业赞助、大学自身的经费、政府拨款、设置的营利性项目等组成。其次，企业家、校友和基金会的慷慨捐赠是大额经费的主要来源。再次，大学自身的经费拨款是常规性经费的主要来源。大学一般是根据相关课程的学习人数给予常规的经费拨款，也会专门设置创业师资培训项目专项经费。此外，还有针对少数族裔创业项目、老兵创业培训项目、妇女创业项目以及技术商业化项目等特定的创业项目进行的政府拨款。最后，一些高校还会设置一些营利性的项目如企业咨询服务费用、创业培训与付费课程等进行筹资。

7）健全的创新创业生态系统

美国高校创业教育与专业教育的整合是在全校乃至区域的创新创业生态系统中实现的，离不开整个生态系统的支持。一方面，高校内部的创业中心与创客空间、各种类型的技术开发中心（或创新中心、联合研发中心等）、概念证明中心、技术转移办公室、大学与企业合作办公室、各种类型的孵化器和加速器、大学科技园、校友会等紧密协作，共同构成了高校内部的创新创业生态系统，为创业教育与专业教育整合的跨学院和跨部门合作提供了良好的内部保障。另一方面，美国高校与外部高新科技企业与新创企业、促进经济发展的政府部门、支持创新创业的基金会、商会、天使投资人联盟与风投机构、众创空间、商业孵化器等企业、政府与社会组织机构紧密协作,构成了校外或区域创新创业生态系统。校外创新创业生态系统也为美国高校创业教育与专业教育整合的跨机构和跨区域合作提供了良好的外部保障。

综上所述,美国高校创业教育与专业教育整合呈现出很强的跨界性特征。

从保障和支持机制上来看,美国高校创业教育与专业教育整合是在联邦政府、州政府、包括基金会在内的各种社会组织、校友、高校管理者、高校教师和学生的相互合作过程中实现的。与以往该校的课程与教学由高校管理者和教师自主决定不同,美国高校创业教育与专业教育整合的校外核心支持者包括基金会、各级政府、各种社会组织、校友、企业等,其支持力量体现出跨界性特征。高校、政府、企业与社会组织是紧密协作的关系。

从培养的理念和目标来看,整合的跨界性特征更是显而易见。理念层面通过扩大和丰富"创业"和"整合"的含义,从根本上为两者整合奠定了基础,彻底改变了单一创业教育和专业教育在人才培养上的狭隘性。目标层面,培养的是专业素养和创新创业素养兼备的复合型人才。

从运行机制来看,无论是领导与管理层、组织机构、资金来源,还是课程体系、教学方式、师资体系等都体现出跨界性特征。比如,组织层面的创业中心、创业学院、创业平台、创业办公室等都是跨界型组织,内部连接各学院以及技术转移办公室、孵化器、加速器、科技园等,外部与企业、基金会、政府以及其他各种社会组织紧密合作,尽可能为创业教育与专业教育的整合提供各种资源。又如,师资体系既包括专职化创业学教师,也包括各学科专业教师,而创业者、企业家、技术开发专家、投资人与知识产权律师等实践型教师也是课程的开发者、教学的承担者与大学生创业的指导者。学生更是在整个学习过程中要跨越理论与实践的边界,跨越各学科专业的边界,跨越校园与企业、社会的边界,与同伴、教师、企业家、消费者、投资人等密切互动,从而尽可能创造经济价值、社会价值、文化价值与生态价值等多种价值,最终实现人生价值。

6.2 启 示

6.2.1 理论启示

教育制度和教育发展是社会制度和社会发展不可分割的一部分。从场域论的视角来看,教育是文化再生产和社会再生产的重要工具,教育的结构与功能反映了特定社会的结构与功能。在现代社会,一个国家的高等教育机构在维持和促进社会发展方面起着越来越核心的作用,高校日益走向社会的中心,成为社会发展的引领机构和轴心机构。一般来说,高校承担着人才培养、研究与社会服务三大职能。但在不同的历史时期,高校的使命和功能是在不断演化的。以人才培养的职能为例,高校人才培养经历了自由教育、专业教育、创业教育等三个发展阶段。发展到目前,这三种教育范式已经不再是非此即彼的关系,而是相互共存和共同融合的关系。美国高校创业教育与专业教育整合的研究给予我们最大的理论启示就是:创业教育已经发展成为一种人才培养范式,同时已成为或必将成为各国专业教育的内在组成部分。

1) 前现代时期的自由教育

自由教育的概念起源于古希腊和古罗马时期,柏拉图、亚里士多德等哲学家都对自由教育的相关概念进行过深入探讨。比如,亚里士多德就在《形而上学》中说:"一个人是自由的,就是说他是为他自身而存在的,而不是为了别人而存在;在我们追求的各种科学中,只有为了自身而存在的科学才是自由科学。"[1]自由人追求自由的科学本身是为了摆脱无知,是为了求知本身而不是为了实用或者获利。但是,我们要认识到古代希腊罗马时期的自由人是建立在等级社会和奴隶社会的基础上,自由人即享有闲暇和财富的贵族,他们不需要为了生活而从事繁重的体力劳动。自由教育的对象是少数贵族精英,目的是培养城邦的统治者。在古希腊和古罗马时期,学习的科目包括文法、修辞、逻辑、算术、几何、天文、音乐等。这些科目一直延续到中世纪和文艺复兴时期的学校,并被称为"七艺"。

现代大学起源于欧洲中世纪后期,与手工业和商业的发展以及城市的兴起紧密相连。最早的大学如博洛尼亚大学、萨莱诺大学、巴黎大学、牛津大学等,其主要功能是为社会培养医师、律师和牧师,已经显现出职业化和专业化人才培养的倾向。但是中世纪大学的基础学科和核心学科依然是七艺或其他文雅学科,并且长期以来深受教会经院哲学的影响,具有很强的蒙昧色彩。从根本上说,中世纪大学是在国王与领主、教会和城市新型阶级的夹缝中诞生和发展的,大学意义上的职业教育或专业教育已经初现端倪,自由教育开始丧失其绝对的统治地位。

进入 16 世纪,随着农业、商业、手工业的大发展,西方社会开始要求大学能够满足"纯粹世俗性、非道德性"的"世俗功能",为学习者将来的谋生和职业提供

---

① Aristotle. Metaphysics[M]. SD: NuVision Publications, 2009: 4.

更多有用的知识,文艺复兴时期和近代科学发展的许多内容融入大学课程中。①

　　发展到 18 世纪中后期到 19 世纪,工业革命的兴起彻底改变了西方国家的生产方式和生活方式,高等教育机构也发生了彻底的变革。一大批为了适应工业化和近代化的新兴高等教育机构纷纷成立,如英国的新大学运动,美国的赠地学院运动。这些新建院校以培养满足近代农业、工业和科学发展的实用性人才为目标,职业教育或专业教育在这些新型高校获得了较大发展。

　　自由教育在这一时期也发生了很大的变化。其中最突出的表现就是在 19世纪 50 年代,英国著名教育家、神学家纽曼发表了一系列捍卫自由教育的演讲,后来汇集成《大学的理念》一书。在该书中,纽曼提出:"自由教育,就其本身而言,简单来说就是心智的培养,因此自由教育的目的不多不少,刚好就是培养心智卓越的人。"②自由教育的学习内容是自由的知识,自由的知识"不言自明,不受后果支配,不期待任何补充,不受任何目的影响,不会被任何技艺吸收同化,但能够充分地体现在我们的沉思之中……只要这种追求本身是自足和完备的"。③虽然纽曼提出了自由教育目标、内容和追求方式(以追求知识本身为目的),但是纽曼承认自由教育对心智的培养将会对人们的公共生活和职业生活发挥极其重要的作用。因为自由教育可以使一个人胜任任何工作,并真正承担起对社会的责任。并且,纽曼把所有能够促进人类心智发展的学科如神学、文学、艺术、历史与自然科学等纳入自由学科的范畴。

　　总体上来看,进入 19 世纪,自由教育开始面临很大的危机,与纽曼捍卫自由教育理念一样,美国耶鲁大学在 1828 年发布了捍卫自由教育的《耶鲁报告》,提出了一种新的自由教育观,一方面要求从自由教育本身出发培养学生的综合视野,培养健全人格;另一方面要求为未来学习特定专业教育做预备,为将来高年级的学习打下基础。④ 这充分证明自由教育的根基已经发生根本动摇,自由教育必须通过证明其功利性的价值或者成为专业教育的预备来捍卫自身,职业教育或专业教育已经取得与自由教育相抗衡的位置。纽曼等人极力贬低职业教育或专业教育的功能,就是为了抬高自由教育的作用。但是,高等教育的现代化时

---

① 李海萍,上官剑.自由教育、职业教育与通识教育:西方高等教育思潮谱系溯源[J].教育研究.2017(09):134-141.

② Newman,J. H. The idea of a university defined and illustrated[M]. London:Routledge/Thoemmes Press.1994:122.

③ Newman,J. H. The idea of a university defined and illustrated[M]. London:Routledge/Thoemmes Press.1994:108.

④ 黄福涛.美国大学的自由教育和通识教育是如何产生和变化的[J].清华大学教育研究.2018,39(6):1-9.

期已经来临。

2）现代化时期的专业教育与自由教育的嬗变

大学的职业教育或专业教育并不是新的现象，中世纪大学的重要功能就是培养社会所需要的牧师、律师、医师和教师等。但中世纪大学与现代大学专业教育有着巨大的差别。现代大学专业教育的根基是分科化的学术学科，以分科化的学术研究为基础。

学术学科是对知识的分门别类，发展动力主要是学术研究的细化和专门化。直到19世纪，大多数学院或大学都只是知识储存和传播的基地，核心职能是培养人才。研究只是教师个人的兴趣爱好，并且崇尚百科全书式的人物和渊博的学者。创建于德国的柏林大学之所以被称为世界上第一所现代大学就是因为洪堡等人提出了革命性的大学发展理念—教学自由、学习自由、教学与研究相统一等，确立了讲座制度为核心的教授资格制度。从此，从事科学研究和探索创造新知识成为大学的核心职能，并且作为研究和教学载体的讲座制或系科日益制度化。正如华勒斯坦所言，"19世纪思想史的首要标志就是知识的学科化和专业化，即创立了以生产新知识、培养知识创造者为宗旨的永久性的制度化机构"。[①]

整个19世纪直到20世纪初期，越来越专门化和革命性的学术研究催生了大量的新型学科，传统学科也发生了根本性的变革。人文社会学科类的历史学、语言学、社会学、政治学、经济学等纷纷成为独立专门化的学科。自然科学如物理学、化学、生命科学等实现了从传统科学到现代科学的彻底转变。工程科学细化和专业化为机械工程、电气工程与化学工程等。这些新型的学科也逐渐制度化为大学的系科。当所有的新型学科组织化和制度化为大学的学系、学院或研究生院，就彻底改变了大学的组织机构和运行逻辑。以学科为基础的学系成为大学最基本的研究和教学单位。

这一时期社会的生产方式和生活方式也发生了根本的改变，前两次工业革命分别使工厂和企业成为社会生产的主要组织单位，生产方式逐渐呈现出机械化与电气化、规模化和集中化等特征，社会的分工和专业化程度加深。以标准化的流水线生产为标志的福特主义在发达国家开始盛行。与此同时，现代教育也向着标准化和制度化方向发展，包括大学在内的教育机构的根本目的变成了为社会培养雇员或者专业人员。广义的职业教育或专业教育获得合法性，迎来了大发展。

从19世纪到20世纪中叶，世界主要发达国家的职业教育或专业教育都处

---

① 华勒斯坦.开放社会科学[M].北京：生活·读书·新知三联书店，1997：9.

在大发展时期,自由教育逐渐失去了其合法性,被迫转化为通识教育(以美国高校为代表)。传统的自由教育的对象是少数人,注重对普遍知识的掌握和心智的培养,教育的精英属性很强。而改造后的通识教育面对的是大多数学生,在全人教育理念的指导下培养的是有责任感的公民,侧重于基础学科知识的掌握、交流表达能力、思考能力与批判能力、不同道德与价值观判断能力等。① 通识教育已经成为对基础知识、基本技能和基本能力的培养,其作为人才培养方式的独立性和完整性大大降低。通识教育成为广义职业教育和专业教育的基础预备部分,服务于专业教育。自由教育也只能作为一种教育的理念和精神被反复倡导,但从根本上已经失去了作为人才培养方式的独立价值和意义。

20世纪六七十年代以后,包括美国在内的西方发达国家先后进入高等教育的大众化发展阶段,文凭和学历在逐渐贬值的同时社会也变得越来越文凭化和学历化。高校学生就学的主要目的就是为了将来的就业,职业教育或专业教育取得绝对的统治地位。甚至通识教育本身也是为了提高学生的就业竞争力,如通识教育注重培养的语言交际与表达能力、计算机能力、国际与跨文化能力、问题分析与知识应用能力等。

3) 现代化后期以来创业教育的兴起和深化发展

从20世纪70年代以来,世界主要发达国家逐渐迈入知识经济发展时代,并且随着计算机和互联网在生产生活领域的深入应用,人类世界进入信息化社会。与此同时,在信息技术革命的助力下发生的经济全球化加速了资本、技术、产品、劳动力等在全球的快速流动。世界经济一体化和区域化也成为经济发展的主要趋势,北美自由贸易协定、欧盟等区域经济体相继出现。新的科学技术发展以及经济的全球化和区域化彻底改变了世界的经济格局和社会结构。一批社会学家用"后现代""晚期现代""流动的现代性"等描述新时期的社会发展特征,如商品的快速更迭、职业的快速变更、个体化社会等,不确定性和持续变革成为现代化后期社会的常态。

进入21世纪,尤其是2010年以来,以数字化制造、机器人、人工智能、生物技术、新能源技术等技术群爆发为标志的新一轮科技革命正在发生,将深刻改变世界的经济结构和国家竞争力格局,企业的组织形态逐步由大公司转向平台化、分散化和普惠化。② 人类将面临大面积失业、贫富差距和收入不平等持续拉大、

---

① 黄福涛.美国大学的自由教育和通识教育是如何产生和变化的[J].清华大学教育研究.2018,39(6):1-9.
② 杨长湧.新一轮科技革命发展趋势及其对世界经济格局的影响[J].全球化.2018(8):25-38.

伦理道德风险与意义丧失、技术失控等问题。以就业为例,从 2009 年开始,全世界青年人(15—24 岁)的失业率一直居高不下,平均达到 13%,失业人数每年高达 7 000 万,OECD 成员青年人的失业率更是超过 18%;超过 20% 的青年人处于没有工作,也没有接受教育或培训的状态之中。① 并且,随着人工智能和机器人等自动化技术的普及和应用,预计到 2030 年,全球至少有 15% 的工作可能会被自动化技术所取代。美国、德国、中国、印度分别至少有 23%、24%、16% 和 9% 的工作会被自动化技术取代;同时有超过 7 500 万到 3.75 亿(3%—14%)的就业者因自动化技术必须要重新择业。② 面对居高不下的失业率和大量工作被替代的风险,接受教育和就业之间的直接对应关系将逐渐失效,培养人的可迁移技能、再就业能力和创新创业能力成为所有教育机构和其他相关社会机构的职责。

从 20 世纪 70 年代以来,信息化、数字化、智能化、自动化等多种新技术的深入普及和应用深刻改变着人类的生产方式和生活方式,经济结构、社会运行、教育方式等也面临深刻的变革。传统以培养专业能力和就业能力为核心的专业教育在新的时代背景下也将失去合法性,面临巨大挑战。创业教育就是为了面对当今一系列新技术给经济社会发展带来的挑战而产生并深化发展的。新一轮科技革命要求所有学习者和劳动者不断适应危机和高度不确定的情境,能够终生学习并快速变革,学会从问题和困境中发现机会,过一种创新创业式的生活。因此,创新创业素养成为包括高校在内所有教育机构的核心培养目标之一。

以美国为例,美国是创业教育发展最早,也最为成熟的国家;创业教育与专业教育整合的程度也最深最广。美国高校创业教育经历了三个主要的发展阶段。

20 世纪 40 年代末至 60 年代,美国高校创业教育表现为商学院或管理学院的边缘课程,小企业管理课程和创业课程之间的界限并不十分清晰。20 世纪 70 年代末,美国高校创业教育进入学科化发展阶段,创业教育和研究的边界逐渐确立。到 21 世纪初期,创业学本科学位和 MBA 学位已经普及,创业学博士学位项目超过 30 个。除了学科化专业的创业教育,到 2004 年,有超过 1 600 所美国高校面向全校学生提供一门或几门创业课程,创业教育的普及化程度大大提高。

21 世纪以来,尤其是第二个十年,美国高校的创业教育进入第三个发展阶段,即创业教育与专业教育大规模整合阶段。美国高校创业教育与专业教育整合具有以下几个突出的特征:一是涉及所有学科,不仅包括工程与技术类学科,

①　International Labour Office. Global employment trends for youth 2017[R]. Geneva. ILO. 2017: 15.
②　McKinsey Global Institute. Jobs lost, jobs gained: workforce transitions in a time of automation[R]. MGI. 2017: 1 - 9.

还包括历史、艺术、文化等人文学科，政治、社会、法律、教育等社会学科；二是面向全校所有学生，通过松散联合的创新创业辅修或证书、专业课程中渗透创新创业内容、创业与专业交叉整合、多学科或跨学科整合课程等课程整合方式，以及大量的创新创业实践项目整合方式，充分实现创业教育与专业教育的整合；三是创业教育与专业教育的整合发生在所有高校，不同高校依据各自的优势和特色选择适合自身的整合模式，有中心扩散型模式、平台协调型模式和中心统筹型模式等。美国高校在推动创业教育与专业教育整合过程中外部得到了政府、基金会、校友、企业等组织与人员提供的强有力支持；内部得到了领导与管理层的大力支持，各学院和创新创业相关各部门机构等紧密协作，全校各学科教师和实践类教师积极主动实施。

此外，中国和欧盟等国家高校的创业教育也在政府的大力支持和指导下经历了创业教育的孤立发展阶段到创业教育与专业教育的整合发展阶段。

因此，世界各国高校创业教育绝对不是单纯解决就业的权宜之计，而是面对当今新一轮科技革命所引发的经济发展方式、社会运行方式、工作方式等一系列深刻变革，所必然产生和发展的。创业教育已经从大学教育的边缘走向中心。虽然以学科为基础的专业教育在相当长时间内依然会是大学教育主流，但是专业教育必将发生根本性的变革。专业教育的重要变革方向就是与创业教育相整合。专业素养和创新创业素养的融合性养成为所有学习者的必经之路。创业教育成为一种合法的教育范式，在教育目的、教育内容、教育方法、教育过程、师资等各个层面与专业教育展开深度整合。

6.2.2　实践启示

我国高校创业教育起步于 20 世纪末期，以 1997 年清华大学面向 MBA 学生开设的创新创业课程为标志。进入 21 世纪，我国高校的创业教育先后走过了高校主动试验阶段（1997—2002 年）、教育部指导下的试点高校阶段（2002—2010 年）、教育部指导下的综合推动阶段［以 2010 年《关于大力推进高等学校创新创业教育和大学生自由创业工作的意见》和 2012 年《普通本科学校创业教育教学基本要求（试行）》两份官方文件为标志］、国家全局高度的深化改革阶段（以 2015 年国务院《关于深化高等学校创新创业教育改革的实施意见》发布为标志）。[1]

---

① 王占仁.中国创业教育的演进历程与发展趋势研究[J].华东师范大学学报（教育科学版）.2016,34
（2）：30 - 38.

因为起步晚,我国高校的创业教育在组织管理方式、课程与教学体系、师资、资金保障、创新创业生态系统建构等运行机制方面还存在一些不足。表现在以下方面。① 我国高校创业教育的组织管理模式可以分为独立的创业学院模式、依托特定学院或平台模式、多部门协作模式,存在组织功能定位模糊、组织运行机制不畅和开放合作程度低等缺陷。① 现存组织模式存在最大的不足是内部没有充分调动各学院参与创业教育的积极主动性,外部与企业和各类社会组织机构的合作也不够,无法形成合力。② 在课程体系方面,一方面国内高校还没有开发和设计出学科化和专业化的创业课程体系,创业学本科专业和研究生学位体系尚未建立,另一方面依据特定学科专业开发的跨学科创业课程也较少,创业实践活动也缺乏与学科专业、社会与市场问题的深度结合。创业教学大多倾向于知识灌输,教学方式多采用讲授法和案例教学方法,新型的教学方法极少采用。③ 相关师资匮乏。由于缺乏创业学学位体系,专业的创业教学师资无从培养。各学科专业教师参与创业教育的程度较低,多表现为少数人的个人兴趣或者是受制于行政命令被动参与。创业者、企业家和投资人等实践型教师参与创业教育的积极性和主动性不高,还没有建立起制度化和常态化的参与机制。④ 在资金保障方面过度依赖政府部门和学校的投入,资金来源单一,从校友、企业和社会组织机构等渠道获得的资金较少。

另外,在创新创业生态系统建设方面,我国高校内部还未充分激发全校师生和各个组织部门的创新创业活力,外部与区域内相关政府部门、企业、投资机构、社会组织等机构的合作还不够顺畅。由此造成我国高校创业教育与专业教育的整合还有待进一步深化。具体来说,可从以下几方面入手。

(1) 理清教育管理部门、企业与社会组织、高校等不同主体在推动创业教育深化发展过程中的功能定位与作用。

针对教育管理部门的功能与定位建议如下。首先,我国教育管理部门要从高校创业教育的直接干预者转换为宏观指导者和标准制定者。这就要求各级教育管理部门真正尊重和继续扩大高校的办学自主权,在战略层次、创新创业基础设施完善、创业环境优化、创业融资项目与政策、创新创业文化塑造、创新与技术转移政策等领域发挥基础和宏观指导的作用。具体来说,科学制定政府部门、高校、企业与社会组织紧密协作的国家层面和区域层面的创新创业发展战略。通

---

① 成希·张放平.高校创新创业教育组织模式的现状分析与发展策略:基于 40 所高校创新创业教育组织模式的调研[J].中国高校科技,2017(9):80-83.

过进一步降低税费、简政放权等措施优化创业环境,升级优化支持创新创业的硬件基础设施和法律、商业、知识产权等软性基础设施。设置更加有针对性的创业基金支持项目,支持培育各类创投机构发展壮大,为包括大学生创业者在内的各类创业者提供更好的融资支撑,尤其是种子阶段的资金支持。通过媒体宣传、典型榜样树立、设置多种多样的创新创业节日、创新创业教育普及等进一步营造创新创业文化和氛围。在创新和技术转移政策等领域,进一步破除存在的体制机制障碍,完善细化相关的政策法规,降低大学教师和科研人员参与技术转移和创业的风险。此外,我国政府各部门如教育部、科技部、财政部、人力资源和社会保障部、财政部、发改委和共青团等要在出台先关创新创业政策时进一步加强协同和沟通,必要时可以考虑成立横跨各部门的创新创业委员会,进行宏观协调和管理。

其次,教育管理部门要出台更加有针对性创业教育与专业教育整合的政策和标准。例如,教育部可以选择商学、管理学和经济学等基础比较好的高校进行从本科到博士层次的创业学学科建设,同时鼓励工程、艺术、法学、社会学等各学科增设创新创业交叉学科方向。又如,分类制定贯穿幼儿园到高中,大学到研究生阶段的创业教育标准,把创业教育与现阶段的分科教育和专业教育高度整合,以终身教育、全纳教育、跨学科教育等理念引领创业教育的深入发展。再如,制定科学合理的创业教育评价标准,加大高校与企业和社会各组织机构的合作程度、创业教育与各学科专业整合程度(以高质量的课程和项目为标准)、各学科专业教师的参与度、各专业学生满意度等指标维度的权重。鼓励多种多样的评价方式如综合型评价和专项评价,高校自我评估和专业机构评估等,并明确评估的目的是为了进一步的改进和提高质量。此外,教育主管部门还要积极引导不同学科专业的研究会、学会和协会等专业组织开展创新创业研究活动、课程开发、师资培训等活动,大力引导学校之间、校企之间、学校和公益组织之间的创新创业教育项目和活动。

针对企业与社会组织功能与定位的建议如下。在我国高校创业教育的深化发展过程中,企业和各类社会组织要从弱参与升级为强参与。

针对企业的建议。由于新科技革命的来临,企业的组织形态和运行逻辑将发生深刻的变革。其中一个发展趋势就是企业将不断面临转型,对企业的创新能力要求越来越高。因此,我国企业要改变过去被动接受大学培养人才和校企合作不深的局面,要在创新创业人才培养、合作研究、成果转化、产品开发等各领域与高校形成紧密的战略联盟,共同迎接新科技革命的挑战。

从我国高校创业教育与专业教育整合发展方面来讲,各类企业(包括大企业、新创企业、中小型企业、风投机构与孵化器公司等)是资金、专业人员、场地、项目等各类资源的重要提供者。因此,我国高校要在组织管理(比如企业人员作为咨询委员会加入创业教育治理)、课程开发与教学、创业师资、创业基地建设、创业项目实施、企业孵化与运营等各个方面加大与各类企业的合作力度。

创新创业的实践性和市场导向性特征决定了企业深度参与创业教育以及创业教育与专业教育整合全过程的必要性。在前期的创业意识培养和创业精神培育阶段,创业者、企业家、企业管理层人员、投资人等可以成为各种创业讲座、创业论坛、创业俱乐部和创业基础课程的嘉宾和重要参与者,依据不同的行业领域和未来技术发展趋势合理安排,给各学科专业学生提供与不同行业类别的创业者和企业人员直接接触和面对面交流的机会。在创意创新创造创业能力培养阶段,企业(尤其是不同行业领域的高技术企业和新创企业)可以与高校紧密协作,共同开发和设计融入创新创业能力培养的基础课程和专业课程,并以创新创业项目为载体,让学生介入企业的研发、产品开发、商业计划与营销等各环节,同时为大学生提供创业实习机会。在自主创业阶段,不同类别的创业者和企业家等是创业竞赛的评委,是各类学生创业训练营、创业加速器项目、后期的创业孵化的创业导师和重要投资人,可以为大学生创业者提供专业的咨询服务、宝贵的创业指导、融资和人脉网络支持等。

值得注意的是,高校一要充分发挥校友与高校的纽带作用,进一步发挥校友在资金、项目支持、人员支撑等方面的核心作用。二要充分与企业合作,共同促进创业教育的深入发展。如通过校友会、校企合作办公室、技术转移部门、校企联合研发实验室、大学科技园等校企合作组织,促进创业教育与专业教育的深度整合。三要深刻认识到高校师生也是企业,尤其是新创企业的重要服务者,而不只是索取者,以促进创新创业教育领域校企合作的可持续发展。比如,高校可以为这些企业提供专业的商业计划咨询、法律咨询等服务,通过技术转移和联合研发等帮助企业开发新的产品和技术。

针对社会组织的建议。目前我国基金会、公益组织、协会类行业类社会组织在高校创业教育深化发展过程中处于缺位的状态。我国各级政府部门要通过立法、税收政策、舆论宣传等方式大力引导这些社会组织参与高校的各类创业教育以及其他创新创业活动,尤其是社会创业教育与实践活动。我国基金会、公益组织、协会类行业类社会组织也要逐渐把支持高校创新创业活动,支持高校创业教育与专业教育的整合作为一项重要活动,组织内部也可以成立专门支持创新创业教育的分支机构。退休官员、企业家、行业精英与社会活动家等社会人士也可以成立专门支持创新创业教育和创新创业实践活动的各类社会组织。

针对高校功能与定位的建议如下。面对新科技革命的到来,我国每一所高校都必须重新思考自身的运行与发展逻辑,激发全校师生、管理人员和服务人员的创新创业活力,主动变革,以适应和引领社会发展。我国高校要从创业教育的被动执行者转变为积极主动的规划者和实施者,承担起促进创业教育深化发展的主体责任,真正把面向全体学生的创业教育与专业教育整合纳入学校的发展战略、文化建设、人才培养体系、研究和成果转化、师资建设、社会服务与区域协同发展等各个方面。

实际上,政府、高校、企业和社会组织等各主体间构成了促进创新创业活动、创业教育与专业教育整合的生态系统。各主体之间还要通过多方参与的各种委员会、定期的研讨会、人员互换与交流、科学的评价、共同参与的合作项目、战略联盟等多种方式持续完善整个创新创业生态系统。

（2）破除功利单一的理念与目标,构建包容多元的理念与目标。

我国教育管理部门、高校、企业和社会组织等所有参与创业教育的机构都要深刻认识到创业教育的深化发展要求包容多元的创业理念和目标,克服狭隘单一的功利性目标。这是创业教育与专业教育整合的基础和前提。

首先,要深刻认识到创业类型、创业教育目标、创业教育与专业教育整合目标的多样性。创业不仅包括自主创办企业,还包括企业内创业（即国内某些学者提倡的岗位创业）、社会创业、文化创业、政治创业与绿色创业等,要认可和提倡创业所产生的经济价值、社会价值、文化价值与生态价值等。因此,创业教育的目标、创业教育与专业教育整合的目标包括培养具有创新创业素养的从业者、知识创业者、社会创业者、技术革新和发明者、自我雇佣者、投资人、家族企业继承者等。我们应该大力提倡社会创业、绿色创业等多种创业形式,把创新创业作为一种人生哲学,贯穿所有人的一生。

其次,要深刻认识创业教育的本质和核心。从创业的角度来看,创业本质是一个发现问题、识别和创造机会,整合资源,付诸行动并创造价值的过程。因此,创业教育的本质是对创业型思维和创业型能力的培养,以培养学习者发现问题和解决问题的能力为基础,以提高学习者的创意、创新、创造、创业能力为核心,以多样化和结合各学科专业的跨学科创新创业课程、创新创业实践项目为实施载体。只有突出创业教育对问题解决能力和创新能力的培养,才可能找到更多与专业教育相整合的方式和路径。

再次，各高校要紧密结合各自的区域特色、办学优势特色与学科特色等促进创业教育的个性化发展。每一个学科都可以找到自身与创新创业教育的结合点，比如工程类学科的技术开发和创新转化，艺术类专业的创意产业和自我雇佣型就业，社会科学类的社会创新与创业等。

最后，要深刻认识到创业教育与专业教育的整合是有机联系，而不是机械相加的关系，是对专业教育的变革和升级。整合的维度包括课程学习、课外实践学习和创业实践，这三者本身构成一个育人的有机整体。整合的方式是多种多样的，有松散联合、渗透嵌入、交叉整合、跨学科整合等。整合的跨度上可以承接基础教育和高中教育，下可以延伸到研究生教育，通过多种方式贯穿学习者的整个学习生涯。整合的空间包括传统的教室、实验室，更包括新型的创客空间、众创空间、孵化器和初创企业等。

（3）多维度构建完善高效的运行体系。

我国高校创业教育与专业教育的深度整合需要在领导支持、组织机构与治理方式、学科建设与课程体系建构、教学方式、师资体系建设、资金来源、生态系统建设等多面给予重构和改革。

在领导支持方面。目前我国各高校大多已经成立了由校领导（校长或副校长等）负责，各职能部门、学院院长参与的创新创业教育领导小组。这体现了我国高校已经高度认识到创新创业教育的重要性，但也反映出我国高校在推动创业教育发展过程中还是偏于校内的封闭性做法。由于创业教育的开放性和实践性等特征，创新创业教育领导小组应该广泛吸引政府相关人员、企业家校友、行业企业、创投机构和孵化器机构负责人等社会人士的深度参与，成立由这些社会人士组成的咨询委员会，为促进高校创新创业教育的深入发展提供资源支持、咨询建议、智力支持等。除此之外，我国高校要在全校层面真正把创新创业的理念整合渗透进人才培养体系、科学研究、师资体系建设和社会服务等各个方面。对于创业教育与专业教育的整合，一方面要推动各学院基于各学科专业整合渗透创新创业内容，另一方面在全校层面鼓励和支持各学院围绕创新创业教育和创新创业项目进行跨学科和跨学院的合作，改变过于偏重分学院式考核评估的弊端。

在组织结构与治理方式方面。目前虽然我国高校创业教育的组织名称和类型呈现出复杂多样的局面，但笔者认为目前高校创业教育的组织形式可分为两大类：一类是实体型机构，如创业学院或创业教育学院；一类是非实体机构，又分为挂靠商学院或工程学院等其他二级学院的半实体机构和纯虚体机构。首先,必须明确的是,创业教育的组织机构从本质上是平台型组织,内部要统筹和协调各学院、各职能部门以及其他所有与创新创业教育相关的机构,外部需要与政府部门、企业以及各类组织紧密合作,获取政策、资金、人力、场地等各种资源支持。其次,创业教育的组织机构要深化发展。实体化的创业学院要明确自身的定位,一方面走学科化和制度化的发展道路,进行创业学学科建设和专业建设,聘任和培养创业学方向的教师(初期可以选择与商学院或管理学院紧密协作);另一方面,成为推动创业教育与专业教育整合的重要力量,成为培训全校各专业教师进行创新创业课程开发、创新创业教学方式变革,指导全校师生创新创业的基地和中心。同样,依托二级学院或其他平台的组织机构,在深入促进挂靠学院各学科专业与创新创业教育紧密整合的同时,承担起指导和支持其他学院深入实施和开展创业教育的责任,必要的时候可以在其他学院也成立相应的创业教育中心,最终形成每个中心都向全校开放、多个中心相互协作的组织运营模式。

在学科建设与课程体系建构方面。在学科建设方面,我国高校一方面需要把创业学作为独立的学科进行建设,促进创业研究和教学沿着学科化、专业化的路径发展,另一方面需要支持和鼓励其他学科专业教师进行与创新创业相关的研究和教学,促进创业研究与教育的跨学科发展。在课程体系建设方面,一是依托创业学学科建设,设置专业化的、从本科到博士的创业课程体系,这既是培养创业学学者的基础,也是创业教育与其他学科专业教育整合的基础。二是开发设计紧密结合各学科专业的、从本科到博士层次的创新创业课程体系,可以分为松散联合式、渗透嵌入式、交叉整合式和跨学科整合式等不同类型。不但要促进每个学科专业与创新创业的整合,而且要促进多学科专业围绕创新创业进行跨学科整合。三是要按照创意、创新、创造、创业能力体系构建相应的实践活动。四是注重创新创业课程体系、专业课程体系、实践课程体系三者之间内在整合和相互渗透。

在教学方式方面。在教学目标上同时注重培养学生的专业能力和创新创业能力,以专业素养作为创新创业的基础,以创新创业实践深化专业所学。在教学方法上,彻底变革以教师为中心的理论知识传授为主的讲授法,采用互动式教学方法、游戏教学法,以精益创业、设计思维和创业思维为基础的项目教学方法,注重以不同类型的创新创业项目作为教学的载体,通过体验、互动、参与式的教学提高学习者的创新创业思维和能力。相应的,师资不仅包括大学内的教师,还包括创业者、企业家、产品开发者、技术专家、投资人等创新创业实践者。

在师资体系建设方面。第一,按照学科建设的路径,大力引进和培养专职的创业学学科教师,具体做法包括:① 从国外高校引进创业学教授和创业学博士毕业生;② 专门设置独立的创业学博士点,或在经济学、管理学等学科博士点增设创业学研究方向;③ 鼓励和支持商学、管理学、经济学等临近学科的教师专门从事创业学的研究和教学。第二,通过设置创业师资发展项目、创业教席等多种方式大力支持不同学科专业教师积极探索各自学科专业与创新创业教育或研究的结合点,通过研究、课程设计与开发、教学、指导学生创业等方式参与创新创业活动,持续促进创业教育与各学科专业教育的深度整合。此外,要鼓励和支持各学科专业教师进行包括自主创业、技术转移、企业咨询等多种形式的学术创业活动,支持各学科专业教师与不同类型的企业合作进行联合研究、共同开发、共同创业等深度合作活动,从而为创业教育与专业教育的整合积累实践经验。第三,引进企业家、创业者、投资人、技术专家、律师、社会创业者等作为创业实践型教师,大胆进行制度创新,为具有丰富创新创业经验和同时具有一定学术背景的实践者增设讲师、副教授、教授级别的实践性师资序列。同时,加大对兼职型创业导师的培训和激励,一方面对兼职型创业导师进行有关学校文化、教育教学等基本的培训和指导,另一方面给予兼职创业导师感情、精神、荣誉和物质等多方面的激励。

在资金来源方面。改变过度依赖政府资金投入的弊端,争取从校友、行业企业、基金会、创投机构等多渠道筹集资金,这有利于保障资金的可持续性和利用效率。这主要是由创业教育的开放性和实践性特征决定的。依据资源依赖理论,多渠道筹集资金有助于提高我国高校创业教育发展的自主性和创业教育与专业教育的内在整合,也有助于与校外的企业和社会组织等形成紧密联系的创新创业生态系统。同时,我国高校的创业教育和培训项目也可以向外界开放,针对创业者、新创企业管理者等设置营利性的培训项目,获取相应的收入。

在生态系统建设方面。创业教育与专业教育的有效整合需要在包括大学在内的创新创业生态系统中实现。对于高校来说,首先要构建好高校内部的创新创业生态系统,按照知识生产、知识商业化、创业孵化等过程,把研究部门、校企联合研发机构、技术转移部门、众创空间、孵化器、科技园等创新创业组织机构紧密联合起来,打造创新创业大平台,激发全校各学科专业师生的创新创业活力。其次,要与外部的政府部门、产业界、投资机构、金融部门、社会机构、中小学校等各类组织围绕创新创业活动、创业教育与专业教育整合形成紧密的合作联盟,激发全社会的创新创业活力。

参考文献

中文文献

［1］ 阿尔特巴赫,等.21 世纪的美国高等教育：社会、政治、经济的挑战［M］.施晓光,蒋凯,译.青岛：中国海洋大学出版社,2007.

［2］ 安德鲁·阿伯特.职业系统：论专业技能的劳动分工［M］.李荣山,译.北京：商务印书馆,2016.

［3］ 白逸仙.创业教育与专业教育融合研究：创业型工程人才培养模式的建构［M］.北京：社会科学文献出版社,2015.

［4］ 丹尼尔·贝尔.后工业社会的来临：对社会预测的一项探索［M］.高铦,王宏周,魏章玲,译.北京：商务印书馆,1984.

［5］ 顾明远.教育大辞典：第 3 卷［M］.上海：上海教育出版社,1991.

［6］ 内克,格林,布拉什.如何教创业：基于实践的百森教学法［M］.薛红志,李华晶,张慧玉,等译.北京：机械工业出版社,2015.

［7］ 华勒斯坦,儒玛,凯勒,等.开放社会科学［M］.刘锋,译.北京：生活·读书·新知三联书店,1997.

［8］ 劳伦斯·维赛.美国现代大学的崛起［M］.栾鸾,译.北京：北京大学出版社.2011.

［9］ 拉夫·科斯特.快乐之道：游戏设计的黄金法则［M］.姜文斌,等译.上海：百家出版社,2005.

［10］ 王承绪.比较教育学史［M］.北京：人民教育出版社,1999.

［11］ 皮埃尔·布迪厄,华康德.实践与反思：反思社会学导引［M］.李猛,李康,译.北京：中央编译出版社,1998.

［12］ 布迪厄,帕斯隆.再生产：一种教育系统理论的要点［M］.邢克超,译.北京：商务印书馆,2002.

[13] 布迪厄.国家精英：名牌大学与群体精神[M].杨亚平,译.北京：商务印书馆,2004.

[14] 希拉·斯劳特,拉里·莱斯利.学术资本主义[M].染骁,黎丽,译.北京：北京大学出版社,2014.

[15] 夏征农,陈至立.辞海[M].6版.上海：上海辞书出版社,2010.

[16] 朱国华.权力的文化逻辑：布迪厄的社会学诗学[M].上海：上海人民出版社,2016.

[17] 约翰·范德格拉夫,等.学术权力：七国高等教育管理体制比较[M].王承绪,张维平,徐辉,等译.杭州：浙江教育出版社,2001.

[18] 包水梅,杨冬,魏海瑞,等.我国高校创新创业教育与专业教育融合的障碍分析[J].教育与考试,2016(1)：74-78.

[19] 陈向明.从北大元培计划看通识教育与专业教育的关系[J].北京大学教育评论,2006,4(3)：71-85.

[20] 陈晶晶,何云峰.创业教育如何与专业教育深度融合[J].中国高等教育,2015(8)：51-53.

[21] 成希,张放平.高校创新创业教育组织模式的现状分析与发展策略：基于40所高校创新创业教育组织模式的调研[J].中国高校科技,2017(9)：80-83.

[22] 戴栗军,颜建勇,洪晓畅.知识生产视阈下高校专业教育与创业教育融合路径研究[J].高等工程教育研究,2018(3)：147-152.

[23] 杜辉,朱晓妹.创新创业教育与专业教育的深度融合：基于北京地区高校的数据分析[J].中国高校科技,2017(5)：91-94.

[24] 宫福清,郭超华,闫守轩.中国创业教育研究的热点领域与主题演进[J].高教发展与评估,2016,32(4)：14-25.

[25] 巩丽霞.应用型高校本科教育改革的思考：基于创新创业教育与专业教育相结合的探讨[J].国家教育行政学院学报,2011(9)：43-46.

[26] 侯永雄,林闻凯.创业教育与地方本科院校转型的内在耦合性及实现路径[J].高教探索,2015(2)：40-44.

[27] 胡超,苌庆辉.高校创业教育组织新模式的构建设想：基于中美高校创业教育组织的比较[J].高校教育管理,2016,10(1)：80-85.

[28] 黄福涛.高等学校专业教育：历史与比较的视角[J].清华大学教育研究,2016,37(2)：6-14.

[29] 黄福涛.美国大学的自由教育和通识教育是如何产生和变化的[J].清华大学教育研究,2018,39(6):1-9.

[30] 黄林楠,韩增芳.对创新创业教育嵌入专业教育的思考[J].教育与职业,2012(14):87-88.

[31] 黄兆信,王志强.论高校创业教育与专业教育的融合[J].教育研究,2013(12):59-67.

[32] 李海萍,上官剑.自由教育、职业教育与通识教育:西方高等教育思潮谱系溯源[J].教育研究,2017(9):134-141.

[33] 李红,高亮亮,纪德鹏.基于系统耦合理论的创业教育与专业教育协调发展研究[J].现代教育科学,2017(6):5-9.

[34] 李全生.布迪厄场域理论简析[J].烟台大学学报(哲学社会科学版),2002,15(2):146-150.

[35] 李婷婷.普通高校人文社科类专业学生创业教育研究[D].太原:山西大学,2014.

[36] 刘艳,闫国栋,孟威,等.创新创业教育与专业教育的深度融合[J].中国大学教学,2014(11):35-37.

[37] 卢淑静.创新创业教育嵌入专业教育的原则与机制[J].求索,2015(2):184-187.

[38] 梅伟惠.我国高校创业教育组织模式:趋同成因与现实消解[J].教育发展研究,2016(13):29-34.

[39] 梅伟惠.构建自适应知识企业:"新美国大学"理念及其运作[J].高等教育研究,2017(12):108-113.

[40] 倪好.美国高校社会创业教育:基于创业教育三分法的视角[D].杭州:浙江大学,2018.

[41] 孙秀丽.试论创业教育与专业教育的有效衔接[J].教育发展研究,2012(7):58-62.

[42] 施永川,黄兆信,李远熙.大学生创业教育面临的困境与对策[J].教育发展研究,2010(21):71-75.

[43] 宋丽娜.基于博弈论的创业教育与专业教育融合困境及对策[J].教育评论,2017(10):79-83.

[44] 王占仁.中国创业教育的演进历程与发展趋势研究[J].华东师范大学学报(教育科学版),2016,34(2):30-38.

［45］ 王志强，杨庆梅.我国创业教育研究的知识图谱：2000—2016 年教育学 CSSCI 期刊的文献计量学分析［J］.教育研究，2017(6)：58 - 64.

［46］ 杨长湧.新一轮科技革命发展趋势及其对世界经济格局的影响［J］.全球化，2018(8)：25 - 38.

［47］ 张宝生，张思明.高校创业教育与专业教育的融合路径研究［J］.黑龙江高教研究，2016(5)：114 - 117

［48］ 张项民.论创业教育的耦合性与兼容性［J］.中州学刊，2008(4)：127 - 129.

［49］ 张瑶祥，蒋丽君.高职创业教育与专业教育融合的路径选择［J］.中国高等教育，2011(20)：46 - 47.

［50］ 周绪红.中国工程教育人才培养模式改革创新的现状与展望：在 2015 国际工程教育论坛上的专题报告［J］.高等工程教育研究，2016(1)：1 - 4.

［51］ 曾尔雷，黄新敏.创业教育融入专业教育的发展模式及其策略研究［J］.中国高教研究，2010(12)：70 - 72.

［52］ 朱晓东，顾榕蓉，吴立保.基于 CDIO 理念的创新创业教育与专业教育融合发展研究［J］.江苏高教，2018(2)：77 - 80.

［53］ 朱晓芸，梅伟惠，杨潮.高校创业教育师资队伍建设的困境与策略［J］.中国高教研究，2012(9)：82 - 85.

［54］ 教育部高等教育司.推进高等学校创新创业教育有关情况［EB/OL］.(2010 - 04 - 22)［2017 - 09 - 30］.http://old.moe.gov.cn//publicfiles/business/htmlfiles/moe/s3916/201007/91535.html.

［55］ 国务院办公厅.国务院办公厅关于深化高等学校创新创业教育改革的实施意见［EB/OL］.(2015 - 05 - 13)［2017 - 09 - 30］.http://old.moe.gov.cn//publicfiles/business/htmlfiles/moe/moe_1778/201505/187212.html.

外文文献

［1］ Alexander，O. & Pigneur Y. Business model generation［M］. Hoboken，New Jersey：John Wiley & Sons，2010.

［2］ Bledstein，B. The culture of professionalism：the middle class and the development of higher education in America［M］. New York：W. W. Norton & Co Inc，1978.

［3］ Bourdieu，P. The forms of capital［M］//Richardson，J.，Handbook of theory and research for the sociology of education. Westport，CT：

Greenwood，1986.

[4] Bourdieu，P. The logic of practice[M]. California，Stanford：Stanford University Press.

[5] Brand，M.，Wakkee，I.，Veen，M. D. Teaching entrepreneurship to non-business students：insights from two dutch universities[A]//A. Fayolle（ed.）Handbook of research in entrepreneurship education，Volume 2，Contextual perspectives. Northampton：Edward Elgar，2007：52 – 83.

[6] Charles W. Wessner. Best practices in state and regional innovation initiatives：competing in the 21st century[M]. Washington，DC：National Academies Press，2013.

[7] Coyle，E. Engineering in context[M]. London：Academica Press，2009：122.

[8] Crow，M. M. & Dabars，W. B. Designing the New American University [M]. Baltimore：Johns Hopkins University Press，2015.

[9] Dweck，C. S. Mindset：the new psychology of success[M]. New York：Penguin Random House，2006.

[10] Erskine，J. A.，Leenders，M. R.，Mauffette-Leenders，L. A. Teaching with cases[M]. Waterloo，Canada：Davis and Henderson Ltd，2003.

[11] Hoskinson，S.，Kuratko，D. F. Innovative pathways for university entrepreneurship in the 21st century[M]. Emerald Group Publishing Limited，2014：231.

[12] Janssen，F.，et al. Interdisciplinarity in cross-campus entrepreneurship education[A]//G. Page West，et al（ed.）Handbook of university-wide entrepreneurship education. Northampton：Edward Elgar，2009.

[13] Kandel，I. L. The new era in education[M]. Boston：Houghton Mifflin，1955.

[14] Katz，J. A. Foreword：the third wave of entrepreneurship education and the importance of fun in learning[A]//A. Fayolle（ed.）Handbook of research in entrepreneurship education，Volume 1，A general perspective. Northampton：Edward Elgar，2007.

[15] Kuhlke，O.，Schramme，A.，Kooyman，R. Creating cultural capital：cultural entrepreneurship in theory，pedagogy and practice[M]. Netherlands：

Eburon Academic Publishers，2015．

[16]　Lundström，A. & Stevenson，L. Entrepreneurship policy：theory and practice[M]．New York：Springer．2005．

[17]　Manimala，M.，Thomas，P. Entrepreneurship education experiments with curriculum，pedagogy and target groups[M]．Singapore：Springer Nature Singapore Pte Ltd，2017．

[18]　McGrath，R. G. & MacMillan，I. The entrepreneurial mindset：strategies for continuously creating opportunity in an age of uncertainty[M]．Brighton，Massachusetts：Harvard Business School Press，2000．

[19]　Morris，M. Annals of entrepreneurship education and pedagogy 2014 [M]．Cheltenham：Edward Elgar Publishing Limited，2014．

[20]　Nambisan，S. Embacing entrepreneurship across disciplines[M]．Northampton，MA：Edward Elgar Pub，2015．

[21]　Newman，J. H. The idea of a university defined and illustrated[M]．London：Routledge/Thoemmes Press，1994．

[22]　Pinchot，G. Intrapreneuring：why you don't have to leave the corporation to become an entrepreneur[M]．New York：Harper and Row，1985．

[23]　Renz，D. O.，Herman，R. D. The Jossey — bass handbook of nonprofit leadership and management[M]．Hoboken，New Jersey：John Wiley & Sons，Inc.，2016．

[24]　Ries，Eric. The Lean startup：how today's entrepreneurs use continuous innovation to create radically successful businesses[M]．New York：Crown Publishing Group，2011．

[25]　Sá，M. C.，Kretz，J. A. The entrepreneurship movement and the university [M]．New York：Palgrave Macmillan US，2015．

[26]　Schumpeter，J. The theory of economic development：an inquiry into profits，capital，credit，interest，and the business cycle[M]．Cambridge：Harvard University Press，1961．

[27]　Thorp，H.，Buck，G. Engines of innovation：the entrepreneurial university in the twenty-first century[M]．Chapel Hill，North Carolina：University of North Carolina Press，2010．

[28]　Vesper，K. H. New venture strategies[M]．Englewood Cliffs，N. J. ：

Prentice Hall，1980.

[29] Abusaifan，S. Social entrepreneurship：definition and boundaries[J]. Technology Innovation Management Review，2012，42(3)：22 – 27.

[30] Acs，Z. J.，Phillips，R. J. Entrepreneurship and philanthropy in American capitalism[J]. Small Business Economic，2002，19(3)：189 – 204.

[31] Audretsch，D. B.，Thurik，R. A model of the entrepreneurial economy [J]. International Journal of Entrepreneurship Education 2004，2(2)：143 – 166.

[32] Autor，D. H.，Levy，F. & Murnane，R. J. The skill content of recent technological change：an empirical exploratio[J]. The Quarterly Journal of Economics，2003，118(4)：1279 – 1333.

[33] Bannigan，K. & Moores，A. A model of professional thinking：Integrating reflective practice and evidence based practice[J]. Canadian Journal of Occupational Therapy，2009，76(5)：342 – 350.

[34] Beckman G. D. "Adventuring" arts entrepreneurship curricula in higher education：an examination of present efforts，obstacles，and best practices[J]. Journal of Arts Management Law & Society，2007，37(2)：87 – 112.

[35] Bisoux T. Collaborative efforts[J]. BizEd，2012，2：18 – 25.

[36] Blank，Steve. Why the lean start-up changes everything[J]. Harvard Business Review，2013，5：64 – 73.

[37] Boocock，J. G.，Frank，R.，Warren，L. Technology-based entrepreneurship education-Meeting policy，educational and business objectives[J]International Journal of Entrepreneurship & Innovation，2009，10(1)：43 – 53.

[38] Brown，D. & Ferrill，M. J. The taxonomy of professionalism：reframing the academic pursuit of professional development[J]. American Journal of Pharmaceutical Education，2009，73(4)：68.

[39] Brown，T. Design thinking[J]. Harvard Business Review，2008，6：85 – 92.

[40] Bruyat，C.，& Julien，P. A. Defining the field of research in entrepreneurship [J]. Journal of Business Venturing，2001，16(2)：165 – 180.

[41] Capital，E. D.，et al. Intellectual transformation and budgetary savings through academic reorganization[J]. Change：the magazine of higher

learning, 2009, 41(4): 18 - 27

[42] Chang, W. J. & Wyszomirski, M. What is arts entrepreneurship? tracking the development of its definition in scholarly journals [J]. Artivate: A Journal in Entrepreneurship in the Arts, 2015, 4(2): 11 - 31.

[43] Davis, M. H., Hall, J. A. & Mayer, P. S. Developing a new measure of entrepreneurial mindset: reliability, validity, and implications for practitioners[J]. Consulting Psychology Journal Practice & Research, 2015, 68(1): 21 - 48.

[44] Dean, T. J., Mcmullen, J. S. Toward a theory of sustainable entrepreneurship: reducing environmental degradation through entrepreneurial action[J]. Journal of Business Venturing, 2007, 22(1): 50 - 76.

[45] Deist, F. & Winterton, J. What is competence? [J]. Human Resource Development International, 2005, 8(1): 27 - 46.

[46] Donaghy, M. E. & Morss, K. Guided reflection: a framework to facilitate and assess reflective practice within the discipline of physiotherapy[J]. Physiotherapy Practice, 2000, 16(1): 3 - 14.

[47] Drucker, P. F. Our entrepreneurial economy[J]. Harvard Business Review, 1984, 1: 59 - 64.

[48] Etzkowitz, H., Webster, A., Gebhardt, C., et al. The future of the university and the university of the future: evolution of ivory tower to entrepreneurial paradigm[J]. Research Policy, 2000, 29(2): 313 - 330.

[49] Fiet, J. O. The theoretical side of teaching entrepreneurship[J]. Journal of Business Venturing, 2004, 16(1): 1 - 24.

[50] Fink, L. D. The current status of faculty development internationally [J]. International Journal for the Scholarship of Teaching and Learning, 2013, 7(2): 1 - 9.

[51] Finkle, T. A. An examination of the job market for entrepreneurship faculty from 1989 to 2014[J]. Journal of Business and Entrepreneurship, 2015, 26(3): 55 - 78.

[52] Finkle, T. A., Deeds, D. Trends in the market for entrepreneurship faculty, 1989—1998[J]. Journal of Business Venturing, 2001, 16(6): 613 - 630.

[53] Finkle, T. A., Stetz, P. & Mallin, M. Perceptions of tenure requirements

and research records of entrepreneurship faculty earning tenure: 1964—2002[J]. Journal of Entrepreneurship Education, 2007, 10: 101 – 125.

[54] Frese, M. & Fay, D. Personal Initiative: an active performance concept for work in the 21st century[J]. Research in Organizational Behaviour, 2001, 23: 133 – 187.

[55] Frey, C. B. The future of employment: how susceptible are jobs to computerisation [J]. Technological Forecasting and Social Change, 2017, 114(C): 254 – 280.

[56] Gartner, W. B. What are we talking about when we talk about entrepreneurship? [J]. Journal of Business Venturing, 1990, 5(1): 15 – 28.

[57] Gartner, W. B., Davidsson, P., Zahra, S. A. Are you talking to me? the nature of community in entrepreneurship scholarship[J]. Entrepreneurship Theory & Practice, 2010, 30(3): 321 – 331.

[58] Gartner, W. B., Vesper, K. H. Experiments in entrepreneurship education: successes and failures[J]. Journal of Business Venturing, 1994, 9(3): 179 – 187.

[59] Gartner, W. B. A conceptual framework for describing the phenomenon of new venture creation[J]. Academy of Management Review, 1985, 10 (4): 696 – 706.

[60] Geiger, R. L., Creso, S. Á. Beyond technology transfer: US state policies to harness university research for economic development[J]. Minerva a Review of Science Learning & Policy, 2005, 43(1): 1 – 21.

[61] Gibb, A. Entrepreneurship and enterprise education in schools and colleges: insights from UK[J]. International Journal of Entrepreneurship Education. 2008: 101 – 144.

[62] Gilbert, B. A., Audretsch, D. B., Mcdougall, P. P. The emergence of entrepreneurship policy[J]. Small Business Economics, 2004, 22(3/4): 313 – 323.

[63] Goldstein, H. A. The 'entrepreneurial turn' and regional economic development mission of universities[J]. Annals of Regional Science, 2010, 44(1): 83.

[64] Gupta, A. K., & Govindarajan, V. Cultivating a global mindset[J].

Academy of Management Perspectives, 2002, 16(1): 116 - 126.

[65] Guth, W., Ginsberg, A. Guest editor's introduction [J]. Strategic Management Journal, 1990, 11: 5 - 15.

[66] Handscombe, R. D., Rodriguez-Falcon, E., Patterson, E. A. Embedding enterprise in science and engineering departments [J]. Education + Training, 2008, 50(7): 615 - 625.

[67] Hayter, C. S. Conceptualizing knowledge-based entrepreneurship networks: perspectives from the literature[J]. Small Business Economics, 2013, 41(4): 899 - 911.

[68] Higdon, L. J. Liberal education and the entrepreneurial mindset a twenty-first-century approach. [J]. Liberal Education, 2004, 91: 2 - 5.

[69] Hills, G. E. Variations in university entrepreneurship education: an empirical study of an evolving field[J]. Journal of Business Venturing, 1988, 3(2): 109 - 122

[70] Hines, S. M. The practical side of liberal education: an overview of liberal education and entrepreneurshipp[J]. Peer Review, 2005, 7: 4 - 7.

[71] Hofer, C. W. & Charan, R. The transition to professional management: mission impossible? [J] American Journal of Small Business, 1984, 9 (1): 1 - 11.

[72] Hynes, B. Entrepreneurship education and training-introducing entrepreneurship into non-business disciplines[J]. Journal of European Industrial Training, 1996, 20(8): 10 - 17.

[73] Ireland, R. D., Hitt, M. A., & Sirmon, D. G. A model of strategic entrepreneurship: the construct and its dimensions [J]. Journal of Management, 2003, 29: 963 - 990.

[74] Martin, J. L. What is field theory? [J] American Journal of Sociology, 2003, 109(1): 1 - 49.

[75] Johnson, D., Craig, J. L., Hildebrand, R. Entrepreneurship education: towards a discipline — based framework[J]. Journal of Management Development, 2006, 25(1): 40 - 54.

[76] Kabongo, J. D., Mccaskey, P. H. An examination of entrepreneurship educator profiles in business programs in the United States[J]. Journal

of Small Business and Enterprise Development，2011，18(1)：27 - 42.

[77] Katz，J. A. The chronology and intellectual trajectory of American entrepreneurship education：1876—1999[J]. Journal of Business Venturing，2003，18(2)：283 - 300.

[78] Katz，J. A.，Roberts，J.，Strom，R. & Freilich，A. Perspectives on the development of cross campus entrepreneurship education[J]. Entrepreneurship Research Journal，2014，4(1)：13 - 44.

[79] Klein，P. G.，Mahoney，J. T.，Mcgahan，A. M.，et al. Toward a theory of public entrepreneurship[J]. European Management Review，2010，7(1)：1 - 15.

[80] Klink，M. D. & Boon，J. Competencies：triumph of a fuzzy concept[J]. International Journal of Human Resources，Development and Management. 2003，3(2)：125 - 137.

[81] Kortzfleisch，H.，Zerwas，D.，Mokanis，I. Potentials of entrepreneurial design thinking® for entrepreneurship education[J]. Procedia-Social and Behavioral Sciences，2013，106：2080 - 2092.

[82] Korzen K. Arts entrepreneurship in higher education：preliminary inventories and examinations[J]. Journal of Arts Entrepreneurship Education，2015，1(1)：55 - 70.

[83] Kotkin，J.，Zimmerman，D.，Schill，M.，et al. Enterprising states：policies that produce[R]. Washington，D.C. National Chamber Foundation，2012：18 - 19.

[84] Kriewall，T. J.，Mekemson，K. Instilling the entrepreneurial mindset into engineering undergraduates[J]. The Journal of Engineering Entrepreneurship，2010，1(1)：5 - 19.

[85] Kunkel，S. W. Toward a typology of entrepreneurial activities[J]. Academy of Entrepreneurship Journal，2001，7(1)：1 - 25.

[86] Kuratko，D. F. The emergence of entrepreneurship education：development，trends，and challenges[J]. Entrepreneurship Theory & Practice，2005，29(5)：577 - 598.

[87] Lafuente，A.，Salas，V. Types of entrepreneurs and firms：the case of new Spanish firms[J]. Strategic Management Journal，1989，10(1)：17 - 30.

[88] Landström. H，Harirchi. G，Åström. F. Entrepreneurship：exploring

the knowledge base[J]. Research Policy, 2012, 41(7): 1154 - 1181.

[89] Man, T. W. & Lau, T. & Chan, K. F. The competitiveness of small and medium enterprises: a conceptualization with focus on entrepreneurial competencies[J]. Journal of Business Venturing, 2002, 17(2): 123 - 142.

[90] Mars, M. The diverse agendas of faculty within an institutionalized model of entrepreneurship education[J]. Journal of Entrepreneurship Education, 2008, 10: 43 - 62.

[91] Mclendon, M. K., Deaton, R., Hearn, J. C. The enactment of reforms in state governance of higher education: testing the political instability hypothesis[J]. Journal of Higher Education, 2007, 78(6): 645 - 675.

[92] McMullan, W. E., Long, W. A. Entrepreneurship education in the nineties[J]. Journal of Business, 1987, 2(3): 261 - 275.

[93] Meyer, G. D. The reinvention of academic entrepreneurship[J]. Journal of Small Business Management, 2011, 49(1): 1 - 8.

[94] Morris, M. H., Kuratko, D. & Pryor, C. Building blocks for the development of university-wide entrepreneurship[J]. Entrepreneurship Research Journal, 2014, 4(1): 45 - 68.

[95] Morris, M. H. et al. A competency-based perspective on entrepreneurship education: conceptual and empirical insights [J]. Journal of Small Business Management, 2013, 51(3): 352 - 369.

[96] Moustaghfir K., Širca, N. T. Entrepreneurial learning in higher education: introduction to the thematic issue[J]. International Journal of Euro-Mediterranean Studies, 2010, 3(1): 3 - 26.

[97] Neumark, D., Wall, B., Zhang, J. F. Do small businesses create more jobs? new evidence for the United States from the national establishment time series[J]. Review of Economics and Statistics, 2011, 93(1): 16 - 29.

[98] Ochs J. B., Watkins T. A., Boothe B. W. Creating a truly multidisciplinary entrepreneurial educational environment [J]. Journal of Engineering Education, 2001, 90(4): 577 - 583.

[99] Patel, S., Mehta, K. Systems, design, and entrepreneurial thinking: comparative frameworks[J]. Systemic Practice & Action Research, 2016, 30 (5): 1 - 19.

[100] Plaschka，G. R.，Welsch，H. P. Emerging structures in entrepreneurship education：curricular designs and strategies［J］. Entrepreneurship Theory and Practice，1990，14(3)：55－71.

[101] Rae，D. Universities and enterprise education：responding to the challenges of the New Era［J］. Journal of Small Business and Enterprise Development，2010，17(4)：591－606.

[102] Reeves，C. J.，Herskowitz，O.，Silvaggi，J. M. Entrepreneur-in-residence programs：one size does not fit all［J］. Technology Transfer &. Entrepreneurship，2015，2(1)：37－50.

[103] Roberts，B. W. The macroeconomic impacts of the 9/11 attack：evidence from real-time forecasting［J］. Peace Economics Peace Science &. Public Policy，2009，15(2)：1－29.

[104] Roberts，J. Infusing entrepreneurship within non-business disciplines［J］. Artivate：A Journal of Entrepreneurship in the Arts，2013，1(2)：53－63.

[105] Roberts，J.，Hoy，F.，Katz，J. A.，et al. The challenges of infusing entrepreneurship within non-business disciplines and measuring outcomes［J］. Entrepreneurship Research Journal，2014，4(1)：1－12.

[106] Romer，P. M. Endogenous technological change［J］. Journal of Political Economy，1990，98(5)：71－102.

[107] Sanberg，P. R.，Gharib，M.，Harker，P. T.，et al. Changing the academic culture：valuing patents and commercialization toward tenure and career advancement.［J］. Proceedings of the National Academy of Sciences of the United States of America，2014，111(18)：6542－6547.

[108] Schneider，M. Kauffman campuses initiative：a study that explores the phenomenon of cross-campus entrepreneurship［D］. University of Pennsylvania，2015.

[109] Shane，S.，&. Venkataraman，S. The promise of entrepreneurship as a field of research［J］. Academy of Management Review，2000，25(1)：217－226.

[110] Singh，R. P. The shortage of academically trained entrepreneurship faculty：implications，challenges，and opportunities［J］. Journal of Entrepreneurship

Education. 2008. 11: 117 - 131.

[111] Solomon. G. T., Weaver. K. M., Fernald. L. W. A historical examination of small business management and entrepreneurial pedagogy[J]. Simulation & Gaming. 1994. 25(3): 338 - 352.

[112] Solomon. G. T., Duffy. S., & Tarabishy. A. The state of entrepreneurship education in the United States: a nationwide survey and analysis[J]. International Journal of Entrepreneurship Education. 2002. 1(1): 65 - 86.

[113] Streeter. D. H., et al. University-wide entrepreneurship education: alternative models and current trends[J]. Southern Rural Sociology. 2004. 20(2): 44 - 71.

[114] Szaban. J. & Skrzek. M. Self-employment and entrepreneurship: a theoretical approach[J]. Journal of Management and Business Administration. 2018. 26(2): 89 - 117.

[115] Thurik. A. R., Stam. E., Audretsch. D. B. The rise of the entrepreneurial economy and the future of dynamic capitalism[J]. Technovation. 2013. 33(8 - 9): 302 - 310.

[116] Vesper. K. H., Gartner. W. B. Measuring progress in entrepreneurship education[J]. Journal of Business Venturing. 2005. 12(5): 403 - 421.

[117] Wach. K. Europeanisation of entrepreneurship education in Europe[J]. Horizons of Education. 2014. 13(26): 11 - 31.

[118] Welsh. D. B., & Tullar. W. A model of cross campus entrepreneurship and assessment[J]. Entrepreneurship Research Journal. 2014. 4(1): 95 - 115.

[119] Wheadon. J., Duval-Couetil. N. Elements of entrepreneurially minded learning: KEEN white paper[J]. The Journal of Engineering Entrepreneurship. 2016. 7(3): 17 - 25.

[120] Yujin Oh. Student entrepreneurship at Cornell University: a case study[D]. New York: Cornell University. 2017.

索 引

后　记

本书主要从美国高校创业教育与专业教育整合的根本动力和历史脉络、整合的内容与目标、整合的实施与模式等多个方面详细回答了为什么要整合、整合什么和如何整合等问题。回顾全书，主要创新之处如下。

（1）多学科的视角。本书从历史学、社会学、经济学、心理学、教育学等多学科的视角对美国高校创业教育与专业教育的整合进行了较为深入的分析和透视。这从根本上也是由于创业教育的多学科和跨学科属性所决定，单纯从教育学的视角无法解释创业教育的复杂性。

（2）理论思考较为彻底。本书采用法国著名社会学家布尔迪厄的场域理论较为深入地分析了美国高校创业教育与专业教育的整合，指出这种变革是社会经济场域的根本变革推动高校教育场域的根本变革，最终表现为场域的跨界融合和人才培养范式的变革，从而避免了单纯从技术操作程度看创业教育与专业教育的整合。

（3）内容详实和多维度分析。本书涵盖美国高校创业教育与专业教育整合的多个维度，包括背景与发展动力、历史脉络、内容、理念与目标、组织机构、课程模式、教学方法、师资体系、资金来源、生态系统建设等。并且，从组织结构的角度概括出美国高校创业教育与专业教育整合存在的模式类型。

（4）对我国高校创业教育的深入发展提供了详实的建议。本书从理论启示和实践启示两个角度出发对我国高校创业教育的深入发展，乃至整个人才培养体系的变革提出了针对性的建议。

本书的不足之处如下。

（1）对美国高校创业教育与专业教育整合的问题和缺陷研究不足。事实上，美国高校也存在外部发展环境不确定、过度依赖外部资金、部分教师抵制、理念不一、缺乏效果评价等问题，本书未作细致的展开。

（2）没有对美国高校创业教育与专业教育整合的评价展开研究。创业教育

(包括与专业教育的整合)的有效监测有利于促进创业教育的持续发展,提高创业教育的效率和针对性等。由于创业教育的复杂性、实践性和长期性等特点,评价的难度很大,目前并没有统一的标准,所以本书并没有涉及评价,拟作为未来进一步研究的主题。

尹向毅

2022 年 5 月